KB235150

상담에 이르는 10가지 길

굿라이프 5

상담에 이르는 10가지 길

양창삼 지음

이담 Books

최근 많은 사람들이 우울증에 시달리고, 자살하는 수도 늘어 가고 있다. 세상살이가 그리 호락호락하지 않다는 것을 보여 준다. 산다는 것 자체가 스트레스를 가져다준다. 중요한 것은 그것을 어떻게 이겨 낼 수 있는가 하는 것이다.

상담하면 혹시 내가 문제가 있는가 생각한다. 그러나 크게 문제가 되어 상담하는 것만도 아니다. 사전에 예방하고, 더 큰 문제에 직면하지 않기 위해 서로 머리를 맞대고 풀어 가고자 하는 것이다. 상담자가 문제해결의 모든 열쇠를 가지고 있는 것도 아니다. 어쩌면 그 해결은 내담자 자신이 가지고 있을 수 있다. 내면의 내공을 기르지 않으면 이겨 낼 수 없기 때문이다. 상담자는 내담자 곁에서 이해하고 돕는 사람이다. 아름답게 이겨 내는 과정을 지켜보며 격려하며 정신적으로 성장하고 성숙하도록 한다.

상담자는 내담자에게 길을 제시해 주는 사람이다. 누구나 문제가 없는 사람은 없다. 인간관계가 풀리지 않고 스트레스가 쌓이고, 그래서 삶이 점점 어려워진다. 문제에 직면한 이들이 스스로 해결할 길이 없다면 상담자가 있다. 그러나 상담자라고 해서 다 똑같은 사람이 아니다. 그가 어떤 분야를 전공했느냐에 따라 상담내용도 상담방법도 다르다.

이 책의 이름은 상담에 이르는 10가지 길이다. 상담에도 여러 방법이 있다는 것을 보여 준다. 정신분석을 전공한 상담자를 만나면 정신분석에 입각한 상담을 하게 될 것이고, 행동주의를 전공한 상담자를 만나면 그에 합당한 상담을 하게 될 것이다. 그래서 내담자는 어렵다. 과연 나는 어떤 상담자를 만나야 하는가? 그래서 상담에 어떤 길이 있는지 알 필요가 있다.

이 책은 여러 상담방법 가운데 10가지 주요 기법들을 소개하고 있다. 이 기법들 하나하나가 상담의 길이 될 것이다. 그러나 상담기법에 열 가지만 있는 것이 아니다. 무수한 이론이 있고, 또 계속 개발되고 있어 기법은 늘어 가고 있다. 그리고 정신분석 기법이라 해도 그 안에서도 여러 분류가 있고, 그에 따른 방법론도 다르다. 그 모든 방법을 섭렵하기도 어렵다. 여기서 제시하는 10가지 길은 상담이 어떤 식으로, 어떻게 이루어지고 있는지 기본적인 흐름을 이해하는 데 도움을 줄 것이다.

앞으로 좋은 상담자들이 많이 배출되어 이 나라의 정신건강을 되살리는 데 기여하기를 바란다. 그리고 개인만 치유하는 것이 아니라 이 사회의 건강도 치유하는 역사가 일어나기를 기대한다.

2009년 봄
양창삼

목차

제5장　깨달음과 게슈탈트 치료 • 153

제6장　실존주의적 상담과 의미 추구 • 181

제7장　로저스의 인간중심치료 • 206

제1부

상담의 기본개념

제1장 상담의 개념과 상담의 종류

사회가 복잡해지면서 사람들의 심리적 고민도 크게 늘고 있다. 친밀감과 유대감 등 심리적 안정감을 줘야 하는 가족이나 직장의 기능도 약화된 것이 심리상담소를 찾는 요인이 되고 있다. 한국사회가 삶의 질을 고려할 정도로 수준이 높아진 것도 심리상담이 늘고 있는 요인 중 하나이다. 특히 가정 못지않게 일터가 삶의 중심을 차지하면서 점점 높게 쌓여 가는 스트레스나 각종 문제들이 상담실 문을 두드리게 만든다.

1. 상담의 개념

1) 상 담

상담(counseling)은 사전적 의미로 볼 때 상담지식과 경험을 갖춘 상담전문가가 문제해결을 위해 도움을 청하는 대상을 만나서 문제가 해결되는 방향으로 의논·협의·조언·충고하는 것을 말한다. 그러나 상담전문가들이 상담이라 말할 때는 의미가 더 깊다. 단순히 사람들이 만나 얘기를 나누고, 정보를 제공하며, 충고 및 설득, 어떤 일을 하게 하는 것이 상담은 아니라고 말한다. 상담이라 할 경우 적어도 도움을 필요로 하는 사람, 곧 내담자(client, counselee)와 전문적인 훈련을 받은 상담자(counselor)가 서로 만나 어려움을 극복하고 나아가 사고·행동·감정의 측면에서 인간적 성장을 위해 노력하는 학습과정이 존재하기 때문이다. 이것은 상담이 보다 전문성이 있어야 한다는 것을 의미한다.

상담은 교육의 영역에 있어서 삶을 일으켜 세우는 매우 중요한 역할을 한다. 교육의 영역에는 크게 지적 영역(cognitive domain), 정서의지 영역(affective domain), 그리고 심리운동 영역(psycho－motor domain), 곧 지·정·의 세 가지가 있다. 지적 영역은 지식과 지력을 높이기 위한 것이고, 정서의지 영역은 정서적 능력을 높이기 위한 것이며, 심리운동 영역은 심력(心力)을 강화하기 위한 것이다. 상담은 특히 심리운동 영역에 관심을 두고 있다. 실패를 두려워하지 않는 심력을 키워 어떤 고난과 역경에서도 일어서도록 만들기 때문이다.

심력은 건전한 자아개념과 자아상의 확립, 집중력과 의지력 강화, 고난에 대한 인내 등에 관심을 가지고 있다. 심력을 키우는 가장 좋은 방법 가운데 하나는 현재의 고민이나 고통에 얽매이지 않고 보다 장기적 목적을 세우고 진력하도록 하는 것이다. 종업원 상담은 직업의 현장에서 심리적으로나 정신적으로 낙오되지 않고 건전한 삶을 이뤄 나가도록 하는 데 목적이 있다.

상담과 유사한 개념으로 심리치료(psychotherapy)가 있다. 상담은 주로 구체적인 생활과제와 적응문제에 대처하도록 돕는 활동임에 반하여 심리치료는 신경증 및 정신장애 등 의료적인 조치가 필요한 경우에 해당한다. 심리치료는 성격 및 정신장애 등 심각한 장애를 가진 환자를 대상으로 하며 치료자와의 안전한 관계에서 과거에 부정했던 경험을 다시 통합하여 새로운 자기로 변화하게 만든다.

2) 지도, 상담, 심리치료의 차이

지도(guidance), 상담 그리고 심리치료는 서로 정도의 차이가 있다.

지도 영역

- 의문 나는 것에 대해 의견을 구하고 자문한다.
- 교육적인 면에서 도움이 되는 의견을 제시한다.
- 나이가 들어가면서 생기는 문제를 주로 다룬다.

상담 영역

- 누적되거나 고질적이지 않은 문제를 다룬다.
- 상황의 변화로 발생한 문제나 발달과정상에서 일시적으로 생기는 문제를 다룬다.
- 문제발생 이전의 적응수준이 비교적 양호하다.
- 자아강도(ego strength)가 비교적 높다.

심리치료 영역

- 성격장애, 만성적 우울증, 기질적 과잉행동장애, 편집증 등 정신병리를 다룬다.
- 문제행동이나 증상이 나타나는 기간이 지속적이고 빈도가 높으며 문제가 고질적이다.
- 일상생활에서 정상적인 기능을 발휘하는 데 방해가 될 정도로 문제의 정도가 심각하다.

지도, 상담, 심리치료의 관계

지도(자문)	상담	심리치료
종업원, 학생	내담자	환자
별 장애 없음	덜 심각한 장애	심각한 장애
이성, 진로, 경력 문제	직업, 교육, 의사결정 문제	성격적 문제
발달 관점	예방적 발달 관점	치료적 관점
교육적 관점	교육적, 비치료적 환경	의학적 환경
의식적 관계	의식적 관계	무의식적 관계
지도방법	상담방법	치료방법

2. 상담 및 상담자의 조건

1) 상담의 조건

상담이 이루어지기 위해서는 다음과 같은 조건이 충족되어야 한다.

- 내담자의 동기와 마음의 준비이다. 내담자 본인이 변하고 싶다는 의지가 있어야 한다.

  내담자가 스스로 마음의 문을 열지 않으면 상담 자체가 어렵다.

- 상담자의 자질 및 능력이다. 상담자가 상담자로서의 전문적인 자질과 능력을 가지고 있어야 한다.

- 내담자와 상담자의 공동 노력이다. 상담은 상담자와 내담자가 함께하는 활동이다.

  어느 한쪽만의 노력으로 성취하기 어렵다.

상담은 상담전문가만 할 수 있는 것은 아니다. 선생은 학생이 찾아올 때, 상사는 부하가 찾아올 때 초보적인 수준에서나마 상담에 임할 수 있다. 이 경우 상담이라는 말보다는 지도 또는 자문이라 해야 맞다. 지도자라 할지라도 상담의 과정을 이해하고 초보적인 상담기술을 갖출 필요가 있다. 그러나 문제가 보다 심각한 경우에는 전문 상담자가 맡는 것이 바람직하다.

2) 상담자의 조건

대통령 주치의를 지낸 연세대 허갑범 교수는 마음까지 다스리는 심의가 명의라고 했다. 옛말에 마음으로 환자를 다스려 주는 심의(心醫)가 제일이고, 그 다음이 환자의 영양과 생활습관을 다스려 주는 식의(食醫), 그리고 세 번째가 약을 쓰는 약의(藥醫)라 했다. 지금은 모두 약의만 되어 가는 것 같아 안타깝다며 심의의 길을 건도록 했다. 상담자도 마찬가지이다. 성급히 처방만 내리려 하지 말고 상담자의 마음을 읽고 함께 이해하고 풀어 주는 작업이 중요하다. 다음은 이를 위해 상담자가 갖춰야 할 몇 가지 조건들이다.

성격과 전문성

좋은 상담자가 되려면 자신의 성격과 자기가 상담자로서의 전문적인 자질을 가지고 있는지 알아야 한다. 상담에 관심이 있는 사람은 다른 사람들의 문제와 그것을 해결해 주고 싶은 동기가 상한 편이다. 또 자신이 다양한 경험을 해 보았기 때문에 상담자의 자질을 가지고 있다고 생각하거나 남의 말을 들어 주는 데 익숙하기 때문에 상담자로서의 자질을 가지고 있다고 판단하기 쉽다. 이것은 상담에 있어서 필요한 것이기는 하지만 충분한 조건은 되지 않는다.

감수성, 의사소통능력, 모호성에 대한 인내

좋은 상담자가 되기 위해서는 감수성·의사소통능력·모호성에 대한 인내 등 다양한 특성이 요구된다. 다양한 지식이나 경험에 의해 상담 전문가가 되기보다 전문적인 자질과 훈련이 중요하다.

열린 자세

내담자가 이야기하는 것만을 사실로 인정하고 받아들이는 자세가 필요하다. 상담자는 내담자의 문제에 대해 지나치게 놀라거나 너무 하찮은 것이라는 태도를 취해서는 안 된다. 최대한 긍정적인 자세로 내담자의 마음을 받아들이는 반응이 필요하다.

수용

내담자가 상담자에게 충분히 수용되고 있다는 것을 느낄 때 자기의 문제를 솔직히 이야기할 수 있다. 이때 긍정적으로 공감하는 자세를 가지고 내담자가 자기의 감정을 충분히 표현할 수 있도록 격려해야 한다. 내담자는 자신이 수용되고 있다고 느끼지 못할 때 상담자의 질문이 긍정적으로 들리지 않는다. 호기심에서 질문하거나 질책하는 듯한 분위기에서 취조하듯 묻는 느낌을 갖지 않도록 세심한 배려를 해야 한다.

상담자는 평가자가 아니라 돕는 자이다. 옳고 그르다는 느낌 없이 문제해결을 잘 돕기 위해 질문하는 자세가 요구된다. 질문하면서 내담자의 비언어적 행동, 곧 시선이나 태도, 감정표현 등을 함께 관찰해야 한다.

경청

내담자가 이야기하는 내용을 받아들이는 자세를 취해야 한다. 상담자의 시선, 앉아 있는 태도, 표정 등 다양한 모습들로 반응하게 되는데 상담자가 공감적인 반응(empathic response)을 하고 있다는 것을 내담자가 느낄 수 있도록 진실이 담긴 노력이 요구된다.

초기에는 까다로운 질문보다 내담자가 하고 싶은 이야기를 모두 할 수 있도록 잘 듣는 자세가 중요하다. 그리고 내담자가 긍정적으로 존중받고 있다는 느낌을 갖도록 도와주어야 한다. 질문을 할 때 수용과 격려의 분위기에서 내담자의 감정을 충분히 표현할 수 있도록 촉진적이어야 한다.

명료화

내담자가 장황한 이야기를 늘어놓는다 해도 상담자는 그의 내면적인 감정을 담은 핵심적인 용어로 정리해 줄 수 있어야 한다. 그때 내담자는 자기 문제를 보다 명확하게 이해할 수 있게 된다.

내담자는 자기 문제를 이야기하면서도 핵심적인 이야기를 히지 않는 경우가 많다. 또한 자기문제에 대한 통찰이 부족하여 자기문제의 핵심을 모를 수도 있다. 어떤 경우에라도 상담자는 내담자에게 자기문제를 회피하지 않고 직접 부딪칠 수 있도록 도와야 한다. 내담자는 문제에 직면할 때 감당할 힘이 부족할 수 있다. 상담자는 충분한 수용과 공감을 통해 자존감을 회복하도록 해야 한다.

해석과 구조화의 자세

상담자는 내담자가 자기문제에 고착되어 있지 않도록 새로운 관점과 판단 개념을 제공해야 한다. 또한 상담의 이해, 내담자와 상담자의 책임과 역할, 시간과 공간의 제한 등을 알려 주어야 한다.

진실성과 비밀보장

상담자는 내담자와의 관계에서 매 순간 진실하고 솔직해야 하며 상담자로서의 윤리적인 책임인 비밀보장을 철저히 준수해야 한다.

상담이 종결된 이후라도 필요하다면 언제든지 다시 상담할 수 있는 용기를 갖도록 항상 기회를 열어 주는 것이 중요하다.

3. 상담의 과정과 구조화

1) 로저스의 상담과정

로저스(C. Rogers)는 다음과 같이 12단계의 상담과정을 제시했다. 이 과정은 상담의 신청과 접수 면접, 첫 상담, 상담 초기에 관심집중·경청 및 이해하기, 상담 중 질문하기 및 심화연습, 조언 및 지시 주기, 그리고 상담종결로 이어진다. 이것을 자세히 살펴보면 다음과 같다

- 내담자가 도움을 받으러 온 것을 분명히 한다.
- 상담상황을 정의한다.
- 내담자가 문제에 대한 감정을 자유롭게 표현하도록 한다.
- 내담자의 부정적 감정을 받아들이고 인정하고 정리한다.
- 성격 성장에 도움이 되는 긍정적 감정과 행동을 나타내도록 한다.
- 이러한 긍정적 감정을 인정하고 받아들인다.
- 부정적·긍정적 감정을 경험하고 자기이해 및 자기수용을 하도록 한다.
- 여러 가지 의사결정을 할 수 있는 길을 안내한다.

- 내담자가 긍정적 행동을 하도록 한다.
- 긍정적 행동이 발전하도록 한다.
- 내담자가 더욱 통정된 긍정적 행동을 더 많이 하도록 한다.
- 상담자의 도움이 덜 필요함을 느끼고 상담을 종결할 생각을 갖도록 한다.

2) 브래머의 상담과정

브래머는 상담과정을 돕는 과정으로 보고 8가지 단계로 구분했다(Brammer, 1973).

준비와 시작

내담자의 저항을 최소한 줄이고 상담자에 대한 신뢰를 가지게 하여 내담자가 보다 명백하고 평안한 마음을 갖도록 한다.

명료화

내담자가 도움을 청하는 원인과 문제의 배경을 밝힌다. 내담자의 언어, 감정과 생각, 행동 등을 주의 깊게 관찰하여 누가 문제를 가지고 있는지를 밝힌다.

구조화

상담관계를 계속 유지해야 할지, 아니면 다른 전문가에 의뢰해야 할지, 상담을 어떻게 진행해 나갈지 결정한다. 상담을 계속할 경우 상담 목표를 규정하고 상담자와 내담자의 역할, 책임, 가능한 약속 등의 윤곽 등을 명백하게 가린다.

관계심화

상담자와 내담자의 관계가 깊어지는 단계이다. 이것이 실패하면 상담의 진행이 어렵다. 내담자가 상담자의 전문적 자질과 심리적 조력 방법에 대한 신뢰가 중요하다.

탐색

내담자의 문제가 무엇이며 기대가 무엇인지 명확하게 되고 내담 자의 문제해결을 위해 상담자는 보다 적극적인 활동을 하게 된다.

견고화

탐색이 끝난 후 가장 적합한 대안, 방법, 사고, 행동 등을 확정 하여 이를 실천해 나가는 단계이다. 상담의 결실기에 해당한다.

계획

상담을 끝맺거나 계속할 것을 결정할 때 필요한 여러 계획을 수 립하고 검토한다. 이 계획에는 내담자의 행동변화가 잘 이루어지도 록 한다.

종료

상담을 통해서 성취한 것들을 상담의 목표에 비추어 평가한다. 상담목표에 도달하지 못한 경우 왜 그렇게 되었는지 의견을 나눈다.

3) 상담의 구조화

내담자는 자기가 지금 어디에 있는지, 상담자가 어떤 사람인지, 자기가 왜 현재와 같은 방식으로 이야기를 하고 있는지 분명히 이해할 필요가 있다. 이것을 알게 하는 것이 상담의 '구조화'이다.

상담의 구조화는 상담과정의 본질·제한조건·방향에 대하여 상담자가 정의를 내려 주는 것이다. 다시 말해 내담자에게 상담과정의 바람직한 체계와 방향을 알려 주는 것이다. 상담이 여행이라면 구조화는 여행의 방향을 알려 주는 노선표시라 할 수 있다. 구조화의 가치는 안개 낀 날 고속도로를 운행하는 운전사와의 비유에서 찾아볼 수 있다. 차를 운전하는 것은 내담자이지만 안전한 운행을 위해 길 가운데 하얀 선을 그어 줄 필요가 있다.

이 구조화를 통해 내담자는 상담관계가 합리적인 계획을 가지고 있다는 것을 느끼게 되고 상담의 과정 및 방향에 대해 긍정적 기대를 깆게 된다. 상담에 대한 구조화가 바람직하게 이루어지면 상담의 목적 및 접근방식에 관한 내담자와의 합의가 자연스럽게 이루어진다.

상담의 구조화는 암시적인 구조화와 정규적인 구조화로 나뉜다. 암시적인 구조화는 이미 알려진 상담자의 역할과 내담자가 처해 있는 상황이 자동적으로 상담관계에 어떤 구조화를 가하게 되는 것이다. 정규적 구조화는 내담자에게 면담시간·약속·행동규범에 대해 설명하는 것이다.

구조화에는 시간제한, 내담자 및 상담자의 역할, 상담의 과정 및 목표의 구조화가 있다.

- 면접시간이 충분하지 않은 상담의 경우 시간의 제한이 필요하며 상담자에게 얼마 동안의 상담이 가능한지 알려 주고 양해를 구한다.
- 상담자의 역할의 한계를 내담자에게 말해 준다.
- 내담자가 상담과정에서 중요한 역할을 수행해야 하는 책임을 받아들이도록 한다.
- 상담의 과정을 언급해 줌으로써 내담자가 익숙하게 그리고 가능한 한 빨리 편안하게 상담과정에 몰입할 수 있도록 한다.

4. 상담의 종류

1) 개별상담과 집단상담

개별상담

개별상담은 상담자와 내담자 두 사람 사이에 이루어지는 개인적·역동적·대면적 관계로 대화를 통해 그 문제를 해결하는 협력활동이다. 이들의 상호작용에 의해 해결해야 할 문제(목표)가 있게 되며 상담의 결과 내담자의 행동변화가 나타나게 된다.

상담의 목표는 내담자의 성장발달을 돕고 스스로 자기통찰 능력과 문제해결 능력을 함양할 수 있도록 도움을 주는 것이다. 이를 통해 그의 정신건강뿐 아니라 주변 환경과의 관계에서 자아통합을 이룰 수 있도록 도와준다. 개별상담의 기법으로서는 정신분석적 접근, 행동주의적 접근, 게슈탈트적 접근, 인간주의적 접근 등 여러 방법들이 있다.

집단상담

집단상담은 비교적 적은 수의 정상인들이 한두 전문가의 지도 아래 상호 관계성의 역학을 바탕으로 신뢰와 수용적인 분위기 속에서 개인에게 장애가 되고 문제가 되는 행동을 교정하고 보다 높은 수준의 발달을 이루기 위해 이루어지는 하나의 역동적인 과정이다.

집단상담은 한 사람의 상담자가 비슷한 생활을 영위하고 비슷한 문제를 지니고 있는 여러 내담자를 상대로 집단적으로 상담하여 문제해결에 필요한 자료나 정보 또는 토의의 기회를 부여하는 것으로 시간적으로나 경제적으로 효과적인 결과를 얻을 수 있다. 집단구성원 간의 상호 작용 관계를 통해 내담자 개개인의 문제해결 및 변화가 이루어진다. 상담은 집단적으로 이루어지기는 하지만 변화는 개인에 있다. 따라서 집단상담은 개인문제 해결에 초점을 두고 있다. 즉, 개인으로 하여금 자기이해와 대인관계의 능력을 향상시키고, 생활환경에 보다 건전하게 적응할 수 있도록 하는 데 목표를 두고 있다. 집단상담은 상호작용을 중시한다. 집단상담의 성격은 다음과 같다.

첫째, 집단상담은 집단상황에서 개인의 문제해결을 촉진하는 것으로 문제 지향적이고 교정적인 과정이다. 집단상담은 개인적인 발달에 초점을 두고 있으며 일반 시사 문제나 현실 문제를 공동으로 해결하는 집단 활동이 아니다. 집단상담은 개인의 발달을 돕는 사회적, 심리적 기능을 수행한다.

둘째, 집단상담에서 다루어지는 문제는 병리적인 장애나 현실적인 문제보다 집단구성원의 발달과업에 초점을 맞춘다.

셋째, 집단상담은 하나의 관계인 동시에 하나의 과정이다. 이는 집단역학에 대한 지식을 통해 집단의 요구를 감지할 수 있는 전문적인 지도자의 지도 아래 이루어지며 그 집단의 상호 관계성의 역학 위에 바탕을 두고 있다. 집단상담은 깊은 자기이해와 자기수용을 보다 효과적으로 하기 위해 집단의 상호작용을 적용하는 과정이다. 여기에서는 상호존중을 필요로 하며 거기에서 각 개인은 행동의 의미와 새로운 행동방식을 탐구하게 된다.

집단상담은 여러 가지로 효과가 있다. 무엇보다 폐쇄적인 자신을 개방적으로 만든다. 자신을 있는 그대로 용납하고 남에게 자신 그대로를 보여 주며 삶에서 생기는 많은 긴장과 고독을 해소시킨다.

각 개인에게 신뢰감과 자신감을 준다. 개인상담에서 내담자는 도움을 받는 입장에서 약자라는 감정을 가지고 상담에 임하게 되지만 집단상담에서는 똑같은 동료집단으로서 개인 상호 간에 동등한 느낌을 갖게 한다. 그래서 쉽게 마음의 문을 열고 수용할 수 있으며 편안한 마음으로 스스로의 문제를 내어놓고 다룰 수 있게 된다.

새로운 행동을 실험할 수 있는 기회를 제공해 준다. 집단상담의 장면은 그 분위기가 안전하고 위협적이 아니기 때문에 각 개인으로 하여금 어떤 외적인 비난이나 징벌에 대한 두려움이 없이 새로운 행동에 대한 현실검증을 해 볼 수 있는 용기를 준다. 집단상담에서는 새로운 행동을 해 보도록 장려하기 때문에 각 개인은 마음 놓고 자신의 행동을 시험해 볼 수 있고 실제 사회에서도 그와 같은 행동을 할 수 있을지를 결정할 수 있는 기회가 된다.

집단구성원들이 다양한 성격의 소유자들과 접촉함으로써 서로 다른 사람의 견해를 알게 되고 이해의 폭을 넓힐 수 있다. 집단상담은 넓은 범위의 다양한 사람들로 구성되어 있기 때문에 서로의 관심이나 감정들을 터놓고 얘기하면서 다른 사람들도 제 나름대로 문제점을 가지고 있다는 사실을 발견하고 자신이나 타인에 대해 보다 폭넓은 이해를 할 수 있게 된다. 또한 지속적인 상호교류와 토론을 통해 창조적 사고능력을 기를 수 있다.

다양한 견해와 조언을 제공해 준다. 각 개인은 자신을 개방하고 자신의 문제를 다른 사람들에게 이야기함으로써 다양한 반응과 조언을 받게 된다. 따라서 피상담자는 자신의 문제를 여러 각도에서 보게 되고 문제에 대한 새로운 시각을 가질 수 있게 된다.

구성원들은 서로 상담자의 역할을 수행함으로써 자신의 새로운 능력을 깨닫게 된다. 집단상담에서는 구성원 전원이 상담자로서 서로 다른 사람의 이야기를 경청하고 수용하고 지지하고 맞닥뜨리고 해석해 주게 된다. 자기 자신도 어떤 모양으로든지 다른 사람을 도울 수 있다는 사실을 인식하게 된다. 이러한 과정을 통하여 구성원들은 점차적으로 자존심을 갖고 인생을 긍정적으로 보게 된다.

각 개인은 필요시 자연스럽게 생각할 수 있는 여유를 가질 수 있다. 집단상담에서는 각 개인이 집단 활동에 계속 참여하면서 필요시에는 물러서서 관망을 할 수도 있다. 즉 어떤 사람이 특정한 대화의 내용을 취급하는 데 고통이나 위협을 느끼는 경우 자신은 뒤로 물러서서 침묵을 지키고 다른 사람의 이야기를 경청하고 함께 생각할 수도 있다.

집단상담은 개인의 잠재력과 특성을 개발해 낼 수 있게 해 주며 이를 인정하는 과정을 통해 개별적 성취감과 긍정적 자아개념을 심어 줄 수 있다.

집단구성원 사이의 의사소통을 위한 다양한 기술의 중요성을 인식하게 되고 협동심을 길러 주게 되며 나아가 인간화교육을 성취할 수 있다.

집단상담에서는 전문적인 훈련을 받은 한 명의 상담자가 대체로 4·10명의 내담사를과 대인관계를 맺는다. 집단상담으로는 인간관계 훈련 집단(T그룹훈련)과 집단치료 등이 많이 사용되어 왔으나 지금은 이외에도 다양한 방법들이 개발되고 있다.

집단상담의 최신 유형으로 심성개발프로그램이 그 보기이다. 이는 개인의 잠재능력을 개발하고 이를 인정하는 과정을 통해 개별적 성취감과 긍정적 자아개념을 심어 주는 데 효과적이다. 이 프로그램 중에는 또래 상담자 교육 프로그램이 있다. 또래상담이란 비슷한 연령과 유사한 생활경험 및 가치관을 지닌 또래가 일정한 훈련을 받은 후에 자신의 경험을 바탕으로 주변에 있는 다른 또래들이 발달과정에서 일어날 수 있는 문제들을 주로 다루어 이들이 성장발달을 할 수 있도록 생활의 여러 영역에서 도움을 제공하는 행위이다.

2) 지시적 상담, 비지시적 상담, 절충적 상담, 권면적 상담

지시적 상담

지시적(directive) 상담은 상담자 중심 상담, 의사 결정적 상담, 임상적(clinical) 상담, 특성·요인(trait and factor) 상담 등 여러 명칭으로 불린다. 이것은 상담자가 내담자에게 그가 직면하고 있는 문제와 그 해결에 대한 해석을 내려 주고 필요한 정보나 제언 또는 충고를 제공해 주는 방법이다.

이 상담의 본질은 내담자가 자신에 관하여 왜곡된 견해를 가지고 있기 때문에 그를 보다 객관적으로 볼 수 있는 상담자가 그에게 올바른 결정을 내리도록 충고와 제언을 해 주는 데 있다.

지시적 상담은 분석(analysis)단계, 종합(synthesis)단계, 진단(diagnosis)단계, 예진(prognosis)단계, 상담단계, 추후지도(follow-up service)단계 등 여섯 단계로 진행된다.

- 분석단계는 내담자를 이해하기 위해 필요한 여러 자료를 수집하여 분석하는 것을 말한다.
- 종합단계는 수집된 자료를 체계적으로 정리하고 조직하여 종합적으로 고찰하는 단계이다.
- 진단단계는 분석된 자료를 통해 문제의 특징이나 원인에 관한 결론을 이끌어 낸다. 이 단계에서는 직업문제, 교육문제, 사회적 및 정서적 문제, 경제적 문제, 신체·건강의 문제 등

여러 가지로 나누어 진단할 필요가 있다.

- 예진단계에서는 진단에 근거하여 내담자의 문제가 앞으로 어떻게 발전되어 갈 것인가를 예견한다.
- 상담단계는 상담자와 내담자 간의 대면적 관계에 의해 내담자의 바람직한 적응을 돕는 과정이다.
- 추후지도단계는 상담결과를 계속 확인 평가하고, 적응상의 문제를 확인하여 적절한 조치를 취한다.

이 방법은 심리측정, 자료 분석, 종합 및 추후지도 등의 기술을 개발하는 데 도움을 주었으나 상담과정에서 상담자의 주도적 역할을 강조한 나머지 내담자가 수동적인 존재로 전락했다는 비판을 받고 있다.

비지시직 상남

비지시적(non-directive) 상담은 자아이론에 근거한 것으로서 로저스에 의해 체계화되었다. 그는 지시적 상담을 비민주적 방법이라 비판하면서 내담자의 존엄성과 자발성을 강조하는 상담을 강조했다. 매우 인간주의적인 이 방법은 내담자가 능동적이고 주도적임에 비해 상담자는 문제를 해결함에 있어서 조력자 및 촉진자의 역할을 하게 된다.

이 상담의 기본 가정은 인간은 성장에의 충동성을 가지고 있기 때문에 그에게 적절한 환경을 제공해 주면 스스로 올바른 방향으로 성장할 수 있고, 자아실현을 할 수 있는 건강한 인간이 될 수 있다.

여기서 자아실현이란 상태가 아닌 과정으로, 이 과정은 어렵고 때로는 고통스러우며 끊임없는 시험과 긴장, 그리고 자극이 수반된다.

상담은 상담자와의 친밀한 관계에서 내담자가 과거에 부정했던 경험들을 다시 통합하여 새로운 자아를 발견하는 과정으로 이어진다. 이 과정에서 자아를 실현하는 사람은 진정한 자기 자신이 되며, 자기가 아닌 어떤 것을 가장하거나 진정한 자아의 일부를 숨기지 않는다. 그는 이런 사람을 '충분히 기능을 발휘하는 인간(fully functioning person)'이라 불렀다. 이런 사람은 자신의 잠재력을 발휘하여 자신에 대한 완벽한 이해와 경험을 풍부히 하는 방향으로 움직인다. 경험에 대한 개방성, 실존적인 삶, 자신에 대한 신뢰, 자유와 책임을 확실히 인정하는 자유의식(experiential freedom), 창조성 등의 특성을 가진다.

상담과정에서는 긴장이 없는 안정된 분위기, 자아성장에 대한 의욕을 북돋을 수 있는 허용적(permissive) 분위기, 자유스런 분위기에서 자신을 들여다볼 수 있는 통찰의 기회가 주어지는 것이 중요하다. 비지시적 상담이 지시적 상담과 근본적으로 차이가 있는 것은 모든 개인이 본질적으로 자기의 문제를 해결하기 위한 모든 능력과 자질을 갖추고 있다는 점이다.

비지시적 상담은 다음과 같이 12단계로 이어진다.

- 도움요청
- 상담 장면 설정
- 문제에 대한 자유로운 감정표현
- 문제에 대한 부정적 감정표현
- 부정적 감정과 긍정적 감정의 충돌

- 긍정적 감정의 인정 및 수용
- 자기이해 및 자기수용
- 의사결정 방법의 획득
- 긍정적 행동의 출현
- 통찰 및 성장
- 통정된 긍정적 행동의 점증
- 상담의 종결

비지시적 상담은 내담자에 대한 긍정적 존중, 공감적 이해, 성실성과 솔직성에 바탕을 두어 진행된다. 이 상담은 성선설에 바탕을 둔 인간관의 형성에 공헌했을 뿐 아니라 상담과정에서 내담자 자신의 자기지각, 자기통찰, 자기이해 및 자기해결을 통해 자발적이고 능동적으로 자신의 문제를 해결하도록 했다는 점에서 기여한 바가 크다.

절충적 상담

절충적(eclectic) 상담은 지시적 상담과 비지시적 상담을 절충한 것이다. 두 상담방법은 각각 장단점을 가지고 있기 때문에 효과적인 상담을 하려면 상황과 문제의 성격에 따라 방법들의 장점을 살려서 상담을 해야 한다고 생각한다.

특히 내담자의 행동과 동기 그리고 태도를 심층심리학적으로 이해하려면 비지시적 상담을 해야 하고, 부적응 행동을 치료함에 있어서 그 대책을 세우고 실행함에 있어서는 지시적 상담방법을 사용할 것을 강조한다. 이 방법은 지시적 방법과 비지시적 방법을 상호 배타적으로 이해하여 두 가지 중 어느 하나를 택하기보다 문제의 성질이나 상황에 따라 융통성 있는 상담을 해야 한다고 본다.

권면적 상담

권면적 상담에서 권면은 '누시시스(nouthesis)'라는 말에서 나왔다. 이것은 훈계하고 경고하고 가르치며 상담하는 것을 뜻한다. '누'는 마음을 가리키는 누스(nous)에서 나온 말로 상담에는 마음이 무엇보다 중요하다는 것을 가르쳐 준다. 이 상담법은 교인을 대상으로 하는 목회상담에서 주목을 받고 있다. 권면적 상담에는 크게 3가지가 있다.

- 가르침을 뜻하는 디다스코(didasko)이다. 이때 가르침이란 내담자보다 가르치는 자로서의 커뮤니케이션을 의미한다. 정보를 알려 주고 분명히 해 주며 이해가 가능하고 기억할 수 있도록 하는 것이다.
- 만남과 훈계를 뜻하는 파이데이아(paideia)이다. 권면의 특징은 입에서 나오는 말에 의한 훈련에 있다. 행동에 관한 훈련이나 징계를 통한 훈련도 교육의 한 방법으로 사용한다. 충고, 비난, 책망에 의한 훈련도 필요할 때 사용한다.
- 목적과 동기이다. 권면적 상담은 내담자에게 초점을 두고 있다. 권면은 내담자의 삶에 변화를 가져오는 것을 목적으로 한다(Adams, 1970).

권면적 상담을 위해서는 피상담자가 스스로 훈련하도록 인도하고, 발전을 위해 기록하며, 일반화하고, 한 번에 한 가지씩 취급하

며, 팀 상담(team counseling)을 하고, 지도자는 팀 상담자로서의 역
할을 하며, 언어를 사용하지 않는 커뮤니케이션을 자주 활용한다.

3) 상담실상담과 출장상담

상담실상담은 상담실이라는 공간에 내담자가 직접 찾아와 상담
자와 상담하는 것을 말한다. 이에 반해 출장상담은 내담자가 상담
실에 올 수 없을 경우 상담자가 직접 내담자의 거처를 방문하여
상담하는 것을 말한다. 내담자가 스스로 상담실을 찾는 경우보다
상담이 성공할 확률은 낮다. 그만큼 자발성이 떨어지기 때문이다.

4) 전문가상담과 동료상담

전문가상담은 상담의 원리와 기술에 대해 전문적으로 훈련을 받
은 사람에 의해 진행되는 것을 말함에 비해 동료상담은 전문가가 아
닌 일반사람이 상담교육을 받고 동료상담자가 되어 일상적인 관계
속에서 동료의 말을 경청하고 이해하고 공감함으로써 친구가 되어
주고 문제를 효과적으로 해결할 수 있도록 도와주는 것을 말한다.
동료상담은 '또래 상담(peers counseling)'이라 불리며 미국에서
시작되었다. 이 제도는 학교뿐 아니라 산업체, 사회기관, 종교기관
등에서 폭넓게 사용되고 있다. 동료상담은 상담이 더 이상 전문가
의 전유물이 아니라는 것을 보여 주기도 하지만 과학기술의 발전
으로 인간소외, 인간관계의 단절현상이 심화됨에 따라 친밀한 인간

관계의 필요성이 커지고 있음을 보여 주는 것이기도 하다. 훈련을
받아 상담자가 된 사람도 중요하지만 훈련을 받지 않았음에도 불
구하고 사람들에게 호감을 가지고 접근을 잘하는 사람, 곧 천성적
으로 사람을 이해하고 상담을 잘하는 사람(born counselor)이 있다.
이런 사람을 잘 활용하는 것도 좋은 방법이다.

5) 온라인 상담

온라인 상담은 인터넷을 통해 상담을 하는 것을 말한다. 온라인
상담에서는 상담뿐 아니라 다양한 주제에 대한 심리전문가들의 견
해와 정신건강에 유익한 자료를 데이터베이스 형식으로 저장하여
필요할 때면 언제나 볼 수 있게 한다. 온라인 상담에서는 주로 개
인상담, 편지상담, 공개상담 등으로 구성되어 있다.

개인상담은 상담자와 내담자가 컴퓨터 화면을 통해 직접 대화를
주고받는 일종의 채팅상담이다. 상담내용은 비밀이 보장된다. 개인
상담을 하기 위해서는 상담신청을 해야 하고 시간약속을 해야 한다.

편지상담은 편지서비스를 통해 상담자와 상담이 이루어지는 것
이다. 상담자의 이메일주소로 편지를 보내면 상담자가 답장을 하는
방식으로 진행된다. 수차례에 걸쳐 편지가 오갈 수 있다. 상담시간
을 맞추기 힘든 경우에 주로 활용한다.

공개상담은 상담게시판과 같은 공개상담란에 글을 올리면 이에
대해 상담자나 그 문제에 대해 관심을 가진 사람들이 공개적으로
응답하는 방식이다. 공개상담은 개인상담이나 편지상담과는 달리

상담 내용을 접속하는 모든 다른 사람들도 볼 수 있으며, 공개적으로 자신들의 의견을 보낼 수 있다. 따라서 문의한 내용에 대한 상담자의 응답과 함께 참여한 사람들의 다양한 견해도 접할 수 있는 좋은 기회가 된다.

온라인 상담에서는 고유의 상담정보, 실생활에 이용 가능한 심리학적인 지식에 관한 지식뿐 아니라 사용자들에게 필요하다고 생각되거나 사용자들이 요구하는 다양한 교양정보들을 볼 수도 있다. 또한 사용을 활성화하기 위해 정보서비스를 사용하기 원하는 모임에 대해서 그 모임을 위한 주제도 열 수 있고, 개인적으로 연재를 원하는 사람이 신청할 경우 개인연재란도 개설이 가능하다. 게시판 서비스는 온라인 서비스를 활성화하기 위해 사용자의 의견을 수렴하고 의견의 반영 여부에 대해 사용자에게 전달하는 기능을 한다. 또한 사용자들에게 전달할 사항과 변경사항, 이용안내 등에 게재된다.

5. 상담의 주요원리

1) 인격존중의 원리

내담자를 인격적으로 존중해야 한다. 상담자가 타인의 가치를 인정하고 존중할 때 신뢰감이 생기고, 성공적인 상담결과를 얻을 수 있다.

2) 성실과 정직의 원리

진실하고 성실하며 정직한 자세로 임한다. 가면을 쓰지 않고 생각하고 느끼는 대로 즉, 있는 그대로 임한다. 가면·방어·헛된 역할·허울 속에 숨지 않는다. 내담자의 존경을 잃어버릴까 두려워하여 자신을 위장하는 것보다 솔직함을 더 좋아한다. 상담자는 대화에 있어서 언제나 성실성·진실성·수용성·일관성을 지녀야 한다.

3) 개방적 원리

변화에 개방적이다. 작은 것에 안주하지 않고 더 나아지기 위해 자신을 확장시킨다. 현재의 지식에 만족하지 않을 경우 그 지식을 버릴 수 있는 용기와 의지가 있어야 한다. 보다 성장하기 위해서는 미지의 영역으로 들어가야 한다. 따라서 불확실성도 잘 견디어 내야 한다.

4) 개별화의 원리

상담자는 자신의 독특한 상담양식을 개발하되 내담자의 개인적 특성과 문제에 따라 상담활동을 융통성 있게 실천해야 한다. 여러 이론으로부터 아이디어와 기법을 빌려 오기는 하지만 그것을 기계적으로 모방해서는 안 된다. 올바른 치료법이란 존재하지 않는다. 다양한 접근이 오히려 효과를 낸다.

5) 의도적 감정표현의 원리

내담자의 긍정적인 감정표현뿐만 아니라 부정적인 감정표현도 자유롭게 하도록 해야 하며, 내담자의 입장을 이해해 주는 온화한 분위기를 조성해야 한다. 약점과 모순에 대해서도 웃을 줄 아는 태도가 필요하다. 실수도 기꺼이 수용한다.

6) 통제된 정서관여의 원리

상담자는 내담자의 감정표현에 민감해야 하며 감정표현에 대한 적절한 감정과 정서적 반응을 보여 주어야 한다. 내담자의 세계를 경험하고 이해하지만 비소유적으로 공감한다. 타인과 지나치게 동일시하여 자신의 정체감을 상실하지 않으면서도 타인과 동일시할 수 있어야 한다.

7) 수용의 원리

내담자의 긍정적 측면은 물론 부정적 측면을 거부하거나 배척해서는 안 되며 모든 부정적 측면을 있는 그대로 수용한다. 상담 중 침묵시간이 있다 해도 침묵을 빨리 깨려 하기보다 침묵의 의미를 이해하고 그것을 효과적으로 활용할 수 있도록 노력한다. 결과가 즉각적으로 나타나기를 기대하기보다 느린 결과를 수용할 줄 알아야 한다.

8) 비심판적 태도의 원리

상담자는 내담자를 일방적으로 심판하고 낙인찍어서는 안 된다. 상담에서 때로 충고할 필요도 있지만 상담을 충고로 간주하여 매사에 충고하려는 것은 올바르지 않다. 상담을 충고와 비판을 해 주는 것과 혼돈해서는 안 된다. 내담자는 처음에는 수용적이고 웃는 낯으로 시작하던 상담자가 결국 훈계와 가르침으로 부모나 선생 또는 상사로서의 모습을 드러낼 때 속았다는 생각을 하게 되고 상담 자체에 대해 회의를 품게 된다.

9) 자기결정의 원리

내담자로 하여금 자기문제에 대한 통찰력을 갖도록 하며, 그 문제를 스스로 해결하도록 해야 한다. 내담자가 상담자에게 어떤 절대적인 힘을 기대해 오는 경우 그것이 바람직한 것이 아니라는 것을 인식시켜야 한다.

> 내담자: "무언가 해결책을 제시해 주십시오. 요즘 같아서는 속상해서 못 견디겠어요. 선생님은 제게 어떻게 해야 할지 말해 주실 수 있잖아요?"
> 상담자: "상당히 불안하고 어찌할 바 모르는 심정이라는 것을 충분히 이해합니다. 그러나 해결방안은 당사자만이 찾을 수 있는 경우가 많습니다. 우리기 같이 더 생각해 보고 이야기하는 가운데 어떤 결론에 도달할 수 있을 것입니다. 함께 노력해 봅시다."

10) 재창조의 원리

의미 있는 관계를 활성화시키고 재창조한다. 어떻게 변화할 것인
가를 결정하고, 자신이 되고자 하는 사람이 되기 위해 노력한다. 상
담자는 전문가이자 인간으로서 활기찬 자세를 유지해야 한다. 상담
자부터 활기가 없으면 상담의 좋은 진행이나 결과를 바랄 수 없다.

11) 문화적 영향원리

문화가 상담자나 내담자 모두에게 영향을 미친다는 것을 인식하
고, 여러 문화의 다양한 가치관을 존중한다. 또한 인종·성별·사
회계층·연령·건강·문화·성격 등에 따라 차이가 있다는 것도
알아야 한다.

12) 비밀보장의 원리

상담을 통해 얻은 자료나 사생활에 대한 정보를 문제해결 이외
의 목적에 사용하거나 공개해서는 안 된다. 상담자는 개인적인 정
보와 상담내용을 비밀에 붙이고 있다는 것을 처음부터 말해 주는
것이 바람직하다. 상담을 하게 되면 그 내용이 상부에 보고될지도
모른다는 불안 때문에 몇 회가 지나도록 하고 싶은 이야기를 하지
않는 사례도 있다.

상담자는 때로 상담경험을 예로 들어 말하고 싶은 충동이 강하게
일 때가 있다. 이것은 확실히 참기 어려운 유혹임에 틀림없다. 하지
만 그런 경험담을 말하게 되면 내담자로 하여금 비밀보장이 안 된
다는 생각을 갖게 만들 뿐 아니라 장차 상담을 받을지도 모르는 사
람들과의 관계에 해로운 영향을 줄 수 있다는 점을 생각해야 한다.

13) 윤리적 행동의 원리

상담은 감정이 교류되고, 내담자가 상담자에게 의존적이기 때문
에 자칫하면 비윤리적 관계로 발전될 가능성이 높다. 따라서 상담
자는 높은 윤리적 태도를 유지해야 하며, 내담자의 어떤 유혹에도
넘어가서는 안 된다. 내담자 또한 사회윤리에 어긋나지 않는 모범
적 관계를 유지해야 한다.

도움말

의욕상실의 방지

상담자는 항상 활기를 유지할 수 있는 자신의 특유한 방법을 만
들고, 의욕상실을 예방할 수 있어야 한다. 상담자가 명심해야 할
것은 자신이 얻는 것 없이 계속 주기만 할 수 없다는 사실이다.
정서적으로나 육체적으로 녹초가 되기를 기다리지 말고 의욕상실
의 미세한 징조까지 감지하여 이에 대응해야 한다.

목표, 우선과제, 기대를 평가하여 그것들이 실현 가능한 것인지를 알아본다. 자신이 생활의 능동적 주체라는 사실을 인식한다. 일에 다양함을 가져다줄 방법들을 생각한다. 외부에서 가치를 찾으려 하지 말고, 자기 확신 및 자기 보상을 위해 일하는 것을 배운다. 의미 있는 새로운 일을 먼저 시작한다. 여행 등 새로운 경험을 통해 의미를 찾는다. 묵은 쟁점에 대한 새로운 시각을 얻기 위해 발표회에 참가하거나 책을 읽는다. 스트레스를 줄이는 방향으로 일을 재배열한다. 자신이나 다른 사람의 한계를 인정한다. 자신의 불완전함을 수용한다(Corey, 1991).

유머

치료에는 책임이 따르기 마련이지만 너무 심각할 필요는 없다. 내담자와 상담자는 웃음으로 관계를 돈독히 할 필요가 있다. 웃음이 불안을 감추거나 위협적 상황을 피할 복석으로 사용되는 경우도 있다. 상담자는 상황을 혼돈스럽게 만드는 유머와 상황을 호전시키는 유머를 구분할 수 있어야 한다.

제**2**장 주요상담 및 치유이론

1. 정신분석적 접근

정신분석(psychoanalysis)은 심리치료에 있어서 대표적인 접근방법 가운데 하나이다. 이 이론에 따르면 인간의 행동을 좌우하는 역동적인 힘의 근원은 무의식에 있으며, 무의식적 갈등이 부적응·신경증 내지 신경질환의 원인이 된다.

1940년대 이전에는 아동기 이전부터 나타나는 본능적 욕구가 자아와 초자아에 의해 억압되면서 오는 갈등이 해소되지 못한 데서 문제행동이 나타난다고 보고, 이를 의식화해 이해하고 통찰함으로써 인격의 재체계화를 도모하고자 했다. 억압된 인생 초기의 경험들을 내담자가 알고, 불안에 대처하기 위해 사용했던 방어기제들을 이해하여, 이를 바탕으로 대인관계와 생활에 재적응하도록 하였다.

1940년대 이후에는 신프로이드학파의 사람들이 프로이트 이론을 대폭 수정하면서 성격형성에 있어서 유아기의 성적 갈등을 감소시키고, 사회문화적 요인과 대인관계를 강조했다. 그들은 인간의 목적성, 낙관적 측면, 자아실현, 그리고 미래의 문제를 중요하게 생

각하고 긍정적으로 풀어 가고자 했다. 프로이트의 비관론에 반기를
든 융, 생산적 관계를 강조한 프롬, 대인관계를 통해 자아를 형성
하도록 한 설리번, 분리불안 및 그 극복을 위해 개인의 의지를 강
조한 랭크 등이 이에 속한다.

1950년대 이후에는 심층심리를 장기간에 걸쳐 분석하여 문제를
이해하고 인격의 재체계화를 도모하려는 이 방법은 부적응문제로
곤란을 겪는 모든 사람에게 일률적으로 적용하기에는 부적절하다
는 비판이 나오면서 새로운 형태의 치료기법이 개발되고 있다. 자
유연상이나 꿈의 분석도 너무 지성화되고 비능률적이라며 활용을
삼가고 있을 정도이며 정신장애나 신경증이 아닌 가벼운 부적응
사례에도 이 방법을 적용시키려 하고 있다. 이들에 따르면 신경증
의 근원을 아동기에서만 찾으려는 것은 타당하지 않으며, 개인의
적응력이 미치지 못하는 어려움에 당면하거나 대인관계에 실패하
며 누구에게나 신경증 경향이 표출될 수 있고, 이를 단기적으로
치료할 수 있다.

일반적으로 정신분석 상담과정에서 내담자는 정신분석가에게 자
신의 마음을 투사한다. 내담자는 장기간 집중적인 분석을 받으며 갈
등을 발견하기 위해 자유연상을 한다. 어릴 때의 미결사항(unfinished
business) 때문에 현재를 왜곡하여 살고 있지 않는가를 발견한다.
내담자는 말하는 가운데 통찰력을 얻기도 한다. 분석가는 과거의
경험과 연결된 현재 행동의 의미를 가르쳐 주기 위해 그에 대한
해석을 가한다. 정신분석에서 사용하는 치료기법은 해석, 꿈의 분
석, 자유연상, 저항 및 전이의 분석이다. 이 방법들은 무의식적 갈
등에 도달하여 통찰력을 얻고 결국 자아에 의해 새로운 방안을 찾

도록 한다. 정신분석 방법은 무의식적 역동성, 현재의 문젯거리와
관련된 초기발달의 중요성, 적응의 수단으로서의 불안과 자기방어,
전이와 거부의 성격을 이해하는 데 도움을 준다(Corey, 33~54).

2. 행동주의적 접근

　행동주의적(behavioral) 접근은 파블로프와 왓슨의 고전적 조건화,
손다이크와 스키너의 조작적 조건화에 바탕을 둔 것으로 행동주의
학습이론을 특정 행동장애 치료에 적용하는 것을 말한다. 이 접근
법은 인간이 사회 문화적 조건에 의해 결정된다는 기본철학을 가
지고 있으며 행동은 학습의 산물로 보기 때문에 결정론적이기도
하다. 정상적인 행동은 강화와 모방에 의해 학습된 것이고, 비정상
적인 행동은 잘못된 학습의 결과이다. 따라서 행동주의 학자들은
치료적 학습에 따라 행동이 변할 수 있다고 본다.
　이 접근법은 현재 겉으로 나타난 행동조사, 치료목표의 명세화,
특정 치료계획의 개발, 치료결과의 객관적 평가에 초점을 맞춘다.
치료의 목적은 부적응 행동형태를 제거하고 건설적인 행동모형을
학습하도록 하는 데 있다. 행동수정을 위해 특정 목표가 선정되고
큰 것은 세분화한다. 치료사는 능동적이고 지시적이며, 내담자도
능동적으로 새로운 행동을 실행해 보아야 한다. 이때 주로 사용하
는 방법은 체계적 둔감법, 자기주장훈련, 혐오자극치료, 조작적 조
건화, 모형화 등이 있다. 이 모두는 학습이론에 바탕을 두고 있으

며 행동수정을 지향한다. 이 방법은 학교, 병원, 교도소 등에서 널리 사용되고 있다.

3. 인지적 접근

　1970년대 중반까지 상담에 있어서 대표적인 접근방법은 정신분석적 상담과 행동주의적 상담이었다. 정신분석은 대체로 무의식적 정서 및 동기가 심리적 장애의 근원이라 보았고, 행동주의는 환경 자극과 반응의 컨틴전시에 대해 잘못 학습된 행동이 장애의 원인이라고 보았다. 전자는 무의식적 정서를, 후자는 외현 행동을 주요 대상으로 삼았기 때문에 인지적 측면, 곧 의식 및 사고의 과정을 소홀히 다루거나 간과했다. 인지적 상담은 사고가 인간의 정서 및 행동을 중개하거나 선도한다고 보고, 내담자의 사고과정을 수정 또는 변화시킴으로써 정서적·행동적 장애원인을 제거하고자 한다.

　이 상담에서는 내담자로 하여금 자신의 문제를 초래하는 인지를 포착하고 탐지하도록 하며, 그 인지에 대한 현실적·논리적 검증을 거쳐 인지의 합리성과 현실성 그리고 적응성을 평가하도록 한다. 그리고 부적응적 인지를 감소 또는 제거시키거나 적응적인 인지로 대체하도록 한다. 심리적 장애는 인지의 미숙이나 왜곡에 기인한다고 보기 때문에 이 상담에서는 미숙한 인지를 보다 성숙한 인지로 변화하도록 한다. 이 과정에서 심리교육모형과 자조(self-help)철학에 토대를 두고, 피상담자로 하여금 자기의 병리원인과 치료법을 이해시키고, 치료에 적극 참여시켜 치료능력을 스스로 배양하게 한다. 과거보다는 현재생활에 초점을 맞추며, 문제해결에 도움이 되는 과제를 부여함으로써 상담 장면 밖에서도 스스로 치료적 노력을 하도록 한다.

1) 게슈탈트적 접근

게슈탈트적(Gestalt) 접근은 정신분석에 대한 반작용에서 나온 것으로 정신과 신체의 기능적 통합 및 인식을 강조하는 실존적·경험적 접근법이다. 이 접근법에 따르면 사람은 생각과 감정과 행동을 전체적 형태로 통합하려고 한다. 또한 사람은 초기의 영향이 현재의 난점과 어떻게 연결되어 있는지 알 수 있는 능력이 있다고 본다. 따라서 이것은 비결정론적 입장에 서 있다.

이것은 펄스(F. Perls)에 의해 제시된 것으로 형태주의 심리학이 강조하는 전체로서의 유기체성 및 '여기와 지금(here and now)'에 초점을 두고 있다. 이 상담은 실존이 어떻게 지각되는가에 관심을 가진다. 상담의 초점은 내담자가 자신의 양극단적인 면을 수용하도록 지금 여기에서 무엇을 어떻게 경험할 것인가에 둔다. 또한 분노·증오·고통·불안·슬픔·거부감·죄의식 등 아직도 마무리되지 않은 미련, 또한 개인적 책임, 회피하기, 경험하기, 현재의 인식 등을 강조한다. 이런 감정과 미련은 성격발달에 중요하다.

치료는 내담자가 통합된 사고와 행동을 하도록 하는 데 있다. 이를 위해 순간순간의 경험을 인식하도록 돕고, 자신의 일에 대해 책임을 지도록 하는 내면적 자기후원을 강조한다. 여기서 상담자는 내담자 대신 해석해 주는 것이 아니라 내담자 스스로 해석할 수단을 발달시키도록 돕는다. 내담자는 현재의 기능을 방해하는 과거의 미완성된 일을 찾아 현재 일어나고 있는 일처럼 재경험함으로써 대처해 나가게 된다. 이 접근방법에서는 복합감정을 경험하고 통합하도록 하기 위해 직면하기, 양극단과의 대화, 역할연기, 감정유지, 애로점에 도달하기, 미완성된 일의 재성 및 재경험을 사용하고, 여러 게임도 사용한다.

2) 합리적 – 정서적 치료

합리적 – 정서적 치료(RET: rational – emotive treatment)는 엘리스(A. Ellis)에 의해 창시된 것으로 인지적 상담이론에 바탕을 두고 있다. 잘못된 사고와 신념 체계가 개인의 문제근원이라고 본다. 즉, 정서장애는 비적응적인 인지(사고)과정의 결과이며 치료의 주요과제는 이러한 잘못된 인지과정을 재구성하는 것이다. 따라서 이는 인지재구성법(cognitive restructuring method)의 한 방법임을 알 수 있다. 이 방법은 정서장애를 일으키는 것이 생활사건 자체가 아니라 사건에 대한 왜곡된 지각 때문이라는 가정에서 출발한다. 그리고 이 왜곡된 지각 및 잘못된 생각의 뿌리에는 비합리적이고 자기패배적인 관념들이 깔려 있다고 본다. 그러므로 RET에서는 이렇듯 비합리적인 관념과 생각을 합리적이고 생산적인 것으로 대치하는 작업을 계속한다.

이 접근의 목적은 내담자의 자기 패배적 인생관을 제거하고 더욱 넓게 보며 합리적인 인생관과 조화로운 삶을 유지하도록 하는 데 있다. 여기서는 신경증을 비합리적 사고와 행동의 결과로 본다. 정서적 장애는 아동기에 근원이 있지만 현재까지 재주입에 의해 지속되는 것이다. 그러므로 내담자는 특정 신념의 타당성을 검토하고, 매일매일의 생활에 과학적 방법이 적용되도록 한다. 내담자는 자기 문제에 대한 통찰력을 얻어 자기 패배적 행동을 고치는 데 적극 활용하게 된다. 이 과정에서 여러 교육적인 방법이 사용된다. 가르침뿐 아니라 독서, 숙제, 그리고 문제해결을 위한 논리적·과학적 방법을 사용한다. 특정 생활철학을 비판적으로 평가하기 위해 진단·질문·검토·해석방법도 사용한다. 이 방법은 매우 교훈적이고, 인지적이며, 행동 지향적이다.

3) 베크의 인지적 치료

인지적 치료(cognitive therapy)는 적응적 사고방식의 개발을 목표로 한다는 점에서 RET와 유사하다. 베크(A. Beck)는 복잡하고 추상적인 정신분석이나 국부적인 행동수정에 만족할 수 없어 신경증 환자의 인지적 왜곡을 중심개념으로 보다 포괄적이고 일관된 치료방법의 하나로 이 방법을 제시했다.

인지적 치료는 사람이 자기의 심리장애를 이해하고 해결할 수 있는 자각능력과 의식기능을 보유하고 있다는 전제에서 출발한다. 개인의 문제는 잘못된 가정과 추측에서 오는 현실 때문에 생기며 이러한 부정확한 개념은 주로 인지발달과정에서의 잘못된 학습에서 시작된다. 따라서 상담자는 내담자의 생각 가운데 왜곡된 부분을 수정하고 생활경험을 보다 현실적으로 소화하는 대안적 안목과 태도를 학습하도록 돕는다. 내담자의 잘못된 관념을 지적하고 교정함으로써 보다 자기 충족적인 삶으로 바꿔 가도록 하는 것이다.

인지적 치료의 절차는 내담자 자신의 관념이 무엇인지를 자각하게 하고, 자각한 관념 가운데 부정확하고 왜곡된 관념이 무엇인지 규명하며, 근거가 없는 부정확한 관념을 대치할 수 있는 정확하고 객관적인 인지내용이 무엇인지 발견하여 학습하도록 한다. 상담자는 내담자의 인지적·행동적 변화에 대해 피드백 및 강화를 한다.

상담과정에서 사용되는 기법은 추측되는 것과 사실로 확인될 수 있는 것의 구별을 포함하여 객관적 판단을 강조하는 인지적 특성과 구체적 행동계획 및 단계적 활동과제를 연습토록 하는 행동적 특성을 함께 가지고 있다. 일일활동표, 단계적 과제물, 완수-만족사항 표기, 인지적 재평가, 대치요법, 인지연습, 가정숙제 등이 그 보기이다. 단계적 과제물은 내담자가 쉽게 처리할 수 있는 것에서부터 점차 어렵고 과거에 회피했던 보다 큰 일을 단계적으로 하는 것이다. 인지적 재평가는 내담자의 부적응적 인지내용과 태도를 탐색하고 규명하는 것을 말한다. 대치요법은 불행하다고 생각되는 생활경험에 대해 대안적 설명과 접근방식을 설명하며 토론하는 것이다. 그리고 인지연습은 특정 활동에 포함된 여러 실행단계를 내담자가 상상하도록 함으로써 구체적 장애물과 갈등을 추출하여 이를 토론의 주제로 삼는 것을 말한다.

4. 상호작용적 접근

상호작용적 접근은 대인관계나 자아상태의 기능에 관련된 상호작용에 초점을 맞춘 상담활동이다. 인지적 측면과 행동적 측면을 고려해 사람들이 내린 결정을 현재의 적절성에 비추어 평가하도록 돕는다. 대표적인 것으로 번(E. Berne)과 해리스(Harris)가 발전시킨 거래분석법(TA: transactional analysis)이 있다. 이 접근법은 인간에게 신댁의 자유가 있고, 한번 결정되었다 해도 다시 결정될 수 있다고 생각한다. 즉, 과거 자기 패배적인 생각에 따라 잘못된 결정이 재인식에 의해 변화될 수 있다는 것이다. 이 방법은 내담자가 현재 적합성에 비추어 과거 결정들을 평가하도록 도와주기 위해 고안된 것이다.

거래분석법의 경우 사람의 성격은 당위를 강조하는 부모(P)형, 객관적인 성인(A)형, 충동적인 아동(C)형으로 자아가 3원화되어 있다고 본다. 내담자는 어떤 성격형으로 상호작용에 참여하고 있는지 깨닫도록 가르침을 받는다. 여기서 초점은 상호작용에서 친밀감을 방해하는 게임에 있다. 여기에서 게임은 의도적인 교환작용을 의미한다. 이외에도 자신의 결정을 정당화하려는 속임수 감정인 라켓(racket), 어릴 때부터 어른 때까지 가는 일생계획인 스크립트(script), 훈제, 초기결정, 오랜 감정인 스탬프(stamp) 등이 있다.

상담의 목적은 내담자가 자신이 원하는 바대로 스크립트를 만들 수 있게 하고, 게임에서 해방된 자율적인 인간이 되도록 하며, 초기결정을 검토하고 인식에 근거하여 새로운 결정을 하도록 돕는 데 있다. 상담자와 내담자는 동등한 위치에 있다. 바라는 특정변화에 대한 약속이 이루어지면 상담이 끝난 것으로 간주한다. 여기에서 사용되는 기법으로는 스크립트 분석, 초기 훈계를 인식하기 위한 질문지가 사용된다. 질문하기, 직면하기, 약속 등이 사용된다. 문제 진단과 해석, 가치판단에는 본인이 중요하다.

5. 인간주의적 접근(실존치료)

인간주의적 접근은 흔히 제3세력의 심리학이라 불리는 현상학적, 실존적 방법을 사용하는 것을 말한다. 이것은 정신분석과 행동주의에 대한 반작용에서 나온 것이다. 올포트(G. Allport)의 개성적(idiographic) 접근, 매슬로(A. Maslow)의 자아실현, 프랭클(V. Frankl)의 의미치료, 랭(R. Laing)의 실존적 심리치료 등이 이에 속한다. 실존치료라 불리는 이 방법은 자유, 선택, 자신의 생애를 조성해 갈 수 있는 책임능력과 kx은 인간존재에 대한 기본전제에 따라 치료하는 것을 강조한다. 치료관계는 인간관계에 초점을 맞춘다.

이 방법은 자아 인식능력, 자기의 운명을 결정할 선택의 자유와 책임, 존재에의 용기, 고독의 경험, 다른 사람과의 상호작용 경험, 불안, 무의미한 세상에서의 독특한 의미의 탐색, 인간의 유한성과 죽음, 자아실현과 같은 인간적 조건에 초점을 맞추고 있다. 정상적 성격의 발달은 개인의 고유성에 근거하며 인간의 자아의식은 유아기부터 발달하며 자아결정력과 성장 경향성이 중심을 차지하는 것으로 인식한다. 따라서 정신병리 현상은 잠재력 실현이 실패한 결과로 간주한다. 실존적 죄의식과 신경증적 죄의식, 실존적 불안과 신경증적 불안을 구별하며, 현재와 생성되어 가는 미래에 초점을 둔다.

상담에서는 자아인식과 성장을 극대화하기 위한 조건을 제공하고, 잠재력 발휘를 막는 장애물을 제거하며, 자아인식을 확장함으로써 인생의 방향설정에 자유와 책임을 다하도록 한다. 상담자는 내담자 세계 속의 존재를 정확히 파악하고 내담자와 개인적으로 진실하게 만난다. 그 만남은 부버의 표현대로 나와 당신의 인격적, 실존적 만남이다. 그 가운데 서로의 독특성을 발견하고 변화를 모색한다. 이 접근법에서는 특정의 상담기법보다는 이해에 초점을 둔다. 진단이나 검사보다 직접 대면과 만남의 순수성이 강조된다(Monte, 548~593).

6. 내담자 중심 접근(인간중심치료)

내담자 중심(client-centered) 접근은 현상학의 영향을 받았다는 점에서 인간주의적 접근과 맥을 같이한다. 이것은 1940년대 로저스가 정신분석 및 지시적인 행동치료에 맞서 자신의 방법을 비지시적(nondirective), 내담자 중심이라고 한 데서 비롯되었다. 이 방법은 인간경험의 주관적 견해를 바탕으로 하며, 문제를 다룰 때 내담자를 더 많이 신뢰하고 내담자에게 책임을 부여한다.

　로저스는 개인이 자신에 대한 편중된 견해를 가질 수 있으므로 상담자가 객관적으로 개인의 문제를 진단하고 내담자가 올바른 결정을 내릴 수 있도록 충고와 제언을 해야 한다는 윌리엄슨(E. G. Williamson)의 상담방법을 지시적 상담이라 비판하고, 자신의 상담을 비지시적, 내담자 중심, 그리고 인간중심(person-centered) 치료라 불렀다.

　이 방법은 인간 경험에 대한 주관적 견해를 중시하며 문제를 다룸에 있어서 내담자를 믿고 그 책임을 강조한다. 긍정적 인간관에서 출발한 이것은 인간이 자신의 잠재력 또는 기능을 충분히 발휘하려는 경향이 있음을 전제한다. 즉, 인간은 스스로 성장하고 자주적이며 자아실현을 할 수 있다. 따라서 상담은 개인이 가지고 있는 성장잠재력과 자아실현 능력을 스스로 발휘할 수 있도록 도와주는 데 목적이 있다. 내담자는 상담과정에서 이전에 인식되지 못한 감정을 경험히고 감재력을 실현하며, 사발성·자아에 대한 신념·내적 지향성을 향해 나아간다.

　이 접근방법에서는 내담자의 자기주도력이 중심이 된다. 내담자는 문제를 인식할 수 있는 잠재력과 동시에 그것을 해소할 수 있는 수단을 갖는다. 상담자는 내담자의 장애를 인식하고 부정된 자아의 측면을 경험하도록 함으로써 자아탐색의 분위기를 마련한다. 경험에 대한 개방성, 자아에 대한 신뢰, 자발성과 생동감, 과정에의 충실을 통해 개인이 바라는 바와 현재의 괴리를 좁히고, 정신적 건강을 회복하도록 한다. 상담자는 먼저 진실함, 온화함, 공감적 이해심, 긍정적 존중, 이해심을 가지고 내담자를 대해야 한다. 내담자는 이런 진실한 관계에서 얻은 것을 대인관계에 적용하게 된다. 이 방법에서는 진단검사, 사례조사, 질문법 등을 사용하지 않는다. 그 대신 능동적 쟁취, 감정의 반영, 명료화, 내담자를 위하는 자세와 인식이 중요하다.

7. 현실적 접근

현실적 접근은 『실패 없는 학교』, 『현실요법』 등으로 유명한 글래서(W. Glasser)에 의해 제시된 것으로 현재에 초점을 두고 단기간의 치료를 하되 개인의 실패나 단점보다 성공과 장점을 강조하며, 내담자가 보다 현실적 행동을 학습하여 성공에 이르도록 하는 데 중점을 두고 있다.

사람은 누구나 자신의 정체감에 대한 요구가 있으며 성공적 정체감이나 실패적 정체감 가운데 어느 것도 발달시킬 수 있다고 본다. 이 방법은 이 가운데 실패보다는 성공감을 맛보도록 하는 데 초점을 두며 인간의 성장 동기를 중시한다. 따라서 이것은 비결정론적임을 알 수 있다. 이 방법은 원래 글래서가 격리수용시설에서 생활하고 있는 젊은이를 위해 사용했으나 지금은 생활 상담에서 심리치료까지 널리 사용되고 있다.

이 방법은 의학적인 정신질환 개념을 거부한다. 시간의 초점도 과거에 두는 것이 아니라 현재 무엇을 할 수 있는가에 둔다. 가치판단과 도덕적 책임도 강조하여 정신건강을 책임감의 수용과 동일시한다. 상담의 목표는 내담자로 하여금 현실적이고 책임 있는 행동을 학습하여 성공적 정체감을 발달시키도록 하는 데 있다. 이런 의미에서 이 방법은 적극적이고 교육적이기도 하다. 상담자는 내담자가 행동에 대한 가치판단은 물론 변화를 위한 행동계획을 결정하도록 돕는다. 내담자가 바라는 특정 변화가 정해지면 계획이 수립되고 실행되며 결과가 평가된다. 여기에서는 흔히 약속이나 행동계약이 사용된다. 하지만 의학적 진단이나 평가는 사용되지 않는다. 내담자 자신이 해석을 하고 가치판단을 한다.

8. 개인구념적 접근

개인구념적 치료(PCT: personal construct therapy)는 켈리(G. Kelly)에 의해 제시된 것으로 RET와 마찬가지로 인지적 측면과 행동적 측면이 강조되며 개인의 건설적 사고와 신념체계를 중시한다. 그는 인간관의 기본전제로서 과학자로서의 인간과 건설적 대안주의(constructive alternativism)를 강조한다.

그가 인간을 과학자로 규정하는 것은 모든 인간이 과학자, 탐구자, 해석자로서 그 나름대로 가설을 수립하고, 그것이 타당한 것인가를 나름대로 검증한다고 보았기 때문이다. 과학이 기술·설명·예언·통제를 하는 것과 같이 인간의 심리과정도 이해·예견·조정·통제를 한다. 따라서 모든 인간은 미래를 예견하고 기대되는 결과에 근거하여 계획을 수립하고 이를 수행한다. 건설적 대안주의는 이처럼 과학적인 인간이 어떤 사회를 탐구함에 있어서나 자기의 행동문제를 다룰 때 나름대로 건설적인 대안을 부단히 추구한다는 데 있다. 인간은 건설적 대안을 추구하는 존재라는 것이다. 우주 내의 모든 것, 정치나 종교, 우리의 습관에 이르기까지 모든 것은 사람이 그것을 어떻게 보느냐에 따라 달라진다. 따라서 각자는 스스로 삶의 현장을 구성(구념)하는 양식에 따라 서로 다른 방식으로 행동하고 서로 다른 삶을 살아가게 된다. 그러므로 어떤 인식과 태도를 가지고 살아가느냐가 중요하다. 이것은 인간을 보다 새롭게, 긍정적으로 이해했다는 점에서 높이 평가받고 있다.

이 치료에서는 개인의 정서적 장애나 문제행동은 그가 가진 비현실적인 구념(構念)에 의해 유발된다고 본다. 구념이란 인간이 자신의 세계를 보는 유형이나 판형이다. 인간은 외부세계를 명백한 유형이나 판형을 통해서 보게 되는데, 이러한 유형이나 판형을 그 자신이 창조하여 세계를 구성하는 현실들에 맞추어 본다. 켈리는 특정 개인이 가지고 있는 유형이나 판형을 개인구념이라 했다. 따라서 구념은 현실을 지각하고 해석하는 일관적인 양식임을 알 수 있다. 개인이 가진 구념이 비현실적이어서 문제가 발생하고 있는 경우 구념을 바꾸어 주는 과정, 곧 재구념화 과정이 필요하다. 이것이 바로 PCT이다.

상담의 목표는 개인의 구념을 올바른 방향으로 변화시키는 데 있다. 구념을 수정하거나 새로운 구념을 형성시키는 변화의 과정은 과학적 실험과 마찬가지이다. 문제에 대한 가설을 세워 이를 지지하거나 부정하는 증거들을 수집하여 그것을 검증해 나가는 절차를 취한다. 상담자는 내담자의 현재 구념 체제를 있는 그대로 수용하고, 그것이 바람직한 방향으로 발전해 나가도록 적극 돕는다. 이를 위해 상담자 자신이 먼저 과학자로서의 가치체계와 창의성 및 신축성을 가지고 있어야 한다(박성수, 3~52).

진단을 위해 역할구념목록검사(Rep test), 자유연상, 꿈의 분석기법을 사용한다. 치료를 위해서는 생활에서 구체적 고정인물의 역할을 시연해 보는 고정역할치료 방법이 널리 사용된다. 그리고 구념 변화를 위해서 CPC 주기 절차가 사용된다. C는 먼저 여러 측면을 고려하고 검토하는 circumspection을 말하고, P는 이들을 양분된 주제로 통합하는 preemption을 말하며, C는 마지막으로 하나의 대안을 선택하는 control를 말한다. 이 방법은 내담자의 인지 및 사고의 중요성을 부각시킨다는 점에서 상담 및 치료에 널리 사용되고 있다.

9. FPT 환상프로그램 요법

FPT(Fantastic Programming Therapy)는 심리학적 기반을 둔 상담과 인간이 가진 잠재력을 개발하는 응용분야의 치료법, 곧 인간의 상상력을 이용한 상담기법이다.

사람의 뇌는 상상과 실제를 구분하지 못하는 생리적 현상을 가지고 있다. 우리는 보지 못하는 하나님을 보고 있는 것처럼 살고, 가 보지 못한 천국을 간 것처럼 생각한다. 이것을 활용하여 학습능력을 높인다. 초등학교부터 이성적 사고가 강요되고 결국 비합리적인 것은 배제되는 것이 사람들이 가진 일반적인 특징이다. 그렇지만 FPT를 통해 비과학적이고 비이성적인 영역으로 되돌아가 새롭고 역동적인 삶을 만들어 낼 수 있다. 상상을 통해 뇌에서 몸의 내분비계통에 각종 호르몬을 분비하게 만들어 병을 치유할 수 있게도 만든다. 이 치료는 정신적 치료뿐 아니라 의학적 치료도 가능한 것이다. 특히 신념이 믿음으로 바뀌면 역동적인 치유사역이 정신과 몸에 일어난다.

10. 기타 접근법

이외에도 여러 상담접근법이 있다(Corsini & Wedding, 1989).

- 신체와 정신 사이의 관계를 중시하는 신체치료
- 우리 내부의 상이한 성격들 간의 갈등해결을 위한 자아상태치료(ego – state therapy)
- 외롭고 낙담하고 두려워하는 사람을 위한 난국 – 우선사항치료(impasse – priority therapy)
- 지쳐 있는 내담자로 하여금 완전한 침대휴식을 취하게 한 다음 더 많은 자각과 철학적 수용을 얻게 하는 모리타 심리치료(Morita therapy)
- 성격의 인시행동적 이론과 언어학직 연구에 바덩을 둔 신경언어학적 심리치료(neurolinguistic psychotherapy)
- 방음장치가 된 큰 방 마루 위에서 몸부림치고 비명을 지르는 등 에너지를 폭발하여 치료하는 원초적 치료법(primal therapy)

- 내담자를 직접적이고 단호하게 다루어 치료하는 도발적 심리치료(provocative therapy)
- 성공적인 행동이나 유쾌 또는 불유쾌 장면 등 여러 심상의 시각화를 통해 다양한 행동변화를 모색하는 심리적 심상치료(psychoimagination therapy)
- 어떤 역할을 하는 사람들의 도움을 받아 한 상황을 행동으로 내보임으로써 내담자로 하여금 갈등의 원인을 파악하게 하는 심리극(psychodrama)
- 변화를 하도록 명령하고 변화를 위해 역설적인 처방(미친 듯 협곡을 향해 달려가는 말들이 멈추지 않자 사람들이 뛰어내리려고 하는데 마부는 오히려 채찍을 치며 더 빨리 달리라고 한다.)을 하며 적당한 방향이 계속되면 치료를 멈추는 전략적 치료(strategic therapy)
- 상담자가 내담자를 하루 24시간 완전히 통제하며 치료하는 24시간 치료(twenty-four hour therapy)
- 심각한 애착문제를 가진 내담자를 친구나 가족이 신체를 붙잡고 간지럽게 하고 화나게 하는 등 공황상태에 빠뜨리고 정확한 답이나 행동을 할 경우 피할 길을 허락하는 Z과정 애착치료(Z-process attachment therapy)
- 정신분석을 바탕으로 한 대상관계이론

제**3**장 상담 면접

보다 나은 인간관계와 정신건강을 위해 필요한 것이 상담면접이다. 상담은 상담자나 내담자 모두 서로 존중하는 가운데 진실한 대화를 하게 될 때 성공할 수 있다. 상담자는 때로 '내담자에게 솔직하게 말하면 내담자뿐 아니라 자신에게 불리한 결과를 초래하지 않을까?' 생각하고 자신의 속을 숨기고 겉으로 그렇지 않은 척 말할 때가 있다. 이것은 겉과 속이 다른 태도이다. 진실성은 상담자가 내담자의 말과 행동을 정확히 인식한 후에 자신의 내적인 감정과 생각을 솔직하게 표현하는 것을 말한다. 상담자가 속으로 생각하고 느끼는 것과 실제의 말과 행동이 일치해야 상담관계가 진실해질 수 있다.

상담자가 정직하지 않다는 것을 발견하게 되면 상담이 계속되기 어렵다. 주위 사람들을 나름대로 믿지 못해서 상담실을 찾아온 내담자가 상담자를 믿기 시작했다가 자기에게 정직하지 않음을 알게 되었을 때 겪게 될 실망감을 생각해 보라. 상담자는 상담 초기부터 자신의 느낌과 생각을 있는 그대로 인식하고 수용하며 이를 정확하고 솔직하게 표현하는 태도를 유지해야 한다. 상담자가 진실한 태도를 가질수록 내담자는 상담자를 신뢰하고 상담의 효과도 크다.

1. 초기 면접

첫 면접은 상담과정에 큰 영향을 준다. 이 면접에서 내담자는 상담자에 대한 인간적, 전문적 신뢰 여부를 판단하게 되고, 상담자는 내담자의 문제와 성격을 파악하면서 상담의 방향을 결정해야 하기 때문이다. 상담자는 회피하는 태도를 보여서는 안 된다. 상담하러 온 사람에게 "난 잘 모르니까 다른 사람한테 가 보게." 또는 "난 모르니까 자네가 알아서 하게." 등 문제에 대한 공을 다른 사람이나 당사자에게 던짐으로써 회피하는 것은 상담자로서 바람직한 태도가 아니다.

첫 면접에서 내담자 문제에 관한 기초정보를 수집하는 것만으로 충분하지 않다. 무엇보다 내담자가 자유롭게 자기의 관심사를 표현할 수 있도록 편안하고 수용적인 분위기를 조성하고 상담에 대해 긍정적 기대를 갖도록 하는 것이 중요하다. 그래야 문제에 대한 배경을 탐색하고 상담계획을 적절히 수립할 수 있다.

1) 촉진관계 형성

상담자가 내담자를 만났을 때 해야 할 일은 신뢰감을 바탕으로 상담관계를 형성하는 일(rapport)이다. 이를 위해서는 처음부터 기법을 적용하기보다 온화하고 수용적인 태도를 통해 내담자에 대해 깊은 관심을 나타내고, 내담자로 하여금 상담자를 믿고 편안한 상태에서 이야기할 수 있도록 배려하는 것이다.

- 내담자가 벽의 그림을 쳐다보고 있는 경우 그 그림에 대해 먼저 이야기하면 불안을 해소시켜 준다.
- "몇 시까지 이야기를 나눌 수 있습니다."라고 온화하게 말해 주면 그때까지 상담자와 마음 놓고 이야기할 수 있겠다는 생각이 들게 한다.
- 책상을 사이에 두고 상담을 하는 경우에는 대화의 장벽을 형성할 위험이 있다. 상담자와 내담자가 얼굴을 맞대고 앉는 것도 내담자를 불안하게 만들 수 있다. 탁자를 사이에 놓고 대화하거나 보다 효과적으로 이야기할 수 있도록 의자배치를 한다.
- 내담자가 햇빛이나 전등불이 마주 보이는 곳에 앉도록 해서는 안 된다. 내담자가 창을 향해 앉아야 할 경우 블라인드를 조절하거나 커튼을 내린다. 내담자에게 가능한 한 편안한 의자를 내어 준다. 상담자가 편한 의자를 차지하고 내담자에게 딱딱한 의자를 줘도 괜찮다고 하는 생각을 버린다.

2) 상담시간과 전체 상담의 길이

상담시간이 충분하지 않을 경우 상담시간을 제한한다. 상담자가 내담자에게 얼마 동안 상담이 가능한지에 대해 사전양해를 구하는 것이 바람직하다. 그래야만 서둘러서라도 주어진 시간 내에 가능한 한 많은 것을 해낼 수 있게 된다. 선배 전문가들의 협의를 통해 수련이나 상담 경험의 폭이 넓어지기 전까지 첫 면접시간의 시간이 허용하는 한 내담자 문제의 모든 영역을 자세히 알아보는 것이 유익하다.

전체 상담의 길이에 관한 것도 확실히 해 둔다. 정신분석에 바탕을 둔 치료의 경우 분석자가 미리 말해 둠으로써 상담과정을 성공적으로 이끌어 갈 수 있다. 내담자와 상담 목표에 도달하기 위해서는 서로 합의된 여러 번의 면접이 필요하다는 것을 상담자가 분명히 말해 주는 것이 중요하다.

3) 첫 면접의 진행

상담자에게는 내담자와의 첫 만남을 어떻게 이끌어 가느냐에 따라 상담의 성패를 가름한다. 면접을 효과적으로 진행시켜 나가기 위해서는 다음과 같은 사항에 주목한다.

- 내담자가 무엇을 이야기하고 싶고, 상담실을 찾게 된 경로 및 상담자와 마주 앉아 있는 기분을 물음으로써 내담자로 하여금 대화의 첫 화제를 선택하도록 한다.
- 이렇게 도입된 화제를 어떻게, 언제, 어느 정도의 범위로 다룰 것인지에 관한 한계(또는 구조)에 합의를 본다.
- 상담문제와 관련이 없는 초기의 화제가 불필요하게 오래 지속되지 않도록 한다.
- 첫 면접에서는 문제를 규명해 주거나 심문식의 반응을 해서는 안 된다. 내담자 스스로 자기문제를 안전하게 탐색하도록 한다. 즉 상담자가 중요하다고 생각하는 측면보다는 내담자

가 이야기하고자 하는 내용과 내담자 자체에 초점을 맞춘다.

- 첫 면접을 마치기 전 상담자는 면접시간, 면접횟수, 비밀의 보장, 면접에 관한 메모 및 녹음 등에 관해 설명하고 내담자의 반응을 확인한다.

4) 첫 면접의 끝맺음

첫 면접과 상담의 초기과정은 내담자가 자신의 문제를 다른 사람에게 처음으로 드러내는 기회일 수도 있고, 면담결과가 자기이해와 앞으로의 행동방향에 크게 영향을 줄 수도 있다. 그럼에도 불구하고 상담자, 특히 초보상담자의 경우 면접을 잘해 내고 싶다는 욕심과 진행내용에 대한 불안 때문에 첫 면접이 내담자에게 매우 중요하다는 사실을 종종 잊어버린다. 내담자들은 자기가 상담시간을 잘 활용하는 것인지, 상담자의 도움을 받을 수 있는지, 면접과정에서 무엇이 어떻게 돌아가고 있는지에 대한 인상 및 이미지를 중시한다. 따라서 면접이 끝날 무렵 이러한 내담자의 관심사를 이야기하도록 기회를 주는 것도 좋다. 그럴 경우 내담자가 열을 내애기하는 것을 간섭하지 말고 가능하다면 그 열기가 식을 때까지 말하도록 허용한다.

면접이 끝날 무렵 내담자가 애기한 관심사를 요약하고, 긍정적인 해석을 함으로써 내담자를 안심시켜 준다. 그 뒤 다음 단계의 상담에 관한 안내 설명을 한다. 즉, 다음 면접을 언제, 어떻게 하고 상담자로서 내담자에게 하고 싶은 말들을 해 준다. 내담자는 상담과 상담자의 역할에 대한 인식이 잡히고, 자기문제나 걱정거리를 비교적 충분히 털어놓았으며, 의문점이나 긴장감이 어느 정도 풀렸다고 생각되면 첫 면접이 성공적이라는 느낌을 갖게 된다.

2. 내담자의 태도 이해

불안한 내담자는 말을 더듬거리거나 같은 말을 반복하며 “어, 저” 등 망설이는 말을 자주 한다. 내담자의 얼굴 표정, 눈의 초점, 손의 움직임, 의자에 앉아서 우물쭈물하는 것 등은 내담자의 감정을 이해할 수 있는 단서가 된다. 의기소침해 있는 사람은 보통 머리를 푹 숙이고 땅바닥을 쳐다본다. 불안하고 긴장되어 있는 내담자는 손을 꽉 쥐고 있거나 가만히 앉아 있지 못하고 자주 들썩거린다. 내담자에 따라 같은 감정이라도 표현에서는 다른 어휘를 사용하기도 하고 목소리의 억양이나 동작이 감정과는 다른 방향으로 나타날 수 있다. 다음은 그 보기들이다.

- 어떤 내담자는 화가 나 있지만 큰소리를 내지 않고 낮은 목소리로 말하며 조용히 입을 다문 채 눈만 이글거리며 앉아 있다.
- 소리 높여 말하거나 책상을 막 두드리는 내담자에게 “이번 사건에 대해 굉장히 화가 나셨군요.”라고 반응하면 “아니에요. 좀 흥분했을 뿐입니다.”라고 자기의 분노감정을 부인한다.
- 상사나 동료에게 적개심을 느끼고 있는 데도 그런 감정이 없

다고 부인한다.

이런 모순된 행동은 내담자에게 별도의 감정이 있거나 자기 방어적 심리가 작용하기 때문이다. 세 번째의 경우는 상사나 동료에게 증오심을 나타내는 것에 대해 죄책감을 느끼거나 그들을 증오하는 자기 자신을 수용할 수 없기 때문일 수도 있다. 이런 경우들은 당장은 부인한다 해도 상담자의 공감적 반응을 통해 결실을 맺을 수 있다.

내담자의 얘기에서 화제 간에 내용상의 모순을 보인다든가 상담자의 질문에 대답하면서 억양이나 말하는 속도가 변하는 경우가 있다. 이것은 그 부분에서 더욱 깊이 탐색할 필요가 있는 갈등이나 밝혀지지 않은 문제가 있음을 시사하는 단서들이다.

3. 상담면접 시 주의해야 할 말들

1) 충고, 설교, 훈시하듯 하는 말

"제가 보기에 당신은 너무 일방적인 것 같습니다." "저 같으면 그렇게 안 하겠습니다." "이번 일은 자네가 너무 성급했던 것 아닌가?" 충고하듯 말하는 것은 바람직하지 않다. 또한 "과거에 나는 이랬다."며 목사가 설교하듯 교장이 학생을 훈시하듯 하는 것은 역효과를 낼 수 있다.

2) 추궁하기

상대의 말에 대해 "도대체 어떻게 된 거야?" "책임지실 겁니까?"
"그 제안이 정말 타당하다고 보시는 겁니까?" 식으로 따지고 추궁하
는 것은 상담자가 자기의 본분을 망각하고 있음을 보이는 것이다.

3) 동정

걱정이 되어서 온 사람에게 "걱정한다고 풀리는 것은 아니야."
"시간이 가면 좀 나아질 거야."라고 말하는 것은 동정이지 상담이
아니다. 상담은 문제와 사람을 비켜 가는 것이 아니라 그 사람 속
으로 들어가 함께 이해하고 공감하는 태도가 필요하다. 걱정과 염
려를 시간에 걸쳐 놓는 것도 상담자가 할 일이 아니다.

제2부

상담에 이르는 10가지 길

제1장 고난과 문제해결 중심 상담

"내가 변화시킬 수 없는 일들을 받아들일 수 있는 평온을 주옵시고 내가 할 수 있는 일들을 변화시킬 수 있는 용기를 주옵시며 그 차이를 알 수 있는 지혜를 주옵소서."

– 라인홀드 니버

1. 고난과 상담자의 역할

"우리 마음속에 있는 공포 외에는 두려워해야 할 것은 아무것도 없다." 루스벨트의 말이다. 우리 주위를 보면 암담하다. 그러나 그것이 두려운 것이 아니라 우리 마음속에 있는 공포가 더 두렵다. 그 공포로 인해 낙심하고 용기를 잃기 때문이다. 그러므로 고민하는 사람에게는 용기와 자긍심을 심어 주는 것이 무엇보다 중요하다. 상담자는 용기를 공급하는 사람이어야 한다.

맹인 교수로 널리 알려진 강영우 박사가 과거 피츠버그 대학에서 학위과정을 마치고 졸업을 앞두고 있었던 때의 이야기이다. 그는 무엇보다 한국 대학의 교수가 되고자 했다. 여로 모로 연락을 해 보았지만 좋은 소식이 오지 않았다. 전망은 밝지 않았다. 그때 대학에서 졸업을 앞둔 그에게 축하 파티를 마련해 주었다. 대학 부총장, 학장, 그리고 학교의 여러 임직원들이 참석해 격려해 주었다.

그러나 그는 기쁘지 않았다. 취업문제 때문이었다. 그의 기분을 읽은 밴드손 부총장이 그에게 찾아와 무슨 걱정이 있느냐고 물었다. 강영우는 한국에 취업을 하고 싶은데 안 된다며 "제가 정상인이 아니고, 돈도 없고 배경이 없으니 취직이 안 됩니다."라며 자조 섞인 말을 했다. 그러자 부총장이 "강 박사!" 하고 불렀다. 당시 논문은 통과되었지만 아직 학위를 받은 상태가 아니었기 때문에 처음 '강 박사'라고 들어 보는 말이었다. 그는 즉시 부총장을 향해 고개를 돌렸다. 그때 부총장은 아주 엄숙하게 "명문가는 건설되는 것입니다."라고 말했다. 이 말을 듣는 순간 그는 너무 창피한 생각이 들었다. 그리곤 한국 가는 것을 포기하고 미국에서 자신의 가문을 건설하기로 마음먹었다. 훗날 그는 미국에서 대학 교수가 되었을 뿐 아니라 세계장애위원회 부위원장, 루즈벨트 재단 고문, 부시행정부 차관보까지 되었다(강영우, 2000).

1) 희망의 상담

실험자가 물을 채운 통 속에 쥐를 넣어 두고 뚜껑을 완전히 닫아 둔 경우와 뚜껑을 이따금 열었다 닫았다 하는 경우에 생존하는 시간을 측정해 보았다. 그 결과 뚜껑을 완전히 닫은 경우 그 쥐들은 평균 3분 만에 죽었다. 모든 것을 체념하고 살 수 있다는 희망을 접은 것이다. 그러나 뚜껑이 이따금 열린 경우에는 희망의 빛을 발견하고 살고자 노력했다. 그 결과 36시간을 견디다 죽었다. 이 쥐 실험은 희망이 얼마나 중요한가를 보여 준다. 고난에 처한 사람에게 상담자는 희망이라는 빛을 비춰 주는 역할을 해야 할 것이다.

고난과 고통은 고민을 하게 만든다. 그것이 좋은 것은 아니지만 그러나 나쁜 것은 결코 아니다. 아이가 아프면서 성장을 하듯 그러한 고난의 과정을 통해 인간은 보다 성숙해지기 때문이다. 나아가 좀 더 낮아지고 겸손해지며 삶을 관조할 수 있는 여유를 갖게 된다. 그러므로 상담자는 상대의 그러한 형편을 나쁜 것으로 여기지 아니하고, 그 이후에 보다 성숙될 미래를 생각하며 상담하는 것이 바람직하다.

그리스는 바다로 나갈 때 국운이 융성했지만 바다에서 밀려나 칩거할 때 국운이 쇠했다는 것을 누구보다 잘 알고 있었다. 그들이 포세이돈을 바다의 신으로 삼고 있는 것은 바로 나라가 융성하기 위해서는 어떻게 해야 하는가를 스스로 가르치기 위한 것이다. 포세이돈은 한마디로 한국의 장보고나 다름이 없다. 해양국가가 되기 위해서는 그 크고 넓은 바다, 그리고 파도와 싸워 이겨야 한다. 고난을 극복하지 않고서는 나라의 융성을 기대할 수 없다. 마찬가지로 고난을 극복하는 자에게 희망을 가질 수 있는 자격이 주어진다.

하나님은 우리에게 고난의 통로를 비집고 나오게 하셨다. 하나님이 우리에게 주신 고난은 앞으로 더 힘차게 날 수 있는 비행을 위한 준비 체조이기 때문이다. 하나님이 만일 어떤 고난도 주지 않고 인생을 살게 하신다면 우리는 강해질 수 없고, 결국 날 수 없는 나비가 되고 말 것이다. 고성삼 목사는 강조한다.

- 우리는 힘(strength)을 달라고 기도한다. 그러면 하나님은 우리를 강하게 만들 수 있는 어려움을 주신다.
- 우리는 지혜(wisdom)를 달라고 기도한다. 그러면 하나님은 우리에게 문제들을 주신다. 풀라고.
- 우리는 번성(prosperity)하게 해 달라고 기도한다. 그러면 하나님은 머리를 주신다. 일하라고.
- 우리는 용기(courage)를 달라고 기도한다. 그러면 하나님은 위

험을 주신다. 극복하라고.

- 우리는 사랑(love)을 달라고 기도한다. 그러면 하나님은 우리에게 어려움을 만난 사람을 주신다. 도와주라고.

2. 문제해결 중심의 상담

1) 욕구와 갈등

인간은 근본적으로 바라는 존재이다. 욕구가 결코 나쁜 것은 아니다. 살아 있음을 나타내는 증거이기도 하다. 그러나 그 욕구가 다양하여 갈등을 일으킨다는 데 문제가 있다. 갈등에도 진짜 갈등과 가짜 갈등이 있다. 진짜 갈등은 해결방법이 없다. 그런데도 그 방법을 적극적으로 기다린다는 데 문제가 있다. 이에 비해 가짜 갈등은 해결방법이 있으나 해결을 보류한다는 데 문제가 있다.

여기에서 상담자는 갈등의 유형이 무엇인가를 파악하는 일이 중요하다. ＋＋형인가, ＋－형인가, 아니면－－형인가. 어떤 유형이든 상담자는 그것의 결과가 부정적인 것으로 눈에 보인다 할지라도 ＋가 될 수 있도록 노력해야 한다. 이른바 양승법(w－w)을 추구하는 것은 이 때문이다.

선택과 책임은 본인에게 달려 있을 수도 있다. 그러나 상담자는 그 문제 앞에서 WDEP을 생각할 수 있는 여유를 가져야 한다.

- Want: 나의 want만 보지 말고 상대방의 want를 본다.

- Doing

- Evaluation

- Plan

갈등의 문제는 주로 가치관의 문제이기도 하다. 가치에는 궁극적 가치와 도구적 가치가 있다. 궁극적 가치는 사랑, 정의, 평화 등이며 이 가치는 나눔의 과정을 거쳐 기쁨을 발휘한다. 이 가치는 이상적이고 추상적이기도 하다. 40대에서 주로 이러한 가치를 추구한다. 이에 비해 근사치적 가치라고도 하는 도구적 가치는 매우 현실적이고 구체적인 것으로 됨의 과정을 거치며 성취된다. 30대에서 이러한 가치가 중시된다. 가치는 모두가 똑같은 것은 아니다. 개인마다 절대적 가치와 상대적 가치가 있다. 절대적 가치는 자신의 삶을 걸고 추구하는 가치이며, 상대적 가치는 다른 사람과의 비교에서 좌우될 수 있는 것이다.

2) 문제에 직면하는 방법

문제에 직면하는 방법은 사람마다 다르다. 대표적인 네 가지 방법으로 사람이 문제를 우회하여 가는 방법, 문제의 가장자리를 스쳐 지나가는 방법, 사람이 문제에서 되돌아오는 방법, 그리고 사람이 문제를 뚫고 지나가는 방법이 있다.

우회하기 방법은 문제가 대수롭지 않거나 중요하지 않다고 생각할 때 발생한다. 나는 그 문제를 간단히 피해 버릴 수 있다는 말로 표현된다.

문제의 가장자리를 스쳐 지나가기 방법은 이 문제에 대해 내가 어떤 방법으로든 원치 않는다고 생각될 때 나타난다. 이것은 내가 원하던 과정이 아니라는 말로 표현된다.

사람이 문제에서 되돌아오기 방법은 문제를 간단히 해결할 수 없을 때 나타난다. 그 문제를 해결하는 것은 불가능하고 희망이 없다. 그래서 나는 포기할 수밖에 없다고 말한다.

사람이 문제를 뚫고 지나가기 방법은 문제를 해결할 수 있다고 자신하고 도전하는 반응이다.

3) 상담과정

1단계: 문제를 듣고 이해하기

첫 면접에서 상담자의 주된 관심사는 내담자가 어떤 문제를 가지고 있는가에 있다. 초심자들은 내담자가 찾아온 이유를 간단히 듣고 만족해하는 경우가 있다. 그러나 그렇게 간단히 끝내 버릴 수 없는 경우가 대부분이다.

첫째, 내담자가 호소하는 문제를 잘 듣고 이해한다.

둘째, 촉진적 관계를 형성한다. 촉진적 관계란 내담자가 안심하고 편안한 마음으로 이야기할 수 있는 분위기를 만들어 주는 것을 말한다. 경청, 반영, 공감의 태도를 취한다. 촉진적 관계 형성은 상담의 최종목표는 아니지만 상담의 좋은 결과를 가져오기 위해 필요하다.

셋째, 구조화한다. 상담시간, 비밀보장의 확인, 상담의 한계, 상담자의 역할 등에 대해 내담자에게 알려 준다.

넷째, 문제탐색을 서두르지 않는다. 그 대신 무엇을 들을 것인가를 명확히 하고, 호소하는 문제의 전체 줄거리를 파악하며, 내담자가 무엇을 원하는지 파악한다. 그리고 내담자의 현재심정과 상태를 파악한다.

2단계: 상담문제 선정하기

내담자가 상담에서 다루기를 원하는 문제를 선정한다. 그리고 내담자가 가지고 있는 문제의 유형과 성격을 파악한다. 내담자의 문제를 올바르게 평가하기 위해서는 내담자가 자신의 문제에 대해 어떤 태도를 가지고 있는지를 평가해야 한다. 이 과정에서 내담자 자신에 대해 이야기한 내용과 이야기 도중에 내담자가 보이는 정서상태가 부합하는지를 관찰하는 것이 필요하다. 또한 내담자의 생활환경과 그것이 지금의 문제와 어떻게 상호 작용하는지를 철저히 분석한다.

문제의 성격이 파악되면 상담자는 보다 적극적인 자세를 취하면서 질문을 통해 내담자의 문제배경을 탐색한다. 문제의 배경요인은 대체로 다음의 세 가지 영역으로 나누어 탐색하는 것이 바람직하다.

- 전체적인 배경: 내담자의 주요 생활경험, 성격 및 대인관계 행동양식, 문제의 발단과 현재의 상태 등
- 문제에 대한 인식: 문제에 대한 내담자의 지각내용, 느낌(핵심감정)
- 내담자의 잠재능력과 심리 치료적 요인: 내담자의 정서적 −

지적－환경적 잠재능력, 상담과정에서 활용될 수 있는 내담
자의 능력요인 등

내담자의 문제가 얼마나 심각한지 그리고 내담자의 문제해결능
력이 어느 정도인지 알기 위해서는 내담자의 배경에 대한 정보가
필요하다. 여기에서는 가능한 시간 내에 내담자의 가족관계, 사회
적－의학적 배경, 과거의 상담 및 치료경험에 대해 알아본다. 이런
정보를 수집하기 위해서는 2～3시간을 쉽게 보낼 수 있지만 그렇
게까지 철저히 할 필요는 없다. 무엇보다 주어진 시간 안에 내담
자가 자기의 문제를 어떻게 보고 있느냐에 대해 세부적이고 철저
한 이야기를 듣는 것이 중요하다.

"최근에 겪었던 문제를 구체적으로 들어 얘기해 주시겠어요?"라
고 시작한다. 이렇게 되면 내담자의 문제와 관련된 생활 장면 중
가장 두드러지게 기억되는 경험을 말하게 된다. 그 다음 내담자의
문제 상황이 정서 상태와 행동 차원에서 분명하게 드러날 때까지
더욱더 세부적인 질문을 던질 수 있다. 이렇게 되면 내담자의 문
제는 일반적인 것에서부터 세부적인 것에까지 서서히 파악되고 이
해된다. 시간이 허용하는 한 내담자의 문제나 생활배경에 대해 자
세히 듣고 철저하게 평가할 필요가 있다. 내담자가 보이는 문제의
심각성, 고질성에 대한 올바른 이해와 적절한 처치가 필요하다.

- 단기상담을 통해 소기의 효과를 달성할 수 있는 문제
- 구체적인 호소문제: 구체적인 정보나 조언을 요청하는지 아
  니면 특정문제 상황에 대처하는 구체적인 방법을 요청하는지
  파악한다.

- 발달과정상의 문제: 누적되거나 복잡하지 않고 발달과정상에서 일시적으로 생기는 문제
- 호소문제 발생 이전에 비교적 기능적 생활을 해 왔던 내담자가 호소하는 문제: 호소문제 발생 이전부터 심리적으로 건강했는지 파악한다.

문제를 해결하거나 치료해 나가는 데 대한 내담자의 희망 및 기대가 무엇인가를 알아보는 것도 중요하다. 내담자가 원하는 것이 무엇인지? 무엇을 기대하고 상담자를 찾았는지? 상담자로부터 어떤 도움을 바라고 있는지? 궁극적으로 무엇을 말하려고 이렇게 저렇게 호소하는지?

상담자는 문제의 형성과정을 이해한 후 내담자가 왜 지금에야 찾아왔는지를 알 필요가 있다. 그 밖에도 상담자는 내담자가 생활과정에서 직면하고 있는 어떤 불안이나 위기의식이 있는지에 관해 알아보고 평가한다. 이 같은 생활 장면에서 불안 및 위기의식이 발견될 경우 정신과의사에 의뢰하거나 입원조치를 취할 필요가 있다.

3단계: 내담자가 문제 상황에 대처해 온 방법 탐색하기

내담자가 자신의 문제 상황을 해결하려고 노력해 왔던 나름대로의 대처방식을 탐색한다.

내담자가 호소하는 문제 상황에 지금까지 어떻게 대처해 왔는지를 구체적으로 살펴본다. 대처행동뿐 아니라 내담자의 대처방식이 효율적이었는가를 따져 본다. 내담자의 대처방식이 문제해결에 얼

마나 도움이 되는지 혹은 더 많은 어려움을 야기하고 있는지를 파악한다. 충분한 탐색 없이 섣부른 조언이나 방향 제시는 비효과적이다.

상담자는 "그런 어려운 상황을 해결하기 위해 어떻게 해 보았습니까?" 또는 "그러한 상황을 해결하기 위해 그동안 많이 노력해 봤군요. 또 다른 노력은 없었습니까?" 물으며 상대의 극복노력과 가능성을 헤아려 본다.

4단계: 문제해결 방법 도출하기

내담자의 어려움을 해결하기 위한 새로운 방법을 도출하고 합의한다. 내담자와 함께 대처방안에 대한 중지를 수렴한다(brainstorming). 내담자가 제시한 대안에 대해 성급한 판단을 내리지 않는다. 상담자도 자신의 의견을 하나의 안으로 제시한다. 의견들을 열거해 본 다음 내담자에게 현실적으로 가장 가능성이 있고 효과가 있다고 여겨지는 대처방안을 선정한다.

5단계: 문제해결 실천계획 수립

문제해결을 위해 합의한 방법을 실천할 수 있는 행동의 구체적인 계획을 세운다. 대안을 행동으로 옮기는 전략을 세운다. 구체적인 행동전략은 상담자와 간단한 연습을 할 필요가 있다. 실천결과를 평가하고 필요한 경우 새로운 행동전략과 계획을 수립한다.

1. 왜 정신분석인가

　프로이트의 정신분석에 따르면 당신이 그렇게 행동하는 데는 다 이유가 있다. 정신분석은 원래 정신신경적 장애를 치료하기 위해 고안되었으나 점차 심리학 일반이론의 기초가 되었고, 치료에서 얻어진 지식은 예술, 종교, 사회조직, 아동발달 및 교육 등에 많은 영향을 주었다. 정신분석은 기본적으로 '너 자신을 알라'는 그리스 철학의 합리적 정신을 계승하고 있다. 그러나 정신분석에서는 형식적이고 논리적인 사고를 통한 방법보다는 고통과 갈등의 증상원인을 의식의 세계가 아닌 무의식의 세계로부터 파악하여 자신의 운명과 행복을 조정할 수 있는 개인의 능력을 강화시킨다.

　정신분석의 대부 프로이트는 어렸을 적에 매우 권위적인 아버지 밑에서 자랐다. 의사가 되었지만 정신적으로는 죽음을 비롯한 여러 공포증에 시달렸고, 육체적으로는 암으로 죽기까지 삼십 번을 넘는 수술을 받았다. 그는 자기분석을 통해 성격이 이드, 에고, 슈퍼에고의 역동적 관계를 통해 발달한다는 것을 깨닫게 되었다. 아동기에 대한 기억과 경험을 탐색하는 가운데 자신이 어렸을 때 아버지에게 강한 적대감을 느꼈다는 것을 알게 되었고, 정이 많은 어머니에게서 성적 매력을 느꼈다는 것도 회상해 냈다. 그는 후에 환자치료에서 발견한 사실들과 자기문제 분석에서 발견한 사실들이 같음을 보고 정신분석에 관한 이론을 체계화했다.

프로이트의 정신분석 체계는 성격발달 모형이자 인간에 대한 철학이며 심리치료의 방법이다. 그는 행동을 동기화하는 정신역동적 요소에 주의를 기울였고, 무의식의 역할에 초점을 맞추었으며, 기본적인 성격구조를 이해하고 수정하는 치료절차를 맨 먼저 만들었다. 정신분석적 상담은 기본적으로 프로이트 이론에 바탕을 두고 있다. 내담자가 무의식의 억압된 횡포에서 해방되어 자유롭게 자신의 억압을 제거하고 문제를 통찰하도록 도와줄 뿐 아니라 다시는 과거의 억압된 갈등에 사로잡히지 않도록 하는 데 뜻을 두고 있다. 정신분석은 기본적으로 무의식 속에 억압되어 있는 심리적 갈등이 히스테리 등 이상행동을 일으키는 것으로 간주한다. 겉으로 드러난 이상행동은 무의식적 갈등의 일부를 간접적으로 나타낸 것으로 그의 과거, 특히 유아기나 아동기 때부터 비롯된 억압된 갈등에서 비롯되며, 오래전에 경험된 사건들이 강렬하게 회상될 때 발생한다. 내담자는 억압된 무의식적 갈등을 방어하기 위해 자기방어 기제를 사용한다. 따라서 상담자는 무의식의 소리에 예민해야 한다.

정신분석에 입각한 상담은 개인의 적응력을 높이며 억압을 해소함으로써 내부갈등을 해소하도록 도와주어 정신건강을 되찾고, 그가 가진 재능과 능력을 완전히 활용할 수 있도록 하는 데 목적이 있다. 정신분석적 상담은 비지시적 상담유형에 속하는 것으로 문제를 일으키는 무의식적인 갈등을 의식화시켜 분석하고 처치하여 개인의 성격구조를 재구성하는 절차로 이루어져 있다.

정신분석의 역사는 비엔나 의사 브로이어(J. Breuer)가 히스테리 증상이 치료되는 것으로 보이는 한 환자에 대한 놀라운 경험을 프로이트에게 말한 것에서 시작되었다. 그가 환자를 최면상태에 빠지게 한 후 마음을 억누르고 있는 것이 있으면 말하라고 했다. 그러자 환자는 자기 생활에서 경험했던 고도의 정서적 환상과 사건을 이야기했다. 환자가 이렇게 말함과 함께 정서분출이 이루어지면서 그 환자는 병적인 증상에서 해방되었다. 프로이트도 다른 환자에게 시도해 보고 같은 결론을 얻었다. 프로이트는 그 후 잊힌 사건들을 회상케 하고 억압으로 인해 방출되지 못한 정서를 발산함으로써 병에서 해방되는 문을 열었다.

정신분석에서는 의식되지는 않으나 마음속에 잠재해 있는 갈등이 해소되지 않으면 심리적 긴장상태로 남아 있거나 심한 경우 여러 증상으로 나타난다고 본다. 따라서 내담자의 내부갈등을 해소하려면 지금까지 그가 의식하지 못하고 있던, 하지만 문제의 근원이 되고 있던 무의식의 내용을 의식화시켜야 한다. 이 무의식적 갈등 및 불안정 상태를 언어표현을 통해 의식화, 곧 자각화시키면 긴장 때문에 묶여 있던 에너지가 그만큼 자아기능에 활용됨으로써 개인의 의식 및 행동과정이 원활하게 된다. 이드의 힘을 약화시키고 에고의 힘을 강화시킴으로써 불안 및 갈등심리를 약화시키는 것이다. 정신분석에서는 이를 성격구조의 재구성이라 부른다. 그러므로 정신분석은 무의식적 내면세계를 의식화하는 작업으로 상담의 목표는 적응적이고 문제해결적인 자아의 기능을 강화하는 데 있다.

정신분석에서는 증상 그 자체보다는 내부적인 갈등 자체가 문제가 된다. 증상은 내적·심리적 갈등에 대한 방어적·적응적 역할을 하기 때문에 갈등 자체가 해소되면 증상은 필요 없게 된다. 그러나 정신분석의 방법은 다른 방법보다 진전이 느리고 비교적 오랜 시간을 필요로 한다. 상담은 주 1～3회 50분씩 진행되며, 상담자와 내담자 사이에 신뢰형성이 중요하다. 편안하고 믿을 수 있는 분위기 가운데서 내담자로 하여금 과거의 경험과 그때그때의 감정들을 거리낌 없이 자유롭게 털어놓도록 격려한다. 처음에는 주로 듣는 것에 치중하면서 가끔 해석을 해 준다.

상담자는 내담자가 나타내는 심리적 저항에 관심을 가져야 하며, 이야기를 하는 가운데 나타나는 불일치에 주목해야 한다. 내담자가 보고하는 꿈과 자유연상의 의미를 추론하며, 상담자에 대해 내담자가 나타내는 감정의 단서에 민감하게 귀를 기울인다. 이를 통해 내담자의 성격구조와 역동관계를 이해하게 되면 문제의 윤곽이 드러난다. 상담자는 내담자로 하여금 자신의 문제에 대한 통찰을 얻도록 함으로써 내담자가 보다 자신을 이해하고 자신에 대해 솔직해지도록 도와준다.

상담이 진행되면서 여러 경험을 하게 되는데 먼저 상담자와 의존적이며 신뢰적인 인간관계를 맺는다. 나아가 자신의 과거와 무의식에 대한 통찰은 물론 통찰을 방해하는 저항을 아울러 경험한다. 상담자와 전이관계가 형성되며, 이 전이관계의 의미를 깨달으면서 자신과 대인관계에서의 갈등내용이 해결되는 것을 경험한다. 즉, 내담자는 과거나 현재 갈등이 상담자에 왜곡되게 반복되는 것을 체험하고 그것을 의식하게 됨으로써 자신을 이해하고 갈등을 해소하게 된다.

또 내담자는 의식적으로 도움을 받으려 하지만 무의식적으로는 갈등을 의식하고 직면하기를 꺼려 저항을 갖게 된다. 그러나 상담자와 함께 검토하는 과정에서 이를 이해하고, 그 후 점차 현실적으로 불안에 대처하게 되고, 효과적으로 대인관계를 형성해 나가며 불합리하고 충동적인 행동을 통제할 수 있게 된다. 현실적 적응이 가능하게 되면서 상담이 종결된다. 정신분석 상담의 초점은 자존감을 증진시키고 초년기에 받은 원래의 심리적 상처를 회복시키는 데 있다(Kohut, 1984).

2. 정신분석은 사람을 어떻게 보나

프로이트는 인간본성에 대해 결정론적인 관점을 가지고 있다. 인간존재는 기본적으로 정신에너지와 초기 경험에 의해 결정된다. 그에 따르면 인간의 행동은 비합리적인 힘, 무의식적인 동기, 생물학적이고 본능적인 충동, 생의 초기 6년 동안의 심리성적(psychosexual) 사상에 의해 결정된다. 후기의 성격문제는 초년기에 억압된 갈등에 그 근원이 있기 때문에 초기발달이 매우 중요하다.

인간은 성충동이나 공격충동에 의해 동기화된다. 프로이트 이론에 있어서 본능은 핵심에 속한다. 그는 처음에 리비도를 성적 에너지에 한정시켰으나 나중에는 모든 삶의 본능적 에너지에까지 확대시켰다. 이 본능은 개인이나 인류의 생존 목적에 기여한다. 성장,

발달, 창조성의 원천이 된다. 인간이 고통을 피하고 쾌락을 추구하는 것도 이 삶의 본능(eros) 때문이다. 그는 죽음의 본능(thanatos) 개념도 제시했는데 이것은 삶의 본능과는 달리 파괴적이고 공격적이다. 사람이 때로 자신이나 다른 사람을 미워하거나 죽이거나 해치려는 무의식적 소망을 행동으로 나타내는 것은 이 본능 때문이다. 인간은 삶의 본능과 죽음의 본능 사이에서 갈등한다. 무의식적 동기나 갈등이 현재 행동의 중심이다. 그러나 인간은 공격이나 자기 파괴의 희생물이 될 운명을 타고난 것은 아니다. 끊임없는 삶의 본능이 작용하고 있기 때문이다. 중요한 것은 인간이 얼마만큼 이 공격적 충동을 조절할 수 있는가 하는 것이다.

정상적 성격 발달은 심리성적 발달의 성공적 해결이나 통합에 의해 일어난다. 잘못된 발달은 어떤 특정 단계에서의 적절하지 못한 해결의 결과이다. 불안은 기본적 갈등을 억압한 결과이다. 자아 방어기제는 불안을 통제하기 위해 생겨난다. 현재 행동의 핵심은 무의식이다. 정신분석의 치료목적은 무의식을 의식화시키고, 초기 경험을 재경험하며, 억압된 갈등을 훈습(薰習, working – through)하고, 지적인 인식을 통해 성격과 삶을 재구성하는 데 있다.

상담을 할 때 분석가가 자신을 노출시키지 않아야 한다. 내담자가 치료자에게 투사한다. 전이를 치료할 때 생기는 저항을 감소시키고, 합리적 통제를 할 수 있도록 한다. 내담자는 장기간의 분석을 받고, 갈등을 알아내기 위해 자유연상을 하며, 대화를 통해 통찰을 얻는다. 분석가는 현재 행동의 의미가 과거와 연관이 있다는 사실을 가르치기 위해 해석을 한다.

정신분석적 치료를 받는 사람은 치료자가 되기를 원하는 전문가,

치료를 통해 더 성숙하기를 원하는 사람, 고통 속에 있거나 정말 괴로워하는 사람들이다. 정신분석 치료는 자기중심적이며 충동적인 내담자 또는 심한 정신병 환자에게는 맞지 않다. 이 기법은 개인은 물론 집단 치료에도 사용할 수 있다.

3. 프로이트의 성 심리 단계와 에릭슨의 심리사회적 단계

프로이트학파의 정신분석은 인간본성의 핵심인 삶의 본능과 죽음의 본능 사이의 투쟁, 이드·에고·슈퍼에고라는 세 성격 사이의 무의식적 역동과 행동에의 영향, 불안의 역할, 성격의 여러 발달 등에 관심을 가지고 있다.

프로이트와 에릭슨은 인간발달에 관한 이론들을 제시했는데 이것은 상담과정에서 발달적 문제를 이해하는 데 도움이 된다. 즉, 생애의 각 단계의 중요한 발달적 과제는 무엇이며, 이들 과제가 상담과 어떻게 관련이 되는지, 개인생애에 있어서 연속적 주제는 무엇인지, 생애의 다양한 시점에서 사람들의 보편적 관심사는 무엇인지 등을 파악할 수 있다.

프로이트는 구강기, 항문기, 남근기, 잠재기, 생식기 등으로 구분했다.

유아는 구강기를 경험한다. 어머니의 젖을 빠는 것은 섭식과 즐거움에 대한 욕구를 만족시킨다. 입과 입술은 중요한 성감대 역할을 한다. 입이 만족의 중심점이 될 뿐 아니라 성격형성의 자리가 된다. 먼저 입에 즐거움을 주는 구강흡입적 행동으로 입에 집어넣기, 물고 놓아주지 않기 등이 있는데 이것은 각각 당김성, 고집과 결단성과 연결된다. 유아기에 구강만족을 박탈당한 사람은 성인기에 문제를 낳는다. 치아가 돋아남에 따라 구강공격기가 시작되는데 깨물기는 파괴성, 토하기는 거부와 거만, 그리고 입 다물기는 거부와 소극주의로 나타난다. 적대, 공격, 험담, 다른 사람에 대한 신랄한 비판도 이 시기의 만족성 여부에 따라 성인기의 성격으로 나타난다. 이 시기는 기본적으로 양육을 필요로 하며, 그렇지 못하면 후에 탐욕이나 욕심이 생겨나기도 한다. 유아기에 구강이 만족되지 않으면 구강고착이 생긴다. 후의 인격문제들은 다른 사람에 대한 불신, 사랑에 대한 거절, 긴밀한 관계를 맺는 데 대한 공포나 불능으로 나타날 수 있다. 비관과 낙관, 믿음과 의심, 능동과 수동, 감탄과 시기가 이 시기에 형성된다.

항문기는 배설을 통한 긴장제거 방법에 따라 인격이 형성되는 중요한 시기이다. 지나친 뒤보기 훈련을 받은 아이는 성인이 되어 반항적이고 무책임하며 낭비적인 성격으로 발전하게 되고, 통제 없이 배설을 하게 하면 나중에 절약·결벽 등 반대적 성격을 형성하게 된다. 이런 반대적 성격형성을 반동형성(reaction formation)이라 한다. 반동형성에 있어서 전자의 경우를 항문기-공격형 성격이라 하고, 후자를 항문기-보유형 성격이라 한다. 항문기 동안 독립의 학습, 개인적 능력의 수용, 분노와 공격 등 부정적 감성들을 표현하는 것을 배우는 것을 주요 발달과제로 삼는다. 절제와 낭비, 고집과 순종, 정결과 불결, 정확과 애매가 이 시기에 형성된다. 부모의 훈육양식과 태도는 아동의 후기인격 발달에 중대한 영향을 미친다.

남근기의 경우 기본적 갈등은 어린이들이 이성 부모들에게 느끼는 무의식적 근친상간의 욕망에 집중되어 있다. 그러나 그러한 감정은 용납될 수 없어 억압된다. 오이디푸스 콤플렉스로 알려진 남성 남근기에서 소년의 사랑 대상은 어머니이고, 엘렉트라 콤플렉스로 알려진 여성 남근기에서 소녀는 아버지의 사랑과 승인을 갈망한다. 어린이의 성적 관심이 높아지는 것에 대한 부모의 언어적·비언어적 반응이 성에 대한 어린이의 태도와 감정에 영향을 준다. 부모가 아이의 모든 충동을 나쁜 것으로 가르치면 아이는 자신의 자연스런 충동에 대해서도 죄책감을 느끼게 되며 성인이 되어서도 죄책감이 이어져 다른 사람과의 친숙한 관계를 맺지 못하게 된다. 죄책감은 물론 경직, 심한 갈등, 후회, 낮은 자존감, 자기비난 등도 나타날 수 있다. 남근기는 허영과 자학, 자신감과 소심, 맹목과 수줍음, 스타일과 평범, 남성다움과 여성다움의 성격이 형성되는 데 영향을 준다.

남근기에서는 성적 충동이 격렬하지만 잠복기간에는 비교적 조용하다. 성적 관심은 학교, 놀이, 친구, 운동, 새로운 활동들에 대한 관심으로 바뀐다. 이것은 어린이가 외부로 향하고 다른 사람과의 관계를 형성하는 사회화의 시기이다.

생식기에서는 오래전의 남근기의 주제들이 되살아난다. 이 단계는 사춘기에서 시작해서 노쇠할 때까지 계속된다. 청년들은 이성에 관심을 보이고, 성적 시도를 하고, 성인으로서 책임을 갖기 시작한다. 청년기에서 성인으로 성숙해 감에 따라 그들은 친밀한 관계를 형성하고, 부모의 영향력에서 벗어나며, 다른 사람에 대해 관심을 보인다. 이 시기는 사랑하고 일하려는 목적을 이루고자 한다. 사회적 억압과 금기사항들이 있지만 젊은이들은 우정을 형성하고, 예술이나 스포츠에 종사하고, 직업을 준비하는 것과 같은 사회적으로 받아들여질 수 있는 여러 가지 활동들에 성적 에너지를 투입함으로써 그것을 처리할 수 있게 된다.

에릭슨은 이것을 바탕으로 심리 사회적 경향성을 추가하여 성격 발달에 대한 관심을 확장시켰다. 에릭슨의 모형에는 인간발달의 8단계와 각 단계에서의 위기와 전환점이 나타나 있다. 8단계는 유아기, 초기아동기, 학령이전기, 학령기, 청소년기, 초기성인기, 중년기, 노년기이다(Erikson, 1963; 1968).

유아기에는 자기와 타인 간의 구별이 없으며 타인을 유아 욕구 충족의 대상으로 본다. 중요한 타인이 기본적 욕구를 충족시켜 주면 유아는 신뢰감이 생긴다. 기본적 욕구가 충족되지 않으면 세상에 대한 불신, 특히 대인관계에 대한 불신이 생긴다.

초기아동기는 자율감을 발달시키는 기간이다. 기본적 투쟁은 자기 - 신임의 느낌과 자기 - 의심의 느낌 사이의 투쟁이다. 어린이는 탐색하고 실험해야 하며 실수도 해야 하고 한계의 검토도 해야 한다. 부모가 의존심을 고무하며 어린이의 자율감은 저해되며 세상을 다룰 능력이 방해를 받는다.

학령 이전기에서의 기본적 과제는 유능감과 솔선감의 획득이다. 어린이에게 개인적으로 의미 있는 활동들을 선택할 자유가 주어지면 그들은 자신에 대한 긍정적 시각을 발달시키고 자신의 계획에 따라 행동하는 경향이 생긴다. 자신이 결정하는 것을 허락받지 못하면 그들은 솔선으로 행동하는 데 대해 죄책감을 느끼게 된다. 그렇게 되면 그들은 능동적인 자세를 취하지 못하고 다른 사람이 그들을 위해 선택해 주도록 기다리게 된다.

학령기의 아동은 세상을 더 잘 이해하고 계속 적절한 성역할 정체감을 형성하고 학교생활을 잘하는 데 필요한 기본적 기술을 배운다. 이 시기의 기본적 과제는 근면감을 획득하는 것이다. 근면감이란 개인적 목표를 세우고 성취하는 것을 의미한다. 그렇게 하지 못하면 부적감이 생긴다.

청년기는 아동기에서 성인기로 이행하는 시기이다. 한계를 검토하고 의존적 관계를 끊고 새로운 정체감을 확립하는 시기이다. 이 시기의 주요 갈등은 자기정체감, 삶의 목표, 삶의 의미를 명료화하는 데 집중된다. 정체감을 확립하지 못하면 역할혼미가 생긴다.

성인 초기의 발달적 과제는 친밀한 관계를 형성하는 것이다. 친밀감을 획득하는 데 실패하면 소외와 고립감이 생긴다.

중년기에는 자기와 현재의 가족뿐만 아니라 다음 세대를 위한 일에 관심을 가진다. 자신의 꿈과 자신의 실제적 성취 사이의 불일치를 조정하는 시기이다. 생산감을 이루지 못하면 때로 심리적 침체감이 생긴다.

노년기는 별 후회 없이 생을 뒤돌아보고 개인적으로 보람을 느끼며 자아통합이 생긴다. 자아통합을 이루지 못하면 좌절감, 절망감, 죄책감, 분노, 자기부정이 생긴다.

발달기	프로이트	에릭슨
생후 1년간	구강기: 능동 대 수동	유아기: 신뢰 대 불신
1~3세	항문기: 고집 대 순종	초기아동기: 자율 대 수치와 의심
3~6세	남근기: 자신 대 소심	학령이전기: 솔선 대 죄책
6~12세	잠복기: 배움 과정	학령기: 근면 대 열등
12~18세	생식기: 성숙 대 비성숙	청년기: 정체 대 역할혼미
18~35세	생식기 계속	성인 초기: 친밀 대 고립
35~60세	생식기 계속	중년기: 생산 대 침체
60세 이후	생식기 계속	노년기: 통합 대 절망

4. 행동원인 찾아보기

정신분석에서 사용되는 주요 기법은 꿈의 분석, 자유연상, 저항의 분석, 전이의 분석 등이 있다. 이 기법들은 대부분 무의식적 자료를 의식세계로 가져오는 방법들이다. 초점은 아동기의 경험에 두고 이것을 재구성하고, 토의하고, 해석하고, 분석한다. 모든 것은 내담자가 자신의 무의식적 갈등에 접근할 수 있도록 짜여 있고, 무의식에의 접근은 자아가 통찰과 새로운 것에 동화할 수 있도록 해 준다. 진단이나 검사를 자주 사용한다. 사례사를 탐구하기 위해 질문지를 사용하기도 한다.

1) 자유연상법

자유연상법(free association technique)은 내담자로 하여금 편안한 가운데 자기의 감정·사고·기억들을 숨김없이 그리고 자유롭게 말하게 하고, 상담자는 그 말 가운데서 단서를 찾는 것을 말한다. 자유연상은 정신분석 치료의 가장 핵심적인 기법에 속한다.

연상을 할 때 내담자는 대개 긴 안락의자에 눕고, 상담자는 그 옆이나 뒤에 앉는다. 내담자의 감정이나 주의를 분산시켜 기억과 사고의 흐름을 방해하지 않기 위해서이다. 상담자는 내담자에게 "마음을 비우고, 아무리 고통스럽고 꺼림칙하고 우스꽝스럽고 사소하고 창피하고 비논리적이고 부적절한 것이라 해도 마음에 떠오르는 것은 무엇이든지 가능한 한 많이 이야기하라."고 한다.

내담자는 모든 감정과 생각을 억압하지 않고 머릿속에 떠오르는 생각이나 욕망, 과거의 억압되었던 경험 등 모든 것을 즉각 말한다. 과거를 회상하고 충격적인 상황 속에서 느꼈던 여러 감정들을 발산하게 된다. 분석이 진행됨에 따라 내담자들은 대부분 이 기본 규칙을 이탈하게 되는데 상담자는 이런 현상을 시기적절하게 해석한다. 상담자는 내담자의 연상의 흐름에 따라 이야기를 계속하게 하며 개입이나 저지를 하지 않는다.

자유연상은 무의식적 소망, 환상, 갈등, 동기 등을 알기 위해 사용하는 도구이다. 이 기법은 때로 과거경험들을 회상시키고 그동안 차단되었던 강한 감정들을 해방시킨다. 내담자는 말하는 동안 카타르시스를 경험하고, 점점 무의식으로 들어가 상징화되고 변장되어 있는 억압의 내용을 드러내게 된다. 그러나 이 카타르시스 자체가 중요한 것은 아니다. 내담자가 자유연상을 하는 동안 상담자는 연상의 계열이나 흐름을 살펴서 무의식 속에 억압되어 있는 내용을 확인하여 갈등의 원인, 곧 자신의 사고와 행동의 원인에 대한 단

서를 찾아내는 것이 중요하다. 이 단서를 내담자에게 찾아 해석해
줌으로써 지금까지 의식하지 못했던 근원적 역동, 무의식적 심리과
정을 이해할 수 있도록 도와준다.

상담자는 내담자의 자유연상을 들으면서 표면의 내용만 듣는 것
이 아니라 그것의 감춰진 의미까지 헤아린다. 이렇듯 무의식의 언
어를 인식하는 것을 가리켜 제3의 귀로 듣는다고 말한다(Reik, 1948).
내담자의 말 그 자체로서는 별로 얻을 것이 없다. 말하지 않는 부
분은 그들이 말하는 부분만큼이나 중요하다.

2) 해 석

해석(interpretation)은 꿈, 자유연상, 저항, 치료관계 자체에서 나
타나는 행동의 의미를 규명하고 명료화하여 내담자에게 지적하고,
설명하고, 가르치는 것이다. 내담자가 한 말 속에 포함되어 있는
무의식적 사고와 느낌 또는 행동에 대해 내담자가 이해할 수 있도
록 설명해 준다. 상담의 진전 정도에 따라 차츰 심층적인 무의식
의 내용과 행동까지 해석해 나간다. 해석은 자아로 하여금 무의식
적인 새로운 자료를 더 많이 드러내도록 하는 기능을 한다.

상담자는 자유연상의 내용과 꿈의 외현적 내용이 무엇을 의미하
는지 해석해 주어야 한다. 해석은 내담자의 저항, 계속적인 방어를
방지하는 데 중요한 역할을 한다. 상담자는 상담시간에 나타내는
저항을 해석해 주고 그를 격려해 주어야 한다. 해석은 증상의 원
인을 가르쳐 주기보다는 내담자가 심리적 저항을 극복하고 저항한

생각의 중요성을 일깨워줘 자유연상을 더욱 의미 있게 하도록 도와준다.

이러한 해석과정을 가짐으로써 내담자는 억압된 갈등에 반복해서 직면하게 된다. 잊었던 기억들이 정서적 참여와 함께 회상되면 감정정화가 된다. 내담자가 감정정화를 자주 경험할수록 자신의 억압된 갈등의 근원은 물론 이상행동의 원인을 스스로 찾게 된다.

해석은 내담자의 성격과 내담자의 장애를 유발한 원인에 대해 상담자의 판단과 평가가 내려지는 것이기 때문에 내담자의 반응을 잘 살필 필요가 있다. 내담자가 해석을 받아들일 심리적 준비가 되어 있는지 알아내야 한다. 시기가 적절치 못한 해석은 내담자가 거부하기 때문에 해석의 시기를 잘 맞출 필요가 있다. 해석할 내용이 의식적 수준에 가까워졌을 때, 곧 내담자 자신이 아직 깨닫지 못했지만 견딜 수 있고 자신의 것으로 인정할 수 있는 때에 자료를 해석해야 한다. 일반적으로는 표면적인 것부터 해석하고 내담자가 갈 수 있는 깊이까지만 해석하는 것이 바람직하다. 그리고 저변에 깔려 있는 정서나 갈등을 해석하기 전에 저항이나 방어를 지적하는 것이 좋다.

3) 꿈의 해석

꿈의 해석은 자유연상과 같이 무의식의 내용을 드러내고 내담자가 해결하지 못한 문제를 통찰하도록 한다. 정신분석에서 꿈은 무의식의 보고이다. 내담자가 꿈의 내용을 말하면 이에 따른 연상을 시키고 이를 의식적 경험과 결부하여 그 의미를 해석함으로써 내담자의 문제행동과 원인을 이해할 수 있다고 본다.

수면 중에는 자아방어가 약화되므로 억압된 욕망과 감정(무의식적 갈등)들이 표면화된다. 꿈에는 사람들의 무의식적인 소망과 욕구, 두려움이 표현되기 때문에 프로이트는 꿈을 무의식으로 가는 왕도로 간주했다. 자아가 받아들이기 힘든 욕구는 직접적으로 표현되지 못하고 위장(왜곡)되어 나타나거나 상징적인 형태로 나타난다. 즉, 동생을 미워하는 형이 꿈에서 동생을 질투하거나 공격행동을 보인다. 꿈의 해석은 이런 꿈의 속성을 이용하여 무의식직 자료를 발굴하고 정리함으로써 내담자로 하여금 자신의 내면세계와 문제영역에 대해 통찰을 얻도록 도와준다.

꿈의 내용과 수준에는 꿈에 나타난 그대로의 현재몽과 그 꿈이 상징하고 있는 잠재몽 두 가지가 있다. 꿈의 작업은 수면 중이라도 억압된 내용이기 때문에 우리가 이해할 수 있는 내용으로 나타나기보다 압축되고 상징화되고 정교화되어 이해하기 어려운 내용으로 나타나는 것이 보통이다. 잠재몽은 숨겨진, 상징적인, 무의식적인 동기, 소망, 두려움으로 이루어진다. 잠재몽을 이루는 무의식적인 성적 또는 공격적인 충동은 너무 고통스럽고 위협적이기 때문에 보다 받아들이기 쉬운 현재몽으로 변형되어 나타난다. 자아가 의식하기에는 너무 고통스럽고 위협적인 잠재몽을 덜 고통스럽고 비위협적인 현재몽으로 바꾸는 작업을 꿈의 작업(dream work)이라 한다.

상담자의 과제는 현재몽 속에 상징적으로 감춰진 잠재몽의 정체를 밝혀내야 한다. 상담 시간 중에 상담자가 잠재몽의 내용을 밝히기 위해 현재몽의 어떤 요소에 대해 자유연상을 시킬 수도 있다.

현재몽 내용에 대해 자유연상을 시킴으로써 잠재몽의 내용에 빨리 접근할 수도 있다. 꿈의 배후에는 일상적으로 억제된 충동이나 현실에서 달성할 수 없는 자의식적 사고가 숨겨져 있으므로 꿈의 해석을 통해 꿈이 주는 상징적 의미를 밝혀낸다. 내담자들은 꿈을 보고하고 유발되는 감정을 회상하면서 꿈의 요소를 자유 연상한다. 이 과정을 통해 점차 꿈이 지닌 의미를 밝혀낼 수 있게 된다. 상담자는 내담자와 함께 연상을 탐색하고 꿈의 요소들을 해석한다. 이 과정을 통해 내담자들은 무의식적으로 억압했던 자료들을 풀어내고 현재 투쟁하고 있는 것에 대한 새로운 통찰을 얻을 수 있게 된다(Freud, 1955).

4) 저 항

정신분석 치료에서 저항(resistance)은 상담의 진전을 방해하고 상담자에게 협조하지 않으려는 내담자의 무의식적 행동을 말한다. 저항이 생기면 내담자가 무의식적 내용을 생각해 내지 않으려 함으로써 치료진행이 방해된다. 저항은 억압했던 무의식적 내용을 의식의 표면으로 가져오기를 주저하게 만든다. 따라서 저항은 현 상태를 유지시키고 변화를 막는 모든 의식적 또는 무의식적 생각이나 태도, 감정, 행동 등을 포괄한다. 자유연상이든 꿈의 연상이든 내담자는 어떤 사고, 감정, 경험을 연관시키지 않으려는 경우가 있다.

따라서 자유연상은 생각보다 어려운 과정임을 알 수 있다. 자유롭게 말하다가도 상담자가 자기의 이야기에 관심을 가지거나 자신의 억압된 갈등을 말할 때 심한 저항감을 갖기 때문이다. 환자는 이야기를 중단하거나, 약속을 잊고 치료를 중단해야겠다고 느끼거나, 화제를 바꾸거나, 창밖을 보거나 등 다양한 행동을 함으로써 저항을 나타낸다. 이 저항을 극복하는 것이 첫 번째 중요한 과제이다.

자유연상이나 상담이 진행되는 동안 자신의 갈등을 의식하게 되면 자신에게 고통을 주거나 에고를 불안하게 하므로 자유연상이나 상담을 방해하는 행동을 하거나 억압된 행동을 한다. 자유연상 도중 억압되었던 적개심이 무의식적으로 표출되어 불안해지면 갑자기 화제를 바꾼다는지 약속시간에 늦는다든지 특정한 생각·감정·경험들을 털어놓지 않는 것 등이 그 보기이다. 내담자가 저항하는 이유는 자신의 억압된 충동이나 감정을 알아차렸을 때 느끼게 되는 불안으로부터 자아를 보호하기 위해서이다. 따라서 프로이트는 저항을 억압한 충동이나 감정이 인식되려고 할 때 야기되는 견디기 어려운 불안을 방어하려는 아동의 무의식적 역동으로 간주했다.

저항은 불안에 대한 방어로 무의식적 역동을 통찰하려는 상담자와 내담자의 노력을 무산시킬 수 있다. 저항은 위협적인 내용이 인식되는 것을 막으므로 갈등을 현실적으로 해결하려고 하면 상담자는 저항을 지적해야 하고, 내담자는 저항을 직면해야 한다. 상담자는 내담자가 저항을 해결할 수 있도록 하기 위해 저항하는 이유가 무엇인가를 인식하도록 도와줄 필요가 있다. 일반적으로 상담자는 내담자들이 해석을 거부할 가능성을 줄이기 위해, 그리고 내담자들이 자신의 저항행동을 볼 수 있는 가능성을 증대시키기 위해 가장 뚜렷한 저항을 지적하고 해석한다.

그러나 모든 저항을 부정적으로 볼 필요는 없다. 저항은 일상생활에서 불안을 방어하는 장치이자 충만한 생활을 방해하는 장치로 이해되어야 한다. 내담자의 갈등을 근본적으로 해결하기 위해서는 상담자가 이 저항을 막기보다 적절히 표출하도록 하되 내담자로 하여금 자신의 행동을 이해하고 수용하도록 함으로써 고쳐 나갈 필요가 있다.

5) 전 이

정신분석 치료는 상담자와 내담자의 만남, 전이의 발달, 훈습, 그리고 전이의 해결이라는 과정을 거친다. 전이(transference)는 내담자가 과거의 중요한 인물, 곧 어렸을 때 부모형제나 주위사람들에게 나타내었던 애정·적개심·욕망·기대 등 여러 감정을 비롯하여 불안을 야기했던 갈등이나 대인관계를 다른 사람, 주로 상담자에게 옮기는 것을 말한다. 내담자의 저항이 어느 정도 극복되면 어느 정도 개인적인 의미를 갖고 상담자와 감정적 교류를 형성한다.

전이단계에서 상담자는 내담자에 대해 중립적이고 객관적이며 비교적 수동적인 자세를 취함으로써 내담자의 전이를 유도한다. 상담과정이 깊어지면서 내담자의 어린 시절의 경험과 갈등들이 무의식 속에서 표면 위로 떠오르기 시작한다. 내담자는 신뢰와 불신, 독립과 의존, 사랑과 증오, 그 밖의 여러 상반되는 감정에 대한 갈등을 회상하게 되고 그때의 감정들을 상담자를 대상으로 해서 다시 경험하게 된다. 이때 전이가 나타나게 된다. 과거에 엄격하고 권위주의적이었던 아버지, 또는 매정했던 어머니에 대해 지녔던 감정이 상담자에게 옮겨져 내담자의 눈에는 상담자 역시 똑같은 대상으로 보이게 된다. 전이를 통해 감정과 내적 갈등을 표면화시켜 지금 상황에서 그 감정이 얼마나 부적절한가를 깨닫게 한다. 전이에 대한 이러한 해석으로 어렸을 때의 주요 정서적 갈등까지 해결하는 계기가 될 수 있다. 즉, 치료자의 해석으로 전이감정이 해석되면 내담자는 과거의 영향으로부터 벗어나게 되며 보다 정서적으로 성숙한 인간이 될 수 있다. 이 전이현상의 해소는 정신분석적 상담의 핵심에 속한다.

전이의 결과로 내담자가 상담자와 사랑에 빠지게 되는 '긍정적 전이'도 일어날 수 있지만 그와는 반대로 역전이 현상도 일어난다. 역전이란 상담자가 내담자와의 관계에서 갈등을 느끼고 내담자를 싫어하거나 좋아하게 되는 현상을 말한다. 상담자도 인간이므로 상담과정에서 자연히 역전이 현상이 일어날 수 있다. 역전이가 일어나면 상담자 자신의 감정이 부각되므로 결국 상담에 방해가 된다. 따라서 상담자는 수련과정에서 내담자에 대한 자신의 감정에 주의를 기울이면서 역전이가 일어나지 않도록 교육을 받을 뿐 아니라 실제 상담과정에서 아주 조심한다. 수련과정에서는 자신의 감정이나 욕구를 상담상황으로부터 분리하도록 교육을 받음으로써 이 문제를 해결한다.

치료효과가 있으려면 내담자는 이런 전이관계를 파헤쳐 나갈 수 있어야 한다. 전이를 이해하고 해결하기 위해서는 훈습이라는 장기간의 과정이 필요하다. 훈습과정은 반복, 정교화, 확대로 구성되어 있다. 전이분석은 내담자가 현재 기능에 대한 과거의 영향을 통찰할 수 있게 만든다. 전이관계의 해석은 지금 그들을 고착시키고 정서적 발달을 지연시키는 옛 갈등을 훈습할 수 있도록 해 준다. 초기관계의 결과는 상담자와의 치료관계 속에서 비슷한 갈등에 대한 훈습을 통해 사라진다. 이 과정을 통해 내담자는 자신의 무의식적 심리역동에 대한 통찰을 얻게 되며 결과적으로 과거의 경험과 현재의 대인관계 문제를 이해하게 된다. 성격변화를 위해서는 상담자와의 전이관계에 대한 훈습을 통해 이루어지는 과거의 탐색이 필수적이라고 가정한다. 전이가 해결되면 치료는 종결단계에 이른다.

6) 직 면

직면(confrontation)은 내담자가 자기 문제에 관심을 가지고 핵심에 접근해 가도록 하는 것을 말한다. 내담자가 자신의 문제를 받아들이고 의식할 수 있을 때 그 문제나 갈등의 내용을 지적해 줌으로써 자신의 문제를 회피하지 않고 직접 관찰하고 부딪쳐 보도록 한다.

7) 통 찰

통찰(insight)은 자신의 심리적 갈등이나 문제를 의식차원에서 이해하고 그 인과관계를 깨달아 현실 생활에서 자신의 정신활동에 어떤 영향을 미치고 있는가를 의식하게 되는 것을 말한다. 통찰은 상담과정에서 중요한 과정의 하나이다. 통찰이 이루어지면 자신의 갈등을 이해하고 실제 생활에서 있어 왔던 여러 상황에서의 자신의 사고와 행동을 수정하고 적응하는 방법을 검토하고 실행해 나간다. 이를 또한 훈습이라 한다. 정신분석은 통찰을 통해 내담자가 그의 내적 갈등을 극복할 수 있기를 바란다. 통찰은 내담자의 생활 장면을 변경시키는 데 건설적으로 사용되는 경우에만 도움이 될 수 있다.

정신분석적 치료는 어떤 체계보다 많은 탐색과 논쟁을 불러일으켰으며, 치료의 발달이나 치료에 대한 생각을 자극했다. 성격의 구조나 기능에 대해서 자세하고 포괄적으로 기술했다. 행동결정인자로서 무의식과 생후 5년 동안의 경험 등을 강조한다. 무의식을 의식으로 끌어올리는 여러 기법들을 발달시켰으며, 전이와 역전이, 저항, 불안, 자아방어기제 등에 초점을 둔다.

정신분석의 장점은 이상행동의 원인이 되는 경험을 반복, 재현함으로써 정서적 순화와 감정정화가 일어나도록 하며 그 후에 이상행동 대신 새로운 행동이 일어나도록 하는 재적응과정, 또는 정서 재교육과정을 해 나가는 것이다. 그러나 정신분석은 2~5년간에 걸쳐 매주 2~5회의 면담을 요하는 장기적인 심리치료이므로 시간도 많이 걸리고 비용도 많이 든다는 단점이 있다. 시간과 비용 때문에 새로운 기법을 많이 활용한다.

정신분석 치료의 경우 치료자는 오랜 훈련을 받아야 하고, 내담자는 많은 시간과 경비를 들여야 한다. 이 접근은 사회·문화·대인관계의 요인을 무시하고, 본능적이고 생물학적인 요인을 강조한다. 낮은 계층의 내담자에게는 적용할 수 없고, 이 접근을 사용할 수 없는 문화집단, 민족집단도 많다. 자아의 힘이 부족하여 전이

신경증 치료를 받을 수 없는 내담자도 많다.

도움말

아동과 유능감

에릭슨에 따르면 초기아동기에 유능감을 갖도록 훈련시킬 필요가 있다. 부모가 자녀에게 너무 많은 것을 해 주면 "자, 너를 위해서 이것저것 다 내가 해 줄게. 너는 너무 약하고 무력하여 스스로 그런 것들을 할 수 없으니까."라는 메시지를 전해 준다. 이 기간 동안 아동은 실험도 하고 실수를 해도 용납될 수 있다는 것을 느끼고, 독자적이고 독특한 사람으로서 스스로 할 수 있다는 것을 인식토록 해야 한다(Erikson, 1963).

잠복기

에릭슨에 의하면 부정적 자기개념, 학습과 관련된 부적절감, 사회적 관계형성에서의 열등감, 가치에 대한 갈등, 혼란스런 성 역할 정체감, 진취적 기상의 부족, 솔선감의 부족, 의존성 등의 문제들은 중기아동기에 생긴다. 따라서 상담자들은 이에 대해 관심을 가질 필요가 있다(Erikson, 1963).

제3장 대상관계 경험과 성격 이해

1. 대상관계이론

대상관계이론(object relations theories)은 본능의 요소보다는 초기에 부모와 갖는 대상관계의 경험이 인간의 성격형성과 병리형성에 결정적인 영향을 끼친다는 기본적인 관점을 가지고 있다. 현재 많은 상담자들이 활용하고 있으며 인간을 설명하는 중심이론으로 발전하고 있다. 이 이론은 전통적 정신분석이론을 보완하는 현대 정신분석이론으로 인정을 받고 있다. 그러나 이 이론은 학자마다 다양한 접근을 하고 있어 어렵고 모호한 개념으로 알려져 있다.

사람은 성장과정에서 부모를 비롯한 주요 타자들과의 관계 속에서 우리 자신과 다른 사람들에 대한 표상을 형성하게 된다. 이런 내면화된 표상들이 자신과 주변 사람들에 대한 지각과 경험, 관계양식과 문제에 어떤 영향을 준다. 대상관계이론은 이것을 이론적으로 이해하는 데 도움을 주고자 한다. 대상관계이론에 의하면 모든 사람은 우리 부모가 우리가 어린아이였을 때에 우리를 어떻게 대했는가, 그리고 어떻게 사랑해 주었는가에 따라 자신의 존재가치와 인간관계 형성 방식, 그중에서도 특별히 사랑을 느끼고 주고받는 방법을 가장 결정적으로 학습받게 되어 있다. 부모의 이미지는 우리의 의식과 무의식 속에 형성된다. 따라서 나의 가족체계 속에서 내가 어떻게 형성되었는지, 그중에서도 특별히 나의 존재가치가 어떻게 학습되었는지, 이것이 나의 이미지 형성에 어떠한 영향을 주었는지를 명확히 알기까지는, 나는 아직 진정한 나를 모르는 상태이다.

대상관계이론은 내담자의 내적인 대상관계가 현재 실제 주변 사람들과의 관계에서 반복적으로 나타나는 양상을 이해하고, 상담자와의 관계를 치료적으로 활용하여 내담자의 자아구조를 강화하고 자신과 다른 사람들에 대해 좀 더 현실적이고 수용적인 태도를 갖도록 돕는 데 그 목적이 있다. 대상관계이론의 주요 개념과 기법들을 익히고 나면 아동뿐 아니라 청소년, 성인상담에서도 도움을 줄 수 있다. 특히 인간이 갖는 한계를 인정하면서 사람들에게 증오보다는 연민을 가질 수 있게 되며 더 나아가 연약한 인간이 지닌 처절한 아름다움도 느낄 수 있게 된다.

2. 이론의 발전과정

대상관계이론은 광의와 협의로 나누어 생각해 볼 수 있다. 광의의 개념은 모든 사람에게 있어 인생 초기 대상관계의 중요성을 강조하는 만큼 정신분석이론이 바로 대상관계이론이라 보는 것이다. 협의의 경우 광의의 개념은 대상관계이론 본래의 특징적인 개념들을 가려 버리기 쉬워 협의의 개념에 국한시키고자 한다. 협의에는 영국학파(British school)를 들 수 있다. 영국학파는 클라인(M. Klein) 이론을 지지하는 그룹과 애나 프로이트(Anna Freud)의 이론을 지지하는 그룹, 그리고 독자적인 입장을 유지하는 중립그룹으로 나뉜다. 중립그룹에는 위니코트(Winnicott), 페어베른(Fairbairn), 군트립(Guntrip), 발린트(Balint), 서덜랜드(Surtherland) 등의 유명 학자들이 있다. 이 외에도 대상관계이론의 발전에 많은 영향을 준 인물들로 에릭슨(Erikson), 제이콥슨(Jacobson), 컨버그(Kernberg), 설리번(Sullivan) 등이 있다.

다양한 대상관계이론을 구분하는 데 있어 중요한 논점 중의 하나는 그 이론이 프로이트의 전통적인 동인(욕동)이론(drive theory)과 얼마나 조화를 이루느냐는 것이다. 클라인, 제이콥슨 등은 프로이트의 동인이론을 자신들의 이론과 결합시킨 학자들이다. 이들이 주장하는 대상 개념에서 대상은 실제 물건이나 사람이 아니라 그에 대한 정신적 표상(mental representation)에 공격적 또는 성적 에너지가 부착된 것으로 본다. 대인관계의 성질을 결정짓거나 왜곡시키는 것은 바로 대상에 대한 특정한 정신적 표상들과 연계되어 있는 무의식적인 환상과 소망이라고 규정한다. 클라인은 대상관계이론의 기초를 확립하고, 3세 이전 유아의 환상 세계를 탐구하여 오늘날의 자폐증과 정신분열증의 치료까지도 가능하게 만든 인물이다.

반면 페어베른이나 설리반의 이론에 근거한 현대적 대인관계 정신분석 개념들은 이와는 달리 동인이론과 대상관계 이론이 서로 결합될 수 없는 것으로 보고 있다. 페어베른은 전통적인 정신분석에서 주장하는 것처럼 동인의 개념이 인간 동기의 핵심이라는 대전제를 포기해야 한다고 보았다. 한편 중립적인 학자들은 유아와 엄마 사이의 정서적 틀을 동인의 발달에 있어 결정적인 요인으로 본다.

3. 대상관계이론에 나타난 여러 개념들

1) 대 상

대상(object)이란 유아기 때 자신을 돌봐 주던 가까운 사람에 대한 이미지에서 비롯되는 것으로, 이 이미지는 아이가 발달하면서 개인적인 경험들이 축적됨에 따라 변하게 된다. 이렇듯 인생 초기의 대인관계에서 비롯되는 대상에 대한 이미지는 아이의 마음속에 내재화되어 타인과의 대인관계 영역에서 다시 나타나게 된다(Homer 1991).

내재화된 대상은 유아의 주관적인 지각과 환상에 근거해서 발달 과정 중에 형성되며, 이렇게 이루어진 대상이 다시 지각, 사고, 전이, 환상 및 현재의 대상관계에 영향을 미치는 상호반응을 보이게 된다. 따라서 내재화된 대상이란 각 개인이 마음속에서 끊임없이 무의식적으로 상호 반응하는 존재의 근원이라 볼 수 있다(Sandier 1990).

대상은 신프로이트학파 계열의 대상관계이론가들이 사용하는 전문용어로서 프로이트가 정의한 대상의 개념과는 다른 개념이다. 프로이트는 본능적인 욕동 또는 동인(drive)의 맥락에서 영아 혹은 개인이 추구하는 욕구를 만족시켜 주는 사람이나 물건을 대상이라고 칭하였다. 그에 따르면 영아의 대상이 처음에는 어머니의 젖가슴이었다가 다음에는 어머니 자신이 되고 최종적으로는 영아를 만족시켜 주는 다른 사람이나 사물이 된다. 그러나 대상관계이론가들이 사용하는 대상은 양육과정에서 경험한 양육자(일반적으로 어머니)와의 경험에서 느꼈던 양육자에 대한 이미지가 무의식 세계에 침전되어 있으면서 의식의 세계를 관리하고 행동 규범과 느낌을 만들어 냄은 물론 그 사람의 총체적인 인간 됨됨이를 결정해 주는 심리적인 틀, 무의식 세계에서 개인의 운명을 관리하는 양육자의 상(이미지)을 대상이라고 한다.

2) 대상관계

대상관계(object relation)는 개인을 양육해 준 사람(어머니)의 이미지가 내면의 세계에 함입되어 무의식 세계에 머물러 있으면서 양육해 준 그 사람이 양육과정을 통해 만들어 준 피양육자인 아이의 이미지 곧 개인의 자아와 관계하는 것을 칭하는 말이다. 환언하면 양육자인 어머니의 이미지와 어머니가 만들어 준 아이의 이미지가 무의식의 세계에서 상호 작용하는 것을 칭하는 개념으로서 아이가 갖는 다른 사람과의 관계를 결정하는 준거 틀로서의 기능을 한다.

3) 대인관계

대인관계(interpersonal relations)는 일상적으로 개인이 갖는 다른 사람들과의 관계를 말하는 것으로서 대상관계에서처럼 개인의 성격 형성에 영향을 미치지 않는 일반적인 관계를 칭하는 말이다.

4) 표 상

표상(representation)은 어떤 것에 대한 영상 즉 이미지를 칭하는 말이다. 특히 대상관계이론에서 자주 쓰이는 표상의 의미는 양육자인 어머니와 피양육자인 아이와의 거래에서 경험된 느낌들이 무의식의 세계에 이미지로 저장되어 어떠한 사건이 있을 때마다 사건을 이해하고 해석하고 반응하는 준거 틀이다. 다시 말하면 아이가 대면하는 사람이나 물건 혹은 사건에 대한 느낌을 만들어 내는 소지(resource)를 칭하는 말이다.

5) 정신적 표상

컨버그에 따르면 정신적 표상은 자기 표상과 대상 표상으로 구성되어 있으며 이는 독특한 정서로 연결되어 있다. 표상은 아동과 양육자와의 상호작용의 내면화 결과이지만 특히 상호작용의 정서적 특질이 내면화를 주도한다.

컨버그는 정신적 표상의 발달과정을 세 가지의 내면화 과정으로 나누었다. 그가 제시한 세 가지 발달과정은 내사(introjection), 동일시(identification), 그리고 자아 정체(ego identity)이다. 이것들은 과정이기도 하지만 동시에 표상이 형성되는 방식 즉, 메커니즘이기도

하다. 이것은 직선적 과정이 아니라 상호작용의 질적 특징, 아동의
선천적 역량 등에 따라 동시에 존재하기도 하는 과정이다.

6) 자기 표상

자기 표상(self representation)은 대상 표상이 자기화되어 자기의
이미지로 만들어진 상으로서 대상과의 관계를 지속시켜 나가는 무
의식 세계의 자기를 지칭한다.

7) 내면화

표상의 내면화(internalization)가 양육자와 아동 간의 상호작용의
성격뿐만 아니라 아동의 발달 정도에 의해서도 영향을 받으며, 선
천적인 원시적 정서로 인해 최초의 내면화 과정이 매개된다.

8) 용전(간직하기)

비온(Bion)에 따르면 용전(容傳, containment, containing)은 아이
가 추구하는 욕구를 양육자인 어머니가 완벽하게 이해하고, 추구하
는 욕구가 필요로 하는 것을 필요한 만큼 주어진 시간 안에 정확
하게 전달해 주는 어머니의 행동을 말한다.
용전은 정신분석에서 주로 사용하는 개념으로 '간직하기', '포용'

또는 '포용성'이라는 말로도 사용된다. 중국에서는 治療關係的 包容性이라는 단어로, 일본에서는 庇護 등 다양하게 사용되고 있다. 용전은 어려운 단어여서 '간직하기'로 바꾸는 추세이다.

정신분석에서는 holding(파지, 버텨 주기)과 containing(간직하기)을 주요 상담 원리로 삼고 있다. holding은 내담자에게 큰 힘으로 의지가 되어 주고 따뜻한 배려로 마음을 녹여 주는 행위를 뜻한다. containing은, 상담자가 내담자가 두려워하는 모든 충동과 체험 등을 간직하여 완화시켜 주는 행위를 뜻한다.

정신분석의 일종인 대상관계이론의 경우 비온(Bion)이 자주 사용하는 단어이다. 그에 따르면 아이가 자신이 감당할 수 없는 자극을 신체로부터 밖으로 소리쳐 울면서 표현할 때, 어머니는 이를 받아들이고 이해하여 독성을 없앤 후 아이에게 되돌려준다. 이때 어머니나 아이 둘 다 container(어머니, 상담자)와 contained(아이, 내담자) 역할을 하게 된다. 비온은 어머니가 어머니의 역할을 하는 과정을 아동 불안의 용전이라고 기술했다. 용전은 아기를 안고(파지하고) 진정으로 그의 요구에 응해 줄 수 있는 어머니의 능력과 관계가 있다.

주고받는 행위 속에서 느끼는 감정에는 객관적 견해가 크게 의미 있는 것으로 작용하지 못한다. 다만 주관적으로 느끼는 것만이 중요하고 의미 있을 뿐이다. 그렇기 때문에 어머니가 무엇인가를 아이에게 줄 때는 좋은 것을 받았다는 느낌을 가질 수 있는 방법으로 주는 것이 좋다. 충분히 받았다는 느낌을 가질 때까지 주는 것은 더욱 좋다. 아이가 어머니로부터 무엇인가를 받았다고 느낄 때는 아이가 원하는 것을 어머니가 주었을 때이다. 그것도 지체함이 없이 당장에 즐거운 마음으로 아이가 원한 만큼 주었을 때이다. 그때 비로소 아이는 어머니로부터 충분히 받았다는 것을 느낀다. 이러한 관계적 현상을 정신분석학에서는 용전이라고 한다.

9) 합일화

합일화(incorporation)는 심리적으로 현실거래에 취약한 영유아가 외부세계에 존재하는 힘을 가진 사람 특히 양육자인 어머니와 심리적으로 제휴하여 자기의 내면의 세계에 끌어들여 자기의 일부로 생각하는 현상이다.

10) 격리개별화

격리개별화(separation individuation)는 유아가 공생기를 지나 18개월에서 36개월이 되는 사이에 정신적으로 어머니로부터 떨어져 나와 독립된 개체로서 자유성을 획득한 심리적인 상태를 일컫는다.

11) 파지

파지(holding)의 의미는 안아 주는 것이다. 안아 준다는 것은 아이의 마음을 편안하고 포근하게 해 준다는 의미를 포함한다. 아이를 양육하는 사람 특히 어머니가 아이를 믿고 인정하고 사랑한다는 심리적인 환경을 몸짓을 통해 아이가 이해할 수 있도록 전달해 줌으로써 아이의 존재가치를 높여 주는 행위를 말한다.

위니캇은 안아 주는(holding) 환경에서 생기는 엄마와 아기 사이의 특별한 관계를 묘사하기 위해 '자아–관계성'이란 말을 썼다. 위니캇의 이 개념은 프로이드 학파의 개념을 넘어서고 있다. 즉 '자아–관계성'은 긴장, 만족, 좌절이 따르는 성애적 또는 본능적 충동과 관계된 성적 대상관계의 측면에서 이해되는 개념이 아니다. 그는 유아가 환경과 엄마 사이의 첫 관계 안에 개인들 사이의 사랑과 우정의 뿌리가 있다는 것을 알았다.

12) 자아 정체

자아 정체는 자기 이미지와 마찬가지로 내사와 동일시를 통해 형성된 대상의 이미지를 통합함으로써도 성취된다. 이렇게 부분적인 내사와 동일시의 대상 이미지들이 일관된 대상 표상으로 통합됨에 따라 그것은 외부 세상을 일관되게 표상하게 된다. 이 자아 정체의 과정으로 자기와 대상의 이미지가 통합되는 것은 아동기 내내 계속적으로 일어난다. 이 단계의 내면화 과정에서는 자기 표상과 대상 표상의 변별과 통합이 촉진되는 것이며, 이 과정은 개인 내의 여러 자아 정체가 전반적인 조화를 이룰 때까지 계속된다. 아동이 자아 정체를 성취하면 심한 성격장애가 예방된 것으로 믿었다. 자아 정체가 성취되기 위해 자기와 대상의 긍정적인 이미지가 부정적인 이미지보다 우세해야 된다. 자아 정체가 성공적으로 진행

되어 자기 표상과 대상 표상이 복잡하고 풍부한 사람 또한 인간관
계에서 좌절을 견디는 능력이 더 크다.

13) 함 입

함입(introjection)은 영유아가 자기보다 더 많은 능력을 가지고
있는 외부의 대상(양육자)을 정신 내부로 끌어들여 와 무의식의 세
세에 저장한 다음 힘입된 그 대상의 이미지를 자기의 것으로 느끼
는 심리적인 현상이다.

14) 환 상

자신과 바깥 세계가 분리되지 않은 자아단계에서 바깥 세계의
대상을 인식하는 데는 충분히 좋은 엄마가 필요하다. 이 단계를
쉽게 넘어가게 해 주는 것이 과정대상(transitional object)이다. 과정
대상은 처음 관계의 대상이었던 엄마의 젖가슴을 대신해 준다. 엄
마가 없을 때 아이가 주로 찾는 곰 인형이나 담요는 바로 과정대
상이다. 어느 누구도 단번에 일차적 창조성(primary creativity), 곧
아기가 상상하여 전지전능한 환상을 가지는 현상에서 충분히 현실
을 받아들이게 되는 과정의 어려움을 극복할 수 없다. 그래서 우
리는 과정현상으로서의 환상(illusion)의 경험이 필요하다. 여기서
말하는 환상은 프로이트가 말하는 우리의 본능적인 욕구를 충족하
기 위해 만들어진 허상의 개념이 아니라 인간이 그의 상상력을 동

원하여 창조적으로 유희할 수 있는 공간이다. 인간의 환상능력은
과정대상 경험에 의해 생겨난다(유영권, 154~156).

4. 상담에의 적용

　대상관계이론은 어린 시절 형성된 대상관계가 이후의 삶에 어떻
게 영향을 미치고 있는지를 설명하는 이론이다. 즉, 어린 시절에
좋은(good) 대상들을 만나서 긍정적인 경험을 많이 한 사람은 세상
에 대한 시각이 긍정적이기 때문에 안정된 생활을 하는 반면, 나
쁜(bad) 대상들을 만나서 부정적인 경험들을 많이 한 사람은 세상
에 대한 부정적인 시각을 갖게 되어 대인관계에서 많은 어려움을
느끼고 결국 자신의 삶을 효율적으로 개척해 나가기가 어렵다는
것이다.
　그러면 대상관계이론이 종업원에게 적용될 수 있을까? 종업원
모두 어린 시절을 지냈고, 좋고 나쁘던 대상관계를 가지고 있다. 그
러므로 어린 시기의 대상관계를 파악함으로써 직장에서의 자아감,
자기정체성, 그리고 대인관계의 여러 면모를 읽을 수 있다. 아버지
에 대한 나쁜 감정이 상사에게도 연결될 수 있다.
　아울러 어릴 때 형성된 대상관계가 아니라 할지라도 종업원의
첫 사회경험과 사회에서의 대상경험도 이후의 직장생활에 영향을
줄 수 있다는 가정이 가능하다. 따라서 직장 적응문제가 발생한
경우 어린 시절의 대상관계도 파악할 필요가 있지만 직장의 대상

관계의 파악도 중요하다.

대상관계이론가들은 집단 속의 개인에 관심을 가지고 있다. 특히 집단과 조직에서 발생하는 퇴행, 그리고 지도자의 퇴행에 관심을 둔다. 집단과 조직의 퇴행 그리고 집단과 지도자의 상호작용에 초점을 두는 것은 관리자 위치에 있는 정신건강 전문가뿐만 아니라 전문가 집단과 기관에 속해 있는 사람으로서 집단과정의 변천에 노출되어 있는 정신분석가 모두에게도 관심이 있는 주제이다. 이러한 과정은 여기에 연루된 모든 사람들의 기능에 강력한 영향을 미침에도 불구하고 간과되기 쉽다. 대상관계의 시각에서 개인과 집단 간의 상호 작용에 대해 분석을 할 경우 사회심리학자나 가족 치료자, 집단 치료자에게 도움을 줄 수 있다.

5. 상담과 치료 방법

상처의 발견(사건)과 인식은 가장 중요한 내적 치유의 시작을 의미한다. 나의 성장과정 중에, 그 가족체계 속에서 나의 선택이나 의사와 상관없이 주어졌던 역할, 그 패턴이 내면화된 상태를 발견하는 것이다. 그 상처의 부분, 손상된 상태는 곧 수치심이 내면화되어 있다고 할 수 있다. 이 상처의 자리가 곧 치유되어야 할 자리이다. 그것이 상처의 자리요, 치유의 자리이다.

모든 것이 마음에서 비롯되는 것이고 어떻게 마음먹느냐에 달려 있으므로 온 천하를 다스리는 것보다도 자신의 마음을 잘 다스리는 것이 더욱 중요하다. 그런데 내 마음은 '스스로를 바라보는 나 자신의 시각'에 달려 있다.

이러한 우리 자신에 대한 확신은 출생 후부터 세 살 사이 우리의 보호자들의 시선에 따라 결정적으로 이루어지며 태어난 뒤부터 자기 이미지는 최초로 나를 돌보아 주는 사람의 눈에 의해 형성된다. 나 자신을 내가 어떻게 느끼고 어떻게 보고 있는가 하는 문제는 나를 돌보아 주는 사람이 나를 어떻게 보고 있는가와 정확히 일치한다.

1) 나에 대한 인식의 문제

나는 사실상 어머니의 자궁에서부터 형성된다. 대상관계이론에 따르면 모든 사람은 그의 부모가 그가 어린아이였을 때에 그를 어떻게 대하였는가, 그리고 어떻게 사랑해 주었는가에 따라 자신에 대한 존재가치인 자존감과 인간관계 형성 방식을, 그중에서도 특별히 사랑을 느끼고 주고받는 방법을 가장 결정적으로 학습한다.

자신의 존재가치가 어떻게 형성되었는가는 우리 자신의 출생 이야기와 아주 밀접하게 연관되어 있다. 부모나 주위 친척들에게서 듣게 되는 자신에 얽힌 출생이야기를 크게 나누어 보면 부모가 진정으로 준비하고 간절히 원해서 출생한 경우와 전혀 바라지 않았거나 어쩔 수 없어서 낳게 된 경우가 있는데 후자의 경우에는 출생자의 삶에 심각한 영향을 초래할 수 있다.

자신이 원치 않는 아이(unwanted child)였음을 알게 된 사람이 스스로에 대해 자긍심을 갖기란 매우 어려울 수밖에 없다. 출생했을 때 부모로부터 얼마만큼 환영을 받았는가? 아니면 부모들이 미처 해결하지 못한 무의식적인 문제들을 떠맡았는가? 이런 물음은 중대한 의미를 갖고 있다. 이 세상에 태어나는 사람은 누구나 그들의 부모로부터 아름다운 출생이야기를 들을 권리가 있다.

대상관계이론에 따르면 인간은 모두 깊고 심오한 가치를 지니고 태어난 것으로 믿는다. 각자가 소중하고 독특하고 특별하며 순수하다. 그러나 어린아이였을 때의 우리는 미성숙한 채로 보호자에게 전적으로 의지한다. 이것은 마치 아직 가공되지 않은 10조 달러 상당의 다이아몬드와도 같다고 할 수 있다. 각자의 운명은 일찍부터 보호자들에 의해 많은 부분 결정된다. 나 자신에 관한 나의 우선적인 믿음은 나를 대하는 어머니의 감정과 욕망에 의해 형성되기 때문이다.

2) 자아 결함의 극복문제

컨버그는 정신적 표상의 발달과정에 대한 관찰을 바탕으로 부적응적인 사람들에게서 관찰되는 자아 결함(ego weakness)을 명료하게 설명하기 위해 성격조직이란 개념을 소개하였다. 그는 자아 결함을 보이는 내담자들은 신경증적 내담자들과 방어의 기제가 달랐고, 상담자를 빈번하게 전이의 대상으로 삼으면서 대상항상성을 유지할 수 없었고, 심하게 공격적이었으며, 감정의 조절이나 억압을 하기 어려운 모습 등 여러 가지 차이가 있었지만 이를 단순히 자아 결함으로 설명하는 것은 이 문제를 명료하게 이해하는 데 도움이 되지 않는다는 것을 알았다.

그는 자아 결함을 보이는 사람들을 보다 원시적인 방어, 정체성 혼돈, 자아 및 초자아 통합에서의 결함, 억압 능력의 유무, 현실검증 능력 등의 면에서 신경증 집단과 정신병 집단과 비교했을 때 뚜렷한 차이를 발견하였다(Kernberg, 1985).

- 분열, 원시적 이상화, 투사적 동일시, 평가절하와 같은 방어는 정신병 집단과 성격문제를 보이는 집단에서만 관찰할 수 있었고 신경증 집단에서는 관찰하기 어려웠다.
- 정체성 혼돈에 있어서도 마찬가지로 앞의 두 집단에서는 관찰할 수 있었지만 신경적 집단에서는 관찰할 수 없었다.
- 억압에 관해서도 일관되게 신경적 집단과 다른 두 집단은 차이가 있음을 관찰하였다. 즉, 신경증 집단은 자신이나 타인의 부정적 모습과 그와 관련된 감정을 억압할 수 있었지만 성격문제 집단과 정신병 집단은 그것을 억압할 수 없음을 일었다.
- 정체성 혼돈에 있어서도 정신병 집단과 경계선 성격 집단은 공통적으로 이것을 보이고 있었지만 전이의 성질에 있어서는 차이가 있었다. 즉, 그는 정신병 집단은 전이에서 융합(fusion)을 보였지만 경계선 집단의 전이에서는 자신과 상담자 사이의 경계의식이 유지되고 있음을 관찰하였다.

컨버그는 인간 전체를 3가지 성격 조직으로 분류했다. 즉, 성격의 조직 단위라고 할 수 있는 자기 표상과 대상 표상의 발달적 특징을 자기와 대상의 변별(differentiation)의 여부와 표상의 긍정적 및 부정적 정서 요소를 함께 수용하는 통합(integration)의 정도에 따라 인간의 성격을 3가지로 분류하였다. 여기서 변별은 자기 표상과 타인 표상을 분리되고 독특한 존재로 조직하는 능력을 의미하며, 통합은 자기와 타인의 모순적인 특징을 통합된 전체로서 조직하는 능력을 의미한다(Kernberg, 1966, 1980, 1985). 이 발달을 주도하는 정신내적 구조는 자아(ego)이다. 따라서 변별과 통합이 성공적으로 이루어졌다는 것은 자아가 순조롭게 그 기능을 발휘하고 있다는 말이 된다.

이 기준에 의해 구성된 3가지 성격조직은 정신병적(psychotic) 성격조직, 경계선(borderline) 성격조직, 그리고 신경증적(neurotic) 성격조직을 말하며 이것들은 변별과 통합의 성취 여부에 의해 분류된다.

정신병적 성격조직은 변별도 통합도 성취하지 못한 표상의 구조를, 경계선 성격조직은 변별은 이루어졌으나 통합이 이루어지지 않은 표상의 구조를, 신경증적 성격조직은 변별과 통합이 모두 성취된 표상의 구조를 의미한다.

경계선 성격조직의 문제는 자기와 타인의 경계에 있는 것이 아니라 자신과 타인의 표상이 분열되어 있는 데 있다. 경계선 성격장애인들은 자기 표상과 대상표상의 통합을 성취하지 못하는데 그것은 그들의 전성기적 공격성이 지나치게 강하기 때문인데 이에 대하여 컨버그는 양육 초기에 아동이 지나치게 만성적으로 좌절을 경험했기 때문이라고 설명한다. 자기와 대상의 표상이 통합되지 못하면 대상항상성이 형성되지 못하여 자기 정체감 형성, 감정조절, 공감능력의 발달, 초자아의 발달 등에서 장애를 초래하고 심한 방어적 분열과 투사적 동일시, 외적 대상에 대한 지나친 의존 등 인간관계 능력을 심각하게 손상시킨다(Kernberg, 1984, 1985).

성격장애자들의 자아 결함은 자신과 타인의 표상이 분열된 문제로 이해할 수 있으며, 앞에서 열거한 분열, 원시적 이상화, 투사적 동일시, 평가절하와 같은 방어는 결국 자기와 대상 표상을 통합하지 못했기 때문에 생기는 현상으로 이해될 수 있다. 따라서 성격장애인 상담의 목표는 다름 아닌 자기 표상과 대상 표상이 유발하는 서로 다른 정서를 통합하는 것, 다시 말해 혼란스럽고 극단적인 정서를 분열, 이상화, 평가절하, 투사적 동일시와 같은 원시적 방어에 의해서 다루지 못하게 하고 그것을 수용하고 견디도록 도와주는 일이다. 필자는 대상관계이론적 상담방법에서 해석과 같은 인지적인 방법을 활발하게 사용하지만 그 목표는 정서적 견딤과 조절 능력을 향상시키는 것이라고 생각한다.

3) 전이중심심리치료

전이중심심리치료(transference — focused psychotherapy, TFT)는 컨버그가 소개한 표현심리치료(expressive psychotherapy)의 한 종류이다(Foelsch & Kernberg, 1998). 표현심리치료는 지지적 심리치료와는 대비되는 접근법으로 중립적 입장의 상담자가 내담자의 표현을 촉진하여 전이, 주로 투사적 동일시를 해석과 직면으로 다룸으로써 감정의 조절, 사고의 일관성을 향상시키고 궁극적으로는 자기 표상과 대상 표상의 통합을 증진시키는 것이 그 목적이다. 이 접근법의 가장 중요한 특징은 상담과정에 구조를 거의 설정하지 않는다는 점과 필요한 대로 병원에 입원을 시킨다는 점이다(Kernberg, 1984).

전이중심심리치료는 경계선 성격장애와 같이 심한 성격장애인을 위해서 고안된 상담접근법으로서 상담계약을 작성하고 합의하는 것부터 시작하고 그 다음으로는 상담자와 내담자의 관계에서 나타나는 이전의 관계에 대한 표상을 일관되게 해석하는 일이 이어진다. 즉, 전이를 주로 해석하는 것이다. 여기서 이전 관계의 표상은 대개 부정적인 정서에 물들어 있다. 상담계약서에는 모든 내담자에게 해당되는 일반적 사항과 상담과정을 방해할 수 있는 내담자에게 특유한 항목들이 있다. 이 상담 방법은 컨버그의 대상관계이론을 실제에 적용한 결과이다. 이 방법은 여러 종류의 성격장애에 두루 적용될 수 있다. 그것은 컨버그의 대상관계이론에서 경계선 성격조직에 해당하는 문제들로서 모두 자기와 대상의 표상이 통합되지 못하고 있다는 공통점을 지니고 있으며, 이를 다루는 효과적인 방법이 전이를 해석하는 일이라는 관점을 지니고 있다. 표상이 통합되지 못했기 때문에 분열적 방어가 자주 나타나는데 이것이 상담과정에서 상담자에 대한 저항 주로 투사적 동일시로 나타나게 된다(김병석, 2002).

4) 사이코드라마

최철휜은 사이코드라마를 통해 대상관계를 파악하고 치료할 수 있다고 주장한다. 그는 개인적으로 사이코드라마를 접하기 전에는 대상관계이론에 대해서 경험이 없었다. 하지만 사이코드라마를 통해 많은 주인공을 만나면서 체험하고 알게 된 것은 결국 지금의 모습들의 원인은 과거의 주요한 타자인 부모와의 관계에서 비롯되었다는 것이다. 사이코드라마는 짧은 시간 안에 무의식 세계로 들어가는 특성이 있다. 그래서 현재의 자기가 인정하고 싶지 않은, 버리고 싶은 성격들과 모습들이 어떻게 형성되었는지 그리고 언제부터 그랬는지를 살펴보면 결국 초기 어린 시절의 부모와의 경험들이 재현되고 주인공은 초기 어린 시절의 나이로 돌아가 부모에게 표현하지 못했던 불만을 표현하거나 받지 못했던 사랑을 받으면서 교정적 정서체험을 하게 된다. 그리고 다시 현재에 왔을 때 관객과 주인공 모두 새롭게 변화된 주인공의 모습을 확인하게 된다.

일반 상담에서는 대상관계를 다루기 위해 몇 년이라는 시간이 걸리기 때문에 시간적 경제적 비용이 많이 들어간다. 하지만 사이코드라마에서는 아주 짧은 시간 안에 대상관계가 다루어지기 때문에 매우 효율적이라고 할 수 있다. 물론 만병통치약은 아니지만 다른 접근방법보다 빠르고 효과적이라는 것이다(최철환, http://www.counpia.com/psychodrama).

<hr>

도움말

시댁식구 때문에, 시어머니 때문에.

신세대 주부 10명 중 6명은 '다시 태어난다면 지금의 배우자와 결혼하지 않겠다.'고 생각하는 것으로 조사되었다. 미시주부용 육아 사이트 '아이큐베이비'가 1940명의 신세대 주부를 대상으로 실시한 설문조사에서 '다시 태어나도 지금의 배우자와 결혼하겠느냐'

는 질문에 대해 전체 응답자의 37%인 730명은 '그렇다'고 답한 반면, 62%인 1210명은 '아니다'고 답했다.

이유는 각양각색이다. 특히 남편 자체보다는 시댁과의 갈등을 꼽는 경우가 많았다. '초보엄마'라는 아이디의 주부는 "인간성 좋고 가정적인 남자랑 결혼을 했지만 꽉 막힌 시댁 사람들 때문에 스트레스를 많이 받는다."며 "사랑이고 재산이고 필요 없이 시댁 식구들이 좋은 집과 결혼하고 싶다."고 했다.

한 주부도 "남편은 이리 봐도 좋고 저리 봐도 좋지만 시어머니 때문에 후회된다. 세상에 시어머니 없는 남편은 없으니, 다시는 결혼이란 걸 안 하겠다."고 했다. "우리 남편과는 이생에서 이미 한 번 살아 봤는데 다음에 뭘 또 사냐. 좀 다른 성격과 외모를 가진 또 다른 누군가를 만나 새로운 생을 만들겠다."고 한 주부도 있었다.

물론 '다시 태어나도 당신만을'을 외치는 여성들도 있다. 심지어 한 주부는 "다음 세상에서 난 남자로 태어나고 신랑은 여자로 태어나서 다시 결혼하면 좋겠다."는 소망을 밝혔다.

며느리는 '시댁식구 때문에, 시어머니 때문에'라고 말하고, 아이들은 '아버지 때문에'라고 말하며, 직장에서는 '누구 때문에'라고 말한다. 바로 누구 때문이라는 인식이 대상관계이론의 대상들이다. 이것을 인간관계의 차원에서도 다룰 수도 있다.

제4장 행동수정

행동도 고칠 수 있다는 사고를 가리켜 행동주의적 관점이라 한다. 이 관점은 무의식에 바탕을 둔 정신분석적 견해를 벗어나 조건형성의 원리를 적용했다는 점에서 다른 방법과 구분된다. 1950년대와 60년대에 형성된 이 접근방식은 고전적 조건형성, 조작적 조건형성, 그리고 인지적 치료 세 영역으로 발전했다.

고전적 조건형성은 파블로프의 조건형성과 헐의 학습이론에 바탕을 둔 것으로 1950년대에 월피(J. Wolpe), 남아공의 라자러스(A. Lazarus), 영국의 아이센크(H. Eysenck) 등이 공포치료를 위해 여러 실험결과를 사용하면서 비롯되었다. 월피는 실험에서 도출해 낸 학습 원리를 이용해 체계적 둔감법을 발전시키는 데 공헌했다.

조작적 조건형성은 스키너(B. F. Skinner)에 의해 발전되었다. 그는 미국에서 정신병환자에 대해 조작적 조건형성 원리를 적용했다. 그에 따르면 학습은 정적 강화든 부적 강화든 강화가 없을 때는 일어날 수 없다고 주장한다. 강화받은 행동은 반복되는 경향이 있고, 강화받지 못한 행위는 소거되는 경향이 있다. 그의 이론은 강화원리에 바탕을 두고 있으며, 행동변화를 낳는 환경적 요소들을 규명하고 통제하는 것이 목표이다.

행동주의적 접근에 있어서 인지적 성향은 최근의 경향이다. 고전적 조건형성이나 조작적 조건형성에서나 행동주의자들은 사고과정의 역할, 태도 가치와 같은 중재개념들을 배제해 왔다. 이것은 통찰 지향적인 정신분석에 대한 반발에서 비롯된 것이다. 그러나 최근 행동주의는 사고의 합리성을 인정함은 물론 인지적 요소가 행동문제에 대한 이해와 치료에 중추적 역할을 하는 것으로 인식하기 시작하면서 인지적 행동치료는 행동치료의 한 주류로 인정받고 있다(Goldfried & Davison, 12). 따라서 행동주의 치료를 더 이상 고전적 조건형성과 조작적 조건형성이론의 임상적 적용이라고 단순히 정의할 수 없게 되었다.

행동주의적 상담은 내담자가 수정해야 할 구체적인 행동에 초점을 두고 적응행동을 강화시키고 부적응행동을 감소시켜 나가는 데 목적을 두고 있다. 행동주의적 접근은 인간의 행동을 보다 바람직한 방향으로 조성하거나 바람직하지 못한 행동을 감소·제거시키기 위해 조건화, 차별화, 강화 등 학습 원리에 따른 기법을 사용한다. 이 방법은 개인의 행동적 성장과 발달을 촉진시키고 부적응행동에 대한 변화를 추구한다. 변화시키기 위한 행동에는 외현적 행동뿐 아니라 변화의 정도를 확인하기 어려운 내현적 행동도 포함한다.

행동주의에 따르면 인간행동은 자라면서 환경이나 다른 사람이 그에게 요구하는 행동양식에 의해 조건 형성된 습관에 따라 행동이 이뤄진다. 사람은 자라면서 어떤 행동이 만족을 가져오고 어떤 행동이 불만족을 가져오는지 배운다. 만족을 가져오는 행동이 증가하면 행동의 어떤 형이나 성격의 일부를 형성한다. 부적응 내지 신경증도 경험 및 학습의 결과이다. 즉, 부적응도 개인에 만족을 주는 요인이 있었기 때문에 강화를 받아 형성된 것이다. 그러던 것이 현재에는 더 이상 만족을 주지 못할 뿐 아니라 다른 사람에게 부적절 행동으로 표출되어 갈등을 일으키고 있는 것이다.

1. 행동주의가 보는 인간관

행동주의는 인간을 조건화된 환경에 반응하는 기계적 행동자로 본다. 따라서 그 인간관은 사회문화적 조건의 부산물이라는 결정론적 가정에 바탕을 두고 있다. 하지만 최근 행동주의는 이러한 일방적인 가정을 벗어나 인간은 환경의 영향을 받을 뿐 아니라 인간이 환경에 영향을 주는 것으로 인식하고 있다(Bandura, 1986).

스키너와 같은 급진적 행동주의자들은 인간의 자기결정과 사유의 가능성을 배제한다. 그러나 인지적 행동치료가 각광을 받으면서 최근에는 내담자가 통제를 함으로써 그들 자유의 범위를 실제적으로 증가시키려는 경향이 늘어 가고 있다. 행동수정의 경우 반응의 종류를 증가시키는 방법을 사용하고 있다. 이것은 행동선택의 폭을 제한하기보다 그 폭을 넓힘으로써 개인의 선택과 자유를 확장시키는 데 도움을 주고 있다.

지금까지 행동주의는 인간주의적 접근과 반대되는 것으로 인식되어 왔다. 그러나 최근의 행동주의적 치료는 인간을 자극에 기계적으로 반응하는 결정론적 견해를 극복하고 인간을 보다 능동적으로 인식하면서 인간주의에 접근하고 있다. 따라서 행동주의적 상담을 기계적 상담으로만 간주하는 것은 잘못된 생각이다. 학자에 따라서는 인간주의적 목적을 성취하기 위해 행동주의적 방법을 사용한다고 할 만큼 두 이론 간의 사이가 좁혀지고 있다.

현재 행동주의적 상담은 치료의 초점을 행동지향에 두고 내담자들로 하여금 자신의 문제를 수동적으로 풀어 나가기보다 자신의 생활을 변화시킬 구체적 행동을 하도록 하는 데 관심을 가지고 있다. 상담자는 자극이 개인의 주관적 의미로 전환되는 방식에 관심을 갖고 있으며, 인간의 행동에 대한 능력을 신뢰하고 있다. 변화의 방법이 주어지면 사람은 자신의 행동에 영향을 미치는 다양한 변수들을 변화시킴으로써 행동을 개선시킬 수 있다고 본다.

2. 행동주의의 특징과 가정

행동주의 사고의 기본적 태도는 적응행동은 강화시켜 나가고, 부적응행동은 도태시켜 나가는 것이다. 따라서 초기에 변화시킬 행동을 밝혀내고 강화시켜야 할 목표행동과 소멸시켜야 할 행동을 선정한다. 그 다음 목표행동이 증대되고 부적응행동이 감소될 수 있는 강화자극을 사용한다. 이를 위해 정적 강화, 부적 강화, 체계적 둔감법, 벌 등 여러 기술을 적용한다. 이 기술을 사용할 경우 개인에 따라 가장 효과가 날 수 있도록 점진적으로, 즉각적으로, 그리고 일관성 있게 주어져야 한다. 일정기간이 지난 후 효과를 조사해 보고 최종목표 행동까지 행동을 수정해 나간다. 행동수정을 할 때 사용하던 강화자극을 생활 속에서 발견하여 행동이 실제적으로 변화되도록 한다.

행동주의 접근은 부적응행동을 변화시키도록 사람을 체계적으로 도와주기 위해 실험에서 유추한 학습 원리를 사용한다. 이 접근은 행동과 행동에 대한 현재의 영향을 강조하며 역사적 결정인자를 강조하지 않는다. 이 점에서 정신분석과 크게 차이가 있다. 행동주의 접근은 인지적 과정을 배제하지 않지만 외현적 행동변화를 평가의 중요한 근거로 삼는다. 반복치료를 가능하게 하기 위해 문제와 목표설정을 구체적으로 하고 객관화하기 위해 기록한다. 효과 있는 치료는 물론 현재의 치료를 발전시키기 위해 연구는 필수적이다. 상담실에서 배운 것을 일상생활로 가져가도록 내담자에게 자기조정기술을 가르친다. 모든 행동적 절차는 각 내담자의 특성에 맞게 한다.

3. 행동수정

행동수정(behavior modification)은 스키너의 조작적 조건화를 바탕으로 발전된 상담의 한 방법으로 부적응행동을 감소·제거하고, 적응행동을 높이기 위해 학습 원리를 적용하는 것을 말한다. 행동수정에서는 인간의 문제행동을 정상에서 이탈된 문제행동으로 보기보다는 잘못된 학습의 결과로 본다. 따라서 여기서는 모든 상담과정을 학습의 과정으로 간주한다.

행동수정은 인간의 행동이 자연현상과 마찬가지로 일정한 법칙성을 가지고 있다고 가정한다. 따라서 인간의 행동은 예언·통제할 수 있고 수정할 수 있다고 본다. 이에 따르면 특정행동을 지속시키는 환경적 자극이 있으며, 행동 가운데 관찰·측정이 가능한 행동을 변화시킬 수 있다.

행동수정의 목표는 학습된 부적응행동을 감소·제거시키고, 바람직한 행동을 높이는 데 있다. 이 목표를 달성하기 위해서는 상담자의 기능과 역할이 중요하다. 상담자는 적극적이고 지시적인 역할을 한다. 상담자는 자신이 내담자의 행동을 수정하고 통제하고 있으며, 의도적이건 비의도적이건 자신의 행동이 내담자의 행동에 커다란 영향을 미치고 있음을 명심해야 한다. 내담자는 상담자를 동일시한 나머지 상담자의 행동을 모방하거나 상담자의 가치·태도·신념 등을 자기의 것으로 받아들일 가능성이 있기 때문이다. 내담자가 보여 주는 바람직한 행동을 적절히 강화해 주지 않으면 상담이 실패로 돌아갈 수 있다. 내담자는 이 방법에 대한 기본을 이해하고, 상담자의 지시 아래 적극적이고 바람직한 행동반응을 나타내도록 노력해야 한다.

바람직한 행동을 높이는 방법으로 강화, 차별강화, 행동형성법, 용암법, 간헐강화, 토큰강화, 행동계약 등이 있다. 바람직하지 않은 행동을 감소 또는 제거시키는 방법으로는 상반행동강화, 소거, 벌, 타임아웃 등이 있다.

바람직한 행동을 높이는 방법	바람직하지 않은 행동을 감소시키는 방법
강화	상반행동강화
차별강화	소거
행동형성법	벌
용암법	타임아웃
간헐강화	
토큰강화	
행동계약	

강화(reinforcement)는 특정행동의 발생빈도를 높이기 위해 그 행동의 증가를 가져오는 자극을 적절히 관리하는 것을 말한다. 정적(positive) 강화는 특정행동을 높이기 위해 필요한 자극을 제공하는 것을 말한다. 부적(negative) 강화는 제공되었던 (혐오)자극을 철회함으로써 목표행동이 증가하는 것을 말한다.

차별강화는 여러 행동 가운데 어느 특정행동만을 선택적으로 강화하여 그 행동을 증강시키는 것을 말한다.

행동형성법(shaping)은 내담자가 지금까지 한 번도 해 보지 못한 행동을 점진적으로 학습하도록 하는 것으로 점진접근법이라 불리기도 한다. 새로운 행동을 가르치기 위해 복잡하고 어려운 행동을 작은 단위의 하위행동으로 세분화하여, 제일 쉽고 낮은 수준의 행동으로부터 점차 어려운 행동으로 유도하여 결국 목표행동인 복잡하고 어려운 행동을 학습하도록 하는 순차적이고 점진적인 강화방법이다.

용암법(fading, 溶暗法)은 특정행동이 다른 상황에서도 발생할 수 있도록 자극을 점차적으로 변경시키는 방법이다. 행동을 유발시키는 조건을 점진적으로 통제하여 일부 변화된 조건 또는 완전히 새로운 조건에서도 행동이 유발되도록 하는 것이다.

간헐강화는 행동의 발생빈도를 높이기 위한 것으로 그 행동이 나타날 때마다 제공되는 경우와 간헐적으로 제공되는 경우 두 가지가 있다. 전자를 계속강화계획(CRS: continuous reinforcement schedule)이라 하고 후자를 간헐강화계획(IRS: intermittent reinforcement schedule)이라 한다.

여러 연구결과에 따르면 계속강화는 학습은 빠르지만 소거가 쉽고, 간헐강화는 계속강화보다 학습과 소거가 모두 늦기 때문에 일단 행동이 학습되면 간헐강화로 바꾸는 것이 좋다. 강화의 효과는 변동비율강화계획이 가장 높고, 다음은 고정비율강화계획, 변동시간간격강화계획, 고정시간간격강화계획, 계속강화계획순이다.

토큰강화는 물질적 또는 사회 심리적 보상을 직접 제공하는 대신에 나중에 필요한 물건과 교환할 수 있는 토큰, 스티커, 점수, 사인 등을 강화물로 활용하는 것으로 토큰경제(token economy)라 한다. 이것은 상담자와 내담자가 합의된 바람직한 행동을 할 때 미리 정해진 토큰을 주고 이를 일정량 모으면 원하는 물건이나 TV시청 등 원하는 것을 하게 하는 방법이다. 이 방법은 반성적인 정신병환자, 정신박약자, 그리고 아동들에게 효과적인 것으로 알려져 있다.

행동계약은 내담자가 어떤 행동을 수행하느냐에 따라서 그에 대한 결과로서 제공되는 강화자극 또는 혐오자극(벌)에 관해 서류상으로 협약을 맺고, 이에 따라 해당 자극을 제공함으로써 행동을 수정하는 방법이다.

상반행동 강화는 부적응행동과 상반되는 행동을 강화해 줌으로써 상대적으로 부적응 행동을 감소시키는 것을 말한다.

소거는 바람직하지 않은 행동의 발생률을 점차 감소시켜 결국 그 행동을 하지 않도록 지금까지 제공되던 강화자극을 중단하는 것을 말한다.

벌은 바람직하지 않은 행동을 감소 또는 제거시키기 위해 불쾌한 자극을 제공하는 것을 말한다. 이것에는 야단치는 것에서 체벌에 이르기까지 그 종류가 다양한데 이 모두를 가리켜 제1유형의 벌에 속한다고 한다. 이와는 달리 성적이 좋지 않은 학생들에게 영화관람 등 정적 강화기회를 박탈하는 것을 제2유형의 벌이라 한다.

타임아웃은 바람직하지 못한 행동을 감소 또는 제거하기 위한 벌의 일종으로서 그 행동을 한 학생을 일정시간 동안 삭막한 장소에 격리시키는 방법이다. 격리되면 정적 강화를 받을 기회가 차단된다.

행동수정기법을 수행함에 있어서 그 과정은 크게 네 단계로 나누어진다.

첫 단계는 목표행동을 설정한다. 변화시켜야 할 행동을 확인하여 그것을 구체적인 행동적 용어로 진술한다.

두 번째 단계에서는 ABC분석을 한다.

- A: 설정한 목표행동의 선행자극 또는 사건(antecedents)
- B: 문제행동 그 자체(the behavior itself)
- C: 그 행동으로 나타난 결과

세 번째 단계는 목표행동을 치료하기 위한 기법을 설정하고 실행에 옮긴다.

네 번째 단계에서는 행동수정기법이 효과적으로 활용되었는지 그 결과를 평가한다. 그 결과가 만족스럽지 못할 경우 방법을 바꾸든지 치료절차에 변화를 준다.

행동수정은 개인이 바람직한 행동에 가까운 행동을 했을 때 그 행동을 초기에 강화함으로써 새로운 행동수행을 유도하기 위한 계획된 절차이다. 바람직한 행동이 아닌 것에 대해서는 점진적으로 강화를 철회하고, 바람직한 행동에 대해서는 집중적으로 강화를 해 마침내 목적한 행동을 일으킨다. 행동수정에 대한 주요 기법을 살펴보면 다음과 같다.

4. 모델링

모델링(modeling)은 밴듀라(Bandura)에 의해 제시된 것으로 실제적 생활이든 필름으로 보여 주든 상상에 의해 제시되든 바람직한 목표행동을 내담자에게 보여 주어 그 행동을 관찰하고 모방하게 하는 방법이다. 이를 통해 새롭고 바람직한 행동을 습득하게 하고, 불합리한 행동은 소거시킨다.

모델링은 실제의 모델이 시범을 보일 수도 있지만 녹음테이프나 녹화를 통한 모델에 의해서도 시범을 보일 수 있다. 모델링은 모방, 관찰학습, 본뜨기, 사회적 학습, 대리학습 등 다양한 용어들과 서로 교환적으로 쓰어 왔다. 모델링은 주로 세 가지에 효과가 있다.

첫째는 모델들의 행동을 관찰하여 새로운 행동을 학습하는 것이다. 운동, 기술, 언어, 대처방안 등을 배운다.

둘째는 공포반응의 제거에 활용된다. 개, 뱀, 물, 대인관계, 성공포증 등 불안 및 공포를 감소시키는 데 도움을 준다.

셋째는 반응을 촉진시킨다는 점이다. 뱀 공포증 환자는 뱀을 만지면서도 물리지 않는 모델을 보면서 뱀에 대해 과거에 느꼈던 공포가 감소하거나 완전히 제거됨으로써 뱀에 대한 접근행동이 증가될 수 있다. 청바지를 입고 활기차게 걸어가는 10대 모델의 광고를 보고 다른 젊은이들이 유행처럼 따르는 것도 여기에 해당된다.

모델링은 모델행동의 모방뿐 아니라 시범하는 행동에 대한 감정 및 태도 변화까지 포함하고 있다. 모델링은 새로운 행동습득 기능, 공포 및 불안 제거 및 소거 기능, 적절한 행동의 촉진 기능을 가지고 있다.

모델링은 여러 치료 상황에 사용된다. 임상의 경우 수술에 직면한 아동의 두려움을 완화시키고, 지체아에게 생존기술을 가르치며, 자폐증 아이에게 언어와 운동기술을 가르치고, 정신병 환자에게 사회복귀에 필요한 기술을 가르치며, 약물 및 알코올중독자에게 대인기술을 가르치는 것 모두 모델링으로 가능하다(Perry & Furukawa, 1986). 모험·개방·정직·열정 등 적절한 행동을 가르치고, 태도와 가치에 영향을 주며, 사회적 기술을 가르칠 수도 있다. 그러나 나쁜 모델을 통해 존경의 결핍·공포·무례함·냉담 등을 가르쳐 나쁘게 영향을 줄 수도 있다는 것도 인식하지 않으면 안 된다.

모델링은 모델이 보여 준 시범행동에 대해 내담자의 참여가 요구된다. 내담자의 참여 절차는 여러 가지로 불린다. 만일 모델링이 점점 어려운 등급으로 구성되어 있다면 등급모델링(graduated modeling)이라는 용어를 사용한다. 이 밖에도 여러 유형의 모델링이 있다. 이 가운데 등급모델링·유도적(guided) 모델링은 새로운 행동유형을 습득하기 위해 사용되며 참여적 모델링·접촉 둔감법(contact desensitization)은 공포·불안·회피행동을 치료하는 데 사용된다.

5. 제지

상호제지(reciprocal inhibition)는 월피(J. Wolpe)에 의해 제시된 것으로 한 반응의 유발이 동시에 일어날 다른 반응의 강도를 감소시키는 것을 말한다. 그는 고양이를 대상으로 한 실험에서 이 방법을 구체화했다. 고양이가 먹이에 접근할 때 전기충격을 가하여 고양이로 하여금 전기충격에 대해 심한 불안반응을 하도록 조건화한 다음 그 불안을 치료하기 위한 방법으로 역조건화를 이용한다.

역조건화란 현재 불안을 일으키는 자극을 불안과 양립할 수 없는 이완된 반응과 연결시키는 것이다. 처음에는 적은 음식을 먹게 하면서 불쾌감을 적게 일으키는 전기충격을 가하고, 나중에는 많은 음식을 제시하여 먹게 하면서 점점 더 강한 불안을 일으키는 전기충격을 가하는 것이다. 고양이가 배고플 때 음식을 주면서 전기충격을 가했더니 불안해하지 않았다. 이것은 배고픈 고양이가 학습한 불안이 음식을 먹는 반응(행동)에 의해 감소(제지)된 것을 나타낸다.

그 결과 월피는 불인유발 지극이 존재할 때 불안과 반대되는 한 반응이 일어나서 이 반응이 불안반응을 완전히 또는 부분적으로 억압할 수 있다면 불안유발 자극과 불안반응 사이의 결합은 약화된다는 것을 알게 되었다. 이런 현상은 상호제지에 의해 나타났다고 할 수 있다. 이것을 역제지 또는 역조건화라 한다.

월피는 이것을 바탕으로 모든 신경증적 반응은 그것과 대립되거나 양립될 수 없는 다른 강력한 반응에 의해 제지될 수 있다고 주장했다. 상호제지를 활용한 상담의 목표는 신경증적인 행동을 이와 양립할 수 없는 적응적인 행동을 통해 제지하는 것이다. 사람의 감정은 슬픔과 기쁨이 함께 존재할 수 없게 되어 있다. 어느 하나가 일어나면 다른 하나는 사라진다. 마찬가지로 불안반응과 안정반응은 동시에 일어날 수 없다. 따라서 불안반응에 대항하는 새로운 안정반응을 일으켜 후자가 전자를 억제하게 한다.

월피가 불안반응을 억제하기 위해 사용한 반응으로는 이완반응, 주장반응, 섭식반응, 운동반응, 호흡반응, 성반응, 정화반응 등이 있다. 상호제지에 의한 구체적인 요법으로는 자기표현 훈련과 체계적 둔감법이 있다.

6. 표현 훈련

자기의 의사를 분명하게 전달하는 사람이 있는가 하면 솔직하게 말하기 힘든 사람이 있다. 사람들 가운데는 대중연설 공포, 요청을 거절하지 못하는 사람, 자폐증(autism) 등으로 자기의 감정을 표현하기 힘든 사람, 대화에 참여하기 어려운 사람 등이 있다. 자신의 의사를 제대로 전하지 못해 일이 다른 방향으로 진행되거나 불만족스럽게 처리될 때가 많을 경우 가급적 의사를 바르게 전할 수 있기를 원한다. 자기표현을 제대로 못 하면 스스로 답답할 뿐 아니라 다른 사람도 그 의지를 알 수 없어 혼란에 빠지기 쉽다.

이런 사람을 위해 구미에서는 대인관계의 기술로서 솔직한 자기표현과 사교적 대화를 가르치는 주장훈련(assertive training)을 많이 사용하고 있다. 우리나라에서는 이를 자기표현 훈련이라 부르는데 우리의 경우 주장은 일반적으로 상대방의 감정이나 입장을 고려하지 않고 자기의 사상과 입장을 계속해서 강력하게 고집하는 것을 말하는 것으로 인식하고 있기 때문이다.

자기표현 훈련은 자기의 생각을 자신 있게 내보이지 못하는 사람들에게 주장기술을 가르쳐 주고 직접 시행하고 연습하게 하는 행동치료 방법이다. 내담자들이 표현하고 싶은 말을 하지 못하고 자신이 행동한 뒤에 일어날 것을 미리 걱정하고 다른 사람의 반응에 민감할 때 이 방법을 사용할 수 있다.

자기표현 훈련의 기본가정은 사람들이 자신의 느낌, 생각, 신념, 태도를 표현할 권리를 가진다는 것이다. 그러나 그 표현은 공격을 의미하지 않는다. 자기의 권리를 주장하기 위해 상대방의 입장이나 인격, 그리고 권리를 존중하지 않는 것은 주장이 아니라 공격적 행동에 속한다. 공격적 행동은 상대방의 마음을 상하게 만든다.

그러나 주장행동은 자기를 내세우되 상대방의 인격과 권리를 동시에 존중해 주는 공감적 주장(empathic assertion)이라는 점에서 크게 차이가 있다. 따라서 자기표현 훈련을 공격성 표현으로 질못 인식해서는 안 된다. 진실로 표현적인 사람은 다른 사람의 감정을 무시하면서까지 자신의 권리를 옹호하지 않는다.

자신이 주장적인 사람인지 수동적인 사람인지 공격인격인 사람인지 파악한다. 수동적인 사람은 수줍음이 많고 위축되어 있어 자기주장을 잘하지 못한다. 이에 비해 공격적인 사람은 자기의 권리를 열심히 내세우지만 다른 사람의 권리를 쉽게 침범해 사회적으로 문제가 많다. 이에 비해 주장적인 사람은 자신의 요구와 권리를 잘 알고 자신의 입장을 건설적으로 잘 표현한다.

주장성, 비주장성, 공격성의 차이

	비주장성	주장성	공격성
자기욕구나 권리	표현하지 못함	표현함	타인을 희생시켜 표현
정서적 정직과	정직하지 못하고	정직하고	정직하나
표현	간접 표현	직접 표현	누군가를 희생시켜 표현
자기향상성 여부	자기부정적	자기향상적	자기향상적
타인권리침해	권리침해 허용	침해하지 않음	적극적으로 침해
행동 후 느낌	불안, 실망, 분노	확신감	우월감, 분노, 죄의식
타인의 느낌	초조, 동정, 연민	존경	분노, 원한, 복수심
결과	목표 불성취	목표성취	타인 희생시켜 성취

사람들은 대개 자신의 견해를 피력하거나 자신이 원하거나 당연히 받아야 할 것을 요구할 권리가 없다고 생각하기 때문에 비표현적으로 행동한다. 그들의 사고도 수동적으로 나타난다. 따라서 이 훈련은 표현력 결핍을 가져오는 신념에 도전하고, 건설적인 자기진술을 하거나 표현적 행동을 낳는 새로운 신념들을 택하도록 가르친다.

따라서 이 훈련은 대인관계에 장애가 있는 사람에게 상호 작용하는 방법을 가르쳐 줌으로써 주장행동을 할 수 있는 능력을 증가시킨다. 이 훈련은 화나 짜증을 표현하지 못하는 사람, '아니라'는 말을 못 하는 사람, 겉으로 보기에 지나치게 공손하거나 다른 사람에게 이용당하기만 하는 사람, 정서와 다른 긍정적인 반응들을 표현하지 못하는 사람, 자신의 사고·감정·신념들을 표현할 권리가 없다고 느끼는 사람들에게 유용하다.

이런 사람들에게 노여움이나 분노와 같은 부정적 감정은 물론 기쁨, 사랑, 칭찬과 같은 긍정적 감정을 자유롭게 표현할 수 있는 능력을 키워 대인관계의 문제해결에 도움을 준다. 분노를 제대로 표현하지 못하는 사람, 거절을 잘 하지 못하는 사람, 데이트 신청을 못 하는 사람들에게 감정이입적인 방식으로 자유로이 자신의 감정을 표현하는 것을 연습케 한다.

자기표현 훈련은 자기의 생각과 느낌을 솔직하게 표현하되 다른 사람의 권리를 방해함이 없이 자기의 권리를 적극적으로 행사하는 것이다. 이를 통해 삶을 긍정적으로, 적극적으로 살 수 있다. 이 훈련은 주장성이 약한 사람을 강하게 만드는 데도 유익하지만 공격적 행동이 강한 사람을 주장성으로 만드는 데도 도움을 준다.

자기표현 훈련은 주장반응과 관계가 있다. 이것은 대인관계에서 억제된 생각과 감정을 적절한 방식으로 표현하도록 함으로써 불안이나 공포를 제거하고 적극적이고 생산적인 생활태도를 갖도록 하는 것이다. 이 훈련은 내담자로 하여금 불안 이외의 감정을 표현하도록 하여 불안을 제지하기 위한 것으로 대인관계에 대한 불안이나 공포를 치료하는 데 효과적이다. 이 훈련은 대인관계에 있어서 소외감·피해의식·대인공포 및 이에 따른 불안과 고독감이 문제 될 때 사용한다. 상담자는 내담자에게 자신이 인간으로서 기본 권리가 있고, 스스로 결정할 권리가 있으며, 다른 사람들로부터 침해받지 않을 권리와 자신의 생각과 감정을 표현할 권리를 가지고 있음을 인식하도록 격려할 필요가 있다.

자기표현 훈련 접근방법으로서는 행동주의적 접근과 인지적 재구성 방법, 그리고 이 두 가지를 병행하는 방법이 있다.

행동주의적 접근방법으로는 행동시연(behavior rehearsal), 역할연기, 코칭, 모델링, 강의, 독서, 과제물 주기, 조로 나누어 연습하고 피드백 주고받기, 리더의 격려와 강화 등이 있다.

내담자가 자신의 생각을 표현하기 어려운 구체적인 상황을 떠올리게 하면서 연습해 보도록 한다. 역할연기의 경우 내담자가 상담자를 대하기 힘들어 하는 선생님이라 여기고 자신이 하고 싶은 말을 표현해 보도록 하여 점차 자연스럽게 자기표현 기술을 익히도록 한다.

녹음기와 VTR을 사용하여 피훈련자들의 반응을 되돌려 방영함으로써 그들의 반응을 다시 보고 평가하여 새로운 행동을 하도록 도와준다.

인지적 접근방법으로는 피훈련자들의 사고체계를 검토해 보는 엘리스의 RET 방법이 널리 사용되고 있다. 이 두 가지를 혼용하는 절충적 방법도 사용된다. 상담자는 행동시연과 함께 계속 평가하도록 한다. 집단은 새로운 행동을 시도하는 데 도움을 줄 수 있다. 특히 생산적인 활동이 일어날 수 있도록 신뢰적인 분위기를 조성할 필요가 있다(Alberti & Emmons, 1986).

자기표현을 하기 위한 방법은 다음과 같다.

인사하기

비주장적인 사람은 다른 사람과의 시선을 피하려 들거나 인사를 잘하지 못하고 대화를 먼저 시작하기를 꺼리는 경향이 있다. 인사하는 연습은 가장 쉽게 접근할 수 있는 방법이다. 평소 잘 인사하지 않던 사람을 향해 먼저 인사하고 간단한 말 걸기부터 해 본다.

칭찬하기

다른 사람의 좋은 점을 발견하면 칭찬을 아끼지 않는다. 비주장적인 사람들은 칭찬에 인색하다. 칭찬은 쑥스럽고 그것은 마음속으로 하면 된다고 생각한다. 그러나 남이 나를 좋게 여기고 있다고 생각하면 나도 남을 배려하고 싶은 마음이 생기게 된다. 칭찬은 다른 사람을 이어 주는 교량 역할을 한다.

질문하기

궁금하거나 이해가 가지 않는 경우 '왜' 그런지 설명해 줄 수 없겠느냐고 물어본다. 비주장적인 사람은 질문하기를 두려워한다. 궁금하면 묻는 것이 자연스럽다. 그렇다고 따지듯 묻는 것은 바람직하지 않다. 대답을 해 주면 이해가 되고 고맙겠다는 태도로 묻는다.

감정 표현하기

감정을 표현하는 연습을 한다. 지나친 감정의 억제나 고립은 심리적으로나 육체적으로 도움을 주지 않는다. 적절한 감정표출은 정신건강에 좋다. 감정표출은 우선 가까운 사람을 상대로 시작한다. 감사한 마음, 미안한 마음을 전한다. 그 다음 서운한 감정, 속상한 감정을 표현한다. 표현하기 이전과 이후의 차이를 점검해 본다.

거절하기

자기의 의견이 남과 다를 때, 남이 지나친 요구를 해 올 때 자기의 의사를 분명히 하고 요청을 거부하는 훈련을 한다. 동의할 수 없는 이유를 처음에는 간결하게 말하고, 점차 길게 말하는 연습을 한다. 항상 친구의 입장에만 서서 생각하고 행동하다 보면 속으로 손해 본다는 느낌도 들고, 상대방이 나의 의사를 모르기 때문에 배려하지 못하는 경우도 있다. 상대방에게 나를 배려할 기회를 주지 않으면서 상대방에게 서운함이 있다면 내가 먼저 고쳐야 한다. 남과의 불일치를 직면하여 서로의 타협점을 찾기 위해서는 직면 그 자체를 두려워해서는 안 된다.

7. 체계적 둔감법

불안을 극복하기 위해 체계적 둔감법(systematic desensitization)을 사용한다. 이를 위해 불안계층표의 작성, 역제지, 둔감의 단계를 거친다.

불안계층표(anxiety hierarchy)는 불안을 일으키는 여러 자극 장면을 그 자극의 강도에 따라 순서대로 나열해 놓은 표를 말한다. 불안의 정도를 0~100의 평정단위로 표시하여 서열순위로 나열한다. 서열평정은 내담자 자신이 하고, 대개 10단위로 한다. 평정단위를 자각적정해단위(SUD: subjective unit of disturbance)라 한다. 자극 장면 각 종목의 SUD결정에 내담자의 경솔함이 없도록 내담자의 생활력 및 병력, 각종 인성검사, 불안 및 공포조사 등의 자료를 참고하는 것이 좋다.

체계적 둔감법은 역조건화 원리를 단계적으로 이용한다. 공포와 불안을 일으키는 자극에서 이완된 상태를 이끌어 낸 다음 공포와 불안을 유발하는 이벤트나 장면을 상상하도록 함으로써 불안유발 자극의 영향을 약화 또는 둔감시키는 역제지(역조건화) 방법이다. 이것은 불안이나 공포를 줄이는 데 효과적이다. 특히 불안신경승, 강박신경증, 공포증, 성불감증 등의 치료에 많이 사용되고 있다.

역제지(reciprocal inhibition)는 불안자극 장면이 상존하는 가운데도 불안반응이 일어나지 않도록 하는 방법을 말하며, 주로 이완법을 사용한다. 이완법은 자신의 근육을 이완시키는 것으로, 불안반응이 일어날 때 교감신경이 흥분하게 되므로 이를 억제하기 위해 부교감신경의 항진작용을 북돋우는 것을 말한다. 부교감신경 (para-sympathetic nerves)은 교감신경의 기능에 항거하는(para) 작용을 한다. 따라서 불안반응을 역제지하기 위해 이완훈련을 한다. 이완훈련으로는 점진적 이완법과 자율훈련이 주로 사용되고 있다. 자율훈련은 조용한 방, 자유로운 복장, 그리고 반복되는 자세연습을 통해 안정감을 찾도록 한다.

불안계층표가 삭성되고 점진적 이완법이나 자율훈련법에 따라 충분히 이완시킨 후에 불안계층표의 SUD가 제일 낮은 항목의 장면으로부터 점차적으로 높은 항목의 장면을 심상에 의해 상상시키고, 그것을 수차례 거듭하는 동안 각 항목의 SUD가 점차적으로 0

에 이르게 한다. 이완은 불안반응을 역제지하기 때문에 충분히 이완이 이뤄진 후에 불안계층표의 각 항목을 상상하게 되며 횟수가 거듭됨에 따라 종국에는 사라지게 된다. 체계적 둔감법의 절차는 다음과 같다.

- 먼저 내담자와 함께 불안을 일으키는 상황을 강도에 따라 10개 내외 항목을 순서대로 조사한다. 불안을 가장 적게 유발하는 상황부터 가장 높게 일으키는 상황까지 불안 정도에 따른 불안유발 자극의 위계목록을 작성한다. 대중 앞에서 말하는 것에 강한 공포를 느끼는 사람이 있다고 가정할 경우 그 사람으로 하여금 불안위계목록을 작성토록 한다. 50명의 청중보다 500명의 청중 앞에서 더 두려움을 느낀다든지, 또는 남녀로 구성된 집단 앞에서, 또는 남자만으로 구성된 집단 앞에서 두려움을 느낀다든지, 아이들 또는 청년들 앞에서 겁을 내는지 알아본다.

- 깊은 근육이완 훈련과 심호흡을 통하여 긴장·이완 훈련을 시킨다. 근육이완은 학습을 통해야 한다. 일반적으로 내담자로 하여금 얼굴, 이마, 손, 등, 허리, 배 등 중요한 근육군 하나하나에 차례로 주의 집중하면서 깊은 차별적 이완기법을 숙달하게 한다. 처음에는 긴장을 하게 하고 나중에는 1부터 5, 6까지 숫자를 세면서 긴장을 풀게 한다. 이러한 훈련과정을 하루에 적어도 30분 이상 실시해야 하며 사용하지 않는 근육들도 차별적으로 이완시켜야 한다. 상담자가 요구할 때마다 내담자는 깊은 이완상태에 빠질 수 있어야 한다. 어떤 경우에는 약물이나 약한 최면이 내담자의 이완에 도움을 준다.

- 내담자의 눈을 감게 하고 긴장을 풀며 깊이 이완시킨 후 불안반응위계에 따라 불안을 일으키는 사건이나 장면을 제일 약한 것부터 차례로 상상하도록 한다. 그 위계에 따라 단계적으로 불안유발 자극이 제시되어도 내담자로 하여금 긴장·이완상태를 계속 유지할 수 있도록 통제한다. 상담자는 상상장면의 지속시간과 순서를 면밀히 통제한다.

- 이런 상황에서 내담자가 어떤 상황에 대해 심히 불안과 혼란을 느끼면 신호를 하게 한다. 그리고 상상을 중단하고 다시 이완하도록 즐거운 장면을 상상하게 한다. 즉, 내담자의 불안반응을 이완반응으로 대치시킨다. 이때 불안과 혼란이 일어나지 않으면 다시 10~15초간 그 불안 상황으로 되돌아가 생생하게 상상하도록 한다. 다시 15~30초간 이완한다. 이런 식으로 내담자가 불안을 전혀 느끼지 않을 때까지 계속 장면을 상상케 한다.

- 내담자가 어떤 심상에 대해 여러 차례의 시도에서 불안을 경험하지 않으면 다음 단계의 불안 상황으로 넘어가 불안장면의 심상을 가지도록 한다. 이러한 과정은 불안위계별로 내담자가 불안해하지 않고 상상할 때까지 계속한다. 한 장면을 2~3회 반복한 후 어느 단계에서 불안을 느끼게 되면 그 불안단계보다 낮은 단계를 반복 제시하여 그 단계의 불안을 소거시킨다. 이런 방식으로 불안이 가장 약하게 경험되는 장면의 심상에서 시작하여 가장 강하게 불안이 경험되는 장면의 심상까지 진행한다. 이렇게 하여 불안반응위계의 상위 장면까지 체계적으로 진행되면 그런 장면에서 경험되던 불안반응

은 점차 제거된다.

- 가장 밑에 있는 불안자극에서부터 시작하여 가장 불안이 심한 자극을 상상해도 두려워하지 않으면 상담은 끝난다. 이런 훈련을 반복함으로써 강도 높은 불안 상황에서도 긴장, 이완을 유지하여 불안을 경감시킬 수 있다. 이러한 치료실 경험을 활용하여 치료실 밖에서도 스스로 긴장·이완 훈련을 연습하여 일상생활에 적용하도록 한다.

체계적 둔감법은 여러 행동기법 가운데 가장 효과가 높은 것으로 조사되고 있다. 그러나 이 방법은 내담자가 주어진 환경을 극복할 능력이 부족해 불안을 느끼거나 긴장을 풀 수 없거나, 제시된 환경들을 상상할 수 없는 사람들에게는 효과적이지 못하다.

8. 혐오치료

혐오치료(aversive training)란 내담자가 매력을 느끼는 자극상황에 부정적 감정을 갖게 하여 더 이상 그 자극에 접근하지 못하도록 하는 것을 말한다. 혐오자극으로는 전기충격, 구토제를 사용한다. 이 방법은 상담자와 내담자가 서로 바람직하지 않다고 생각하는 행동양식을 제거시키는 데 사용된다. 알코올중독, 비만, 흡연, 약물중독, 노출증, 강박증, 의상도착증, 성도착증, 동성애, 도박, 자폐증 등이 그 적용 대상이다.

먼저 내담자가 제거하기를 원하는 행동과 유해한 무조건 자극인 고통과 불쾌를 짝짓는다. 과음을 치료하는 경우 내담자가 술을 마시고 난 뒤 구토제를 먹게 하거나 전기충격을 주어 격렬하게 고통을 느끼게 한다.

혐오치료는 역사가 깊고 대상도 다양하지만 윤리적으로나 과학적으로 논쟁이 일고 있다. 전기충격 방법에 대한 윤리적 논쟁, 전기충격이나 구토제를 사용해서 형성된 혐오반응이 치료실 밖에서도 이것들을 사용하지 않고 계속 효력을 발휘할 수 있는지에 대한 과학적 증거가 확실하지 않다는 논의가 있다. 최근 전기충격을 이용하는 방법은 감소추세에 있다. 이 방법은 여러 방법을 사용해도 효과가 없을 때 최후수단으로 사용하는 것이 좋다.

9. 자극홍수법

자극홍수법은 내담자에게 처음부터 심한 불안 상황을 상상하게 하여 정서적으로 흠뻑 젖게 하는 방법이다. 이 방법은 자신의 상상적인 불안과 공포가 실제로 어리석다는 것을 보여 줌으로써 자극과 불안반응 사이에 조건화된 연결을 소거시킬 때 사용한다.

보기를 들어 개를 무서워하는 사람에게 개 여섯 마리에 둘러싸여 있는 장면을 상상하게 하고, 병균오염으로 열심히 손을 씻어대는 사람에게 아예 하수구에 빠져 있는 자신을 상상하게 한다. 이 상상을 통해 그것이 별것도 아니라는 감정을 갖게 한다. 자극홍수법은 공포증, 강박행동, 우울증, 불안신경증, 아동의 사회철수 등에 효과적으로 활용된다. 그러나 일부 비판가들은 물을 두려워하는 아이를 수영장 물속에 빠뜨리면 물을 더욱 무서워할 수 있다는 점을 지적하며 오히려 역효과를 낼 우려가 있다고 지적하고 있다.

10. 자기조정 프로그램과 자기 지시적 행동

자기조정 프로그램은 자신이 통제하거나 변화시키기를 원하는 구체적인 행동에 대한 프로그램을 결정하고 시행하도록 하는 자기관리방법(self-management method)이다. 상담자는 내담자가 자신의 특정한 문제와 행동을 더 잘 자각하고, 자신의 행동을 이끌어 나갈 목표와 규준을 세우도록 돕는다. 이 프로그램은 흡연·음주·마약 사용의 통제, 공부시간 조정기술의 학습, 비만이나 과식 치료 등에 사용된다.

사람들은 종종 자신의 목표를 성취하지 못하는 중요한 이유로 기술부족을 꼽는다. 따라서 이러한 영역에서 자기 지시적 접근은 변화를 위한 지침과 변화를 유도하는 계획들을 제공한다. 자기 지시적 변화를 위해서는 확실한 목표를 선택하고, 그것을 목적행동으로 바꾸며, 자신의 행동을 정확히 관찰하고, 변화계획을 실행에 옮겨야 한다(Rehm & Rokke, 1988).

자기조정계획이 효과적이기 위해서는 '매일 1,200칼로리 이상을 섭취하지 않는다.'는 것과 같이 일단 구체적으로 정한 방침을 일관성 있게 지켜 나가되 상당기간 동안 계속하고, 목표성취 정도를 평가하며, 바라는 새로운 행동을 일상생활에 정착시킬 때까지 학습해서 자연스럽게 정착시키는 자기강화는 물론 변화를 위한 주변 환경의 후원이 있어야 한다. 이 프로그램이 성공적이기 위해서는 내담자가 자신의 행동에 대한 책임감을 느껴야 한다.

11. 행동계약법

행동계약법은 자신이 변해야 하거나 달라지고 싶은 행동은 뚜렷하게 있지만 계획대로 실행에 옮겨지지 않을 때 도움이 되는 행동치료법이다.

행동계약법은 글자 그대로 바꾸고자 하는 행동을 계약서를 작성하여 그대로 실천하도록 한다. 이를 지키지 못할 경우 벌칙조항에 따라 일종의 벌을 스스로 받아야 한다. 잘 이행했을 경우에는 그에 따른 보상을 스스로 하거나 다른 사람에 의해 받도록 한다.

행동계약은 내담자와 치료자 사이에서 이루어지기도 하고 내담자와 보호자, 교사 등 내담자의 문제행동을 같이 지켜봐 줄 사람들과 함께 맺기도 한다.

계약서

목표: 금연
계약내용: 200X년 0월 0일부터 집에서든 직장에서든 어떠한 경우라도 일체 담배를 피우지
         않겠음.
강화조항: 금연을 지킨 하루하루마다 1000원씩 저금통에 저금한다. 이를 모아 4주 후에 연극
         이나 음악회 등 문화생활을 하는 데 사용한다.
벌칙조항: 만일 이를 어기고 담배를 피울 경우 1개피당 5000원의 벌금을 낸다. 낸 벌금은 저
         금통에 모아 두며 이 돈은 모두 사회사업기관에 기탁한다.
기   록: 하루 단위로 담배를 피우지 않았으면 O, 피웠으면 피운 개수를 수첩에 적어 둔다.

계약자: 김 아무개
자기계약을 도와주는 이: 박 아무개

출처: 장연집 외. 223쪽.

12. 중다양식 치료

중다양식 치료법(multimodal therapy)은 라자러스가 개발한 것으
로 종합적이고 체계적이며 전체적인 접근이다. 이 방법은 "각 내담
자에게 어떤 상담자가 또는 어떤 기법이 최고일까?"라는 질문에서
시작한다. 이전에 결정된 치료에 일방적으로 맞추지 않고 각 내담
자에게 어떤 환경에서 어떤 치료방법이 가장 효과를 잘 낼 수 있
는가를 생각하여 조정한다.

그는 인간의 복잡한 성격에는 기본적으로 7가지 주요 기능영역
이 있다고 말한다. 행동(B), 감정(A), 감각(S), 심상(I), 인지(C), 대인
관계(I), 약·생물적 기능·영양·운동(D)으로서 이를 BASIC ID으
로 표현한다.

BASIC ID는 성격 각 측면에 명백하고 체계적인 관심을 기울이도록 하는 인지도이다. 이 방법은 비합리적 신념, 일탈행동, 불쾌한 감정, 지루한 인상, 긴장이 많은 관계들, 부정적인 감각, 생화학적 불균형 등에 대한 교정을 다룬다. 중다양식 치료는 BASIC ID에 관한 질문을 통해 이루어진다.

이 치료법은 한 가지 방법을 사용하는 것이 아니라 여러 다른 치료체계로부터 기법들을 빌려 쓰기 때문에 불안조정훈련, 행동시연, 독서요법, 바이오피드백, 의사소통훈련, 최면, 명상, 모델링, 심상, 자기표현 훈련, 감각초점 훈련, 빈의자기법, 시간설세, 사고중지 등 다양하다. 이 기법을 가리켜 기법적 절충주의라 함은 이 때문이다(Lazarus, 1986).

도움말

치료기간

대부분의 행동치료는 단기치료이지만 치료가 25～50회까지 지속되기도 한다. 100회를 초과하는 치료는 그리 많지 않다. 문제에 대해 상세한 평가를 실시하고 가능한 한 빨리 개입을 시작한다. 상담자는 2～3달 동안 대략 8～12회의 치료계획을 세우고 그 시점에서 진전을 평가한다. 눈에 띄는 진전이 없을 경우 문제를 정확히 개념화했는지, 적절한 기법을 사용하고 있는지, 치료전략을 변경할 필요가 있는지, 치료자로서 자신이 어떤 문제를 가지고 있지 않는지, 다른 치료자에게 의뢰할 필요가 없는지 재평가한다. 성공적인 상담을 종결할 때도 갑작스럽게 종결하기보다 주에서 월 등 만나는 시간간격을 연장시켜 자연스럽게 끝내는 것이 바람직하다.

자기표현 훈련과 부부문제

자기표현 훈련은 사회적 대인관계 기술뿐 아니라 가정의 문제를 다루는 데도 활용되고 있다. 행동주의적인 부부치료는 최근에 개발된 것으로 그 초점은 배우자들로 하여금 서로 간에 원하는 행동변화를 얻기 위해서 더 긍정적이고 생산적인 수단을 학습하도록 돕는 것이다(Jacobson & Margolin, 1979). 고통받는 부부관계를 비롯하여 가족 전체를 치료하는 행동치료방법이 개발되고 있다. 이러한 치료는 상사와 부하관계, 노사관계에도 적용될 수 있다.

1. 게슈탈트는 정신분석과 다르다

게슈탈트 상담은 일반적으로 형태치료(Gestalt therapy)라 불리며 펄스(F. Perls)에 의해 개발되었다. 그는 제1차 세계대전 후 뇌 손상을 입은 독일 군인들을 치료하는 골드슈타인연구소에서 일하면서 인간을 개별적으로 기능하는 부분들의 단순한 합으로 보지 않고 전체로 보아야 한다는 사실을 알게 되었다. 유대인인 그는 2차 대전을 계기로 미국에 이주하면서 뉴욕에 형태치료연구소를 열었다.

펄스는 비록 라이히나 호니와 같은 정신분석자들로부터 영향을 받았지만 정신분석적이기보다는 현상학적, 실존적이다. 그는 사람이 성숙하기를 원한다면 생활에서 자신의 방식을 발견해야 하고 개인적 책임능력을 받아들여야 한다고 말함으로써 그의 이론이 실존치료의 한 부분임을 명백히 했다. 형태치료는 내담자 자신이 경험하고 있는 것에 대해 스스로 인식하는 데 초점을 맞춘다. 이 인식을 통해 자기를 이해하고 자신이 변할 수 있다는 것을 알 수 있기 때문이다. 형태치료는 내담자의 현실지각에 초점을 두고 있다는 점에서 현상학적이고, 지금 여기에 바탕을 두고 있다는 점에서 실존적이다. 게슈탈트 치료는 현재의 중요성을 강조했다는 점에서 매우 특이하지만 치료의 초점을 지금 여기에만 국한시킬 경우 제한적이고 위험할 수 있다는 비판도 있다(Polster, 1987).

펄스의 형태이론은 정신분석과 여러 가지 점에서 차이가 있다. 인간에 대한 프로이트 학파의 견해는 기본적으로 분석적이고 기계론적이지만 펄스는 통합적이고 총체론적(holistic)이다. 그는 개인의 많은 요소는 전체로 통합된다고 주장함은 물론 성격의 총체적 접근을 강조했다. 프로이트는 개인이 초기 아동기에 억압했던 심리내적인 갈등에 초점을 두었지만 펄스는 지금 여기의 인식에 관심을 기울이고 개인의 과거 상황보다 현재 상황을 중시했다. 아울러 그는 인간이 왜 그렇게 행동하는가에 초점을 맞추지 않고 현재 어떻게 행동하는가에 대한 자기이해와 자기인식이 중요하다고 본다.

2. 게슈탈트 인간관

게슈탈트 치료는 실존주의와 현상학에 뿌리를 두고 있다. 참다운 지식은 지각자의 현재 경험 속에 분명히 있는 것에 대한 지식이며, 인간은 의미 있는 존재로 그 현재를 선택하며 살아갈 때 가장 바람직하다. 인간은 과거에 의해 구속받기보다 현재에 충실한 삶을 살아가는 존재이다. 그러므로 인간은 스스로 선택할 수 있는 자유의지를 가지고, 자기행동에 대해 책임을 져야 한다.

게슈탈트 치료의 목적은 개인 속에서 갈등을 일으키는 요소들을 분석하는 것이 아니라 통합하는 데 있다. 과거에는 부인했던 자기 자신의 일부를 다시 소유하고 통합하는 과정은 내담자가 인격적으로 성장하고 강해질 때까지 계속된다. 개인이 주위에서 어떤 일이 일어나는지 완전히 인식할 수 있을 때 삶의 문제를 효과적으로 처리할 수 있게 된다. 발달 과정에서 사람들은 개인의 어떤 문제 때문에 여러 방식으로 문제를 회피하려 한다. 이 때문에 인격적 성장이 벽에 부딪히게 된다. 따라서 게슈탈트 상담자는 내담자들이 통합되고 더 진지하고 활력 있는 실존으로 나아가도록 독려한다.

인간은 선천적으로 자아실현을 향한 경향성을 가지고 있다. 이는 긍정적인 인간관으로서 모든 살아 있는 존재는 자기의 잠재력을 실현하려는 방향으로 나아간다고 본다. 이 자아실현은 도달될 수 있는 것이 아닌 끝없는 과정이다. 그러므로 인간은 끊임없이 되어 가는 존재이다. 이러한 점이 인간주의적 상담과 연결된다. 인간주의 정신을 가진 펄스는 사람은 대부분 자신이 가진 잠재력의 일부만 사용하고 있다고 말한다. 우리의 실존을 재창조하고 현재의 능력을 완전히 사용하는 방법은 거의 찾지 않는다. 펄스는 우리 각자가 자신의 잠재력을 실현하지 못하게 하는 방법을 알게 되면 삶을 보다 풍요롭게 만들 수 있을 것으로 보았다. 이 잠재력은 순간순간 신선하게 살아가는 태도에서 나타난다. 따라서 이 치료의 목표는 내담자가 충만한 삶을 살아가도록 하는 데 있다.

모든 유기체는 균형을 깨뜨리는 요구를 만족시키거나 제거함으로써 동질정체(homeostasis)를 유지하려 한다. 이것은 유기체의 자기조절성에 해당한다. 이에 따라 인간도 어떤 불균형(고통)을 경험할 경우 강렬한 정서적 경험을 통해서 긴장을 방출하든지 욕구를 충족시키는 방법으로 자기를 조절할 수 있다.

인간은 신체·정서·사고·감각·지각으로 이루어지는 전체이며 그것을 각성할 수 있다. 인간은 자기 각성을 통해 선택을 할 수 있고, 자기의 행동에 대해 책임을 질 수 있다. 이 각성은 상담의 핵심이 된다. 내담자의 각성의 질과 양에 따라 상담의 성공 여부가 달려 있다.

인간은 환경의 일부로서 단순한 반응자가 아니라 창도자이다. 인간은 외부자극에 대한 자기반응을 스스로 결정할 수 있다. 인간은 과거와 미래가 아닌 오직 현재에서만 자기를 경험할 수 있고, 본질적으로 선하지도 않고 악하지도 않은 존재이다.

3. 게슈탈트 상담의 지향점

게슈탈트 상담의 목표는 두 가지이다. 하나는 내담자를 성숙시키고 성장시키는 데 있다. 외부환경에 의존하던 개인이 자기에게로 방향을 돌리게 될 때, 즉 책임 있는 인간이 될 때 성장과 성숙이 이뤄진다. 다른 하나는 내담자로 하여금 그의 감정·지각·사고·신체가 모두 하나의 전체로 통합된 기능을 발휘하도록 도와주는 것이다. 내담자가 자기의 책임을 받아들이고 자아가 제대로 기능을 발휘하도록 하는 것이 이 상담의 초점이다. 게슈탈트 치료는 기본적으로 인간의 실존적 만남이며, 이 만남을 통해 내담자는 바람직한 방향으로 나간다.

1) 전체 및 완성지향

　게슈탈트 상담은 모든 인간으로 하여금 전체 또는 완성을 지향하도록 한다. 이 상담에서는 항구적이고 보편적인 인간기능화의 원리로 형태, 곧 게슈탈트를 강조한다. 이를 방해하거나 파괴시키는 것은 인간에게 해롭다. 인간의 모든 측면은 하나의 형태를 형성하는 방향, 곧 미완성 상태에서 완성 상태로 나가도록 도와줘야 한다. 이것이 실패한다면 성격에 있어서 전체성은 파괴되며 개개의 측면들은 의미가 상실되며 부적응 현상이 나타나게 된다. 부적응이나 불균형을 경험하게 될 때 그 균형을 회복하려는 동기가 일어난다. 불완전한 형태나 미완성 상태를 다룰 때 자기조절이나 외부조절의 방법이 사용되는데 건강한 사람들은 다른 사람의 욕구나 요구, 사회규범의 구속과 같은 외부의 힘에 의한 방법보다는 스스로에 의한 자기조절방법을 선호한다.

2) 여기 그리고 지금

　형태치료는 현재와 여기를 강조한다. 그래서 현재의 에토스(now ethos)와 지금의 에토스(here ethos)를 가진 것이 형태치료라 한다. 이 상담에서는 현재를 유일한 실재로 보고 여기 그리고 지금을 강조한다. 결정할 힘은 현재와 지금에 있다. 지나간 과거는 더 이상 존재하지 않으며 미래는 아직 존재하지 않기 때문에 과거에 대한 기억과 미래에 대한 기대는 오직 현실에서만 경험되는 것이다.

그러면 형태치료는 과거를 무시하는가? 그렇지는 않다. 과거가 어떤 방식으로든 개인의 현재 주요기능과 연관되어 있을 때는 과거도 중요하다. 과거가 개인의 현재의 태도나 행동에 중대한 관련을 가지고 있는 것으로 인식되면 가능한 한 많이 그 과거를 현재로 가져온다. 내담자가 과거에 대해 이야기하면 상담자는 그것을 지금 속으로 가져와 그들이 마치 지금 그 과거를 살고 있는 것처럼 재연하도록 한다. 내담자가 아버지와의 과거 어린 시절 정신적 상처에 대해 말로만 이야기하는 것이 아니라 기분이 상한 어린이가 되어 상상 속에서 아버지에게 직접 이야기한다. 이처럼 환상을 지금 여기에 가져옴으로써 상한 기분을 다시 경험하고 이해하고 해결하도록 한다. 그러므로 엄밀히 말해서 형태치료에 있어서 현재는 사람들의 과거와 미래 사이의 연결을 포함하고 있다. 과거에 어떠했으며, 미래에 어떤 일이 일어날 것인가에 대한 관심을 모두 현재로 가지고 와서 직접 경험하도록 한다. 과거를 중시하는 것은 현재를 완전히 경험하지 못하게 하는 방법으로 간주된다. 따라서 펄스에게는 현재 이외의 개념은 존재하지 않는다. 형태주의는 무엇보다 지금 여기를 강조하고 현재의 순간을 완전히 경험하고 인식하도록 했다는 점에서 크게 공헌했다.

펄스는 여기 그리고 지금의 사람(here and now person)을 심리적으로 건강한 최고의 사람으로 간주했다. 이런 사람은 외부에 의지하는 대신 자신에게 의지하고, 다른 사람을 위해 연기하는 대신 자신의 내적인 본질을 반영하는 방식으로 행동함으로써 잠재력을 실현시킬 수 있다.

지금 그리고 여기에 있는 자신을 이해하지 못할 때 과거 또는 미래로 도피하려는 충동이 생기는데 이 두 충동은 모두 완전한 인간발달에 해롭다. 전자의 성격을 회고적(retrospective) 성격이라 하고, 후자를 전망적(prospective) 성격이라 한다. 회고적 성격은 인생의 어느 시기에 대해 지나치게 감상적이 되거나 모든 것에 대해 부모를 원망할 수 있다. 이것은 빈번히 일어날 수 있는 미완성 상태이다. 전망적 성격도 도피적이므로 완전한 인간성장에 방해가 된다. 이 두 성격의 사람은 현재를 살아갈 에너지를 상실했다. 현재의 삶보다 과거의 잘못을 애통해하면서 자기의 삶이 어떻게 달라질 수 있었고 어떻게 달라져야 했는지를 생각하는 데, 아니면 미래에 대해 끊임없이 결심하고 계획을 세우는 데 에너지를 소모한다. 사람이 자신의 에너지를 이렇듯 과거에 몰두시키면 시킬수록 현재에 투자할 능력은 경감된다.

3) 자아, 자아상, 존재

게슈탈트 상담에서는 인간의 성격을 자아(self), 자아상(self-image), 존재(being) 세 가지로 구성된다고 본다. 이 성격은 개인의 지각된 환경과의 상호작용을 통해 생겨난다. 자아는 자아실현을 촉진하는 성격의 창조적인 측면이다. 자아상은 성장을 방해하는 성격의 더 어두운 부분으로 자아상이 발달할수록 인간은 자기의 모습대로 자기의 내적인 기준에 의해 살고 창조적인 성장을 위해 에너지를 쏟아 자아실현을 하기보다는 외적인 기준에 맞추어 살고 당위(should)에 집착하게 된다. 자아와 자아상은 개인이 환경과 접촉할 때 발달

한다. 이 두 가지는 발달의 잠재력이 같아 실제로 하기를 원하는 자아와 해야 한다고 말하는 자아상과 내적 갈등이 일어난다. 존재는 유기체의 본질적인 실존으로서 로저스의 유기체와 같다.

이 상담에서는 인간의 성격이 크게 사회적 단계, 정신 신체적 단계, 영적 단계로 발전한다고 본다. 사회적 단계는 상호 작용하고 의존해야 하는 단계이고, 정신 신체적 단계는 자아와 자아상이 발달하는 단계이며, 영적 단계는 완전히 기능을 발휘하는 단계로 감각적 감각에서 초감각적 감각(extrasensory sensing)으로 이동한다.

4) 경험과 통찰 그리고 책임감

게슈탈트 치료는 내담자가 자신의 경험을 통찰함으로써 증가되는 인식과 책임감에 초점을 맞춘다. 치료자는 내담자의 자기인식을 높일 수 있도록 실험, 곧 경험을 고안한다. 상담자나 내담자 모두 그 과정에 몰두하고 상호 작용한다. 즉, 실험을 통해 지금 구체적인 상황에 대한 직접적인 경험을 증진시키고, 상담자와 내담자가 상호 작용하면서 그들이 느끼고 생각하고 행동하는 것이 무엇인가에 대해 이해하게 된다. 이러한 이해와 인식을 바탕으로 변화를 위한 선택을 하도록 한다. 성장은 상담자의 치료나 해석에 의해 일어나는 것이 아니라 상담자와 내담자의 진실한 접촉에 의해 일어난다. 내담자는 상담자가 통찰과 인식을 주도록 수동적으로 기다리는 것이 아니라 자신이 보고, 자신이 느끼고 감지하며, 자신이 해석하도록 한다. 이런 점에서 형태치료는 경험적이고 활기가 있으며 자기 책임적이다.

4. 부적응 행동 양식

게슈탈트 상담에서는 자아실현을 하려 하기보다는 왜곡된 비현실적인 자기관인 자아상을 실현하려는 과정에서 이상성격 또는 병리적인 행동이 생겨난다고 본다. 또한 자기의 사고와 감정을 자기의 것으로 받아들이지 않을 때 정신병리현상이 생긴다. 이 경우 점점 현실에 대한 대처능력과 에너지를 잃어버리게 되고, 통합된 인간이 되지 못하며, 미완성의 단편적 인간이 된다. 지금과 나중 사이에 간격이 생길 때, 현실의 확실성을 버리고 미래에 집착할 때 불안을 느끼게 된다. 이러한 부적응 행동은 각성의 결여, 책임의 결여, 환경과의 접촉상실, 형태의 미완성, 욕구의 부인, 자아의 양극화 등으로 나타난다.

1) 각성의 결여

이것은 엄격하고 융통성 없는 사람에게 흔히 나타난다. 자기가 무엇을 원하며 어떻게 해야 할 것인지에 대한 것보다 다른 사람에 의해 형성된 자아상에 따라 행동하는 데 많은 에너지를 쏟는다. 그 결과 환경에 대처할 수 있는 창조적인 능력을 상실하고 되는 대로 살아가는 사람이 된다.

2) 책임의 결여

펄스는 책임(responsibility)을 반응(response)의 능력(ability)으로 간주하고, 이를 환경에 창조적으로 반응할 수 있는 능력으로 해석했다. 그에 따르면 책임이 결여된 사람은 스스로에 대해 책임을 지려는 대신에 외부에 의존하려 한다.

게슈탈트 치료는 자기인식을 증가시키고, 자기의 생각·행동·감정에 대한 책임을 다른 사람에게 돌리지 않음으로써 자신경험에 대한 주체가 자기라는 태도를 가지며, 다른 사람의 권리를 침해하지 않으면서 자신의 욕구를 충족시킬 수 있는 기술을 개발하게 하는 데 초점을 둔다. 그 결과 행동의 결과를 수용하고 자신이 결정할 책임능력을 가지고 있다는 사실을 인정하며, 필요할 경우 다른 사람에게 도움을 청할 수 있을 뿐 아니라 다른 사람에게 도움을 줄 수 있게 된다. 책임이 결여되면 문제가 발생한다. 따라서 게슈탈트 치료는 자신의 결여된 책임을 인식하고 개선하는 데 관심을 둔다.

3) 환경과의 접촉상실

게슈탈트 치료에 있어서 변화와 성장이 일어나기 위해서는 접촉이 필요하다. 환경과 접촉하면 변화가 반드시 일어난다. 접촉은 보고, 듣고, 느끼고, 냄새 맡고, 움직이므로 일어난다. 좋은 접촉은 개성을 상실하지 않으면서 다른 사람과 상호 작용하게 만든다. 좋은 접촉이 이루어지려면 분명한 인식, 완전한 활력, 자신을 표현할 수 있는 능력이 있어야 한다. 접촉은 열정, 상상, 창조성을 가져온다.

그러나 때로는 환경과의 접촉을 막고 접촉하지 못하도록 저항한다. 이 저항은 현재를 있는 그대로 경험하는 것을 방해한다. 환경과의 접촉상실은 크게 두 가지 형태로 나타난다. 하나는 개인의 경계가 너무 경직되어 있기 때문에 외부환경으로부터의 투입도 허용되지 않아 퇴행(withdrawal)하게 되는 것이다. 이것의 대표적인 보기로 긴장병(catatonia)과 자폐증(autism)이 있다. 다른 하나는 자기와 환경을 구분하지 못하고 혼탁과 혼미 속에 산다. 외부현실과 자기를 명확하게 구분하지 못하고, 모든 사람들이 같은 느낌이나 생각을 가지고 있는 것으로 생각하며, 자신의 감정이나 의견을 표현하기보다 다른 사람의 의견에 동조하여 그러한 자신의 행동을 통해 끊임없이 남으로부터 인정을 받으려 한다. 이 모두는 사람이 진실해지지 못하도록 방해하는 여러 방어기제들이다. 이런 사람에게는 "지금 무엇을 하고 있습니까?" "지금 당장 무엇을 하고 싶습니까?"와 같은 질문을 던짐으로써 도움을 줄 수 있다.

상담자는 접촉이 정상적이고 건전한 것임을 인식하게 한다. 접촉에 저항하는 접촉 장애자에게 접촉을 막는 자신의 지배적인 양식을 보다 잘 인식하도록 함으로써 내담자가 활발히 환경과 접촉하여 성장하도록 한다. 접촉은 성장에 필요한 생명수이다.

4) 형태의 미완성 및 미결감정

형태의 미완성에는 충족되지 못한 욕구, 표현되지 못한 미결감

정, 또는 미완성의 대인관계상황 등이 포함되어 있다. 특히 미결감
정은 원한(resentment), 분노, 증오, 고통, 불안, 슬픔, 죄책감, 자포
자기 등 표현하지 못한 감정을 말한다. 이 감정들이 비록 표현되
지는 않았지만 기억이나 환상과 연합되어 있다. 이것은 완전히 인
식되거나 경험되지 못했기 때문에 이면에서 떠나지 않고 자신과
다른 사람과의 효과적인 접촉을 방해한다. 미결감정은 사람에게 붙
어서 괴롭힌다. 표현하지 못한 감정들은 어수선하고 불필요한 정서
적 불안을 만든다. 미결감정 가운데 가장 빈번하고 가장 나쁜 것
이 원한이다. 사람이 원한을 가지면 다른 생각을 할 수 없게 된다.
　미결감정은 풀려지기를 원하며, 한이 강하면 편견, 충동적 행동,
지나친 조심, 의기소침, 자기 패배적인 행동으로 나타난다(Polster &
Polster, 1973). 부인에게 분한 감정을 느끼는 어떤 사람이 그것을
직접 표현할 수 없을 경우 그 감정은 원한으로 그의 다른 활동이
나 관계에 나타나게 된다. 그 감정이 크게 발전되어야 원한이 되
지만 선입견·강박적 행동·조심·자기 파괴적 행동으로도 발전
할 수 있다. 개인은 미해결의 일을 갖고 있는 한 그 일을 완성하
고 끝내려 하며, 그렇게 될 때까지 현재의 상황에 충실할 수 없게
된다. 따라서 펄스는 내담자가 무엇에 대해 원한을 품고 있는지
찾아서 그것을 표현하도록 함으로써 그의 요구가 무엇인지를 밝혀
야 한다고 주장한다(Perls, 1969: 49). 게슈탈트 치료는 이렇듯 개인
이 표현하지 못했던 감정들을 경험하고 다룰 수 있을 때까지 지속
된다.

5) 욕구의 부인 및 회피

욕구의 부인 또는 회피는 사회적으로 용납되지 않는 욕구, 보기를 들어 분노·공격성 등을 아예 인정하지 않고 부정하거나 회피하는 것을 말한다. 그렇게 되면 그 욕구를 건설적인 방향으로 충족시킬 수 있는 데도 그렇게 하지 못하고 그 욕구에서 생성되는 에너지는 상실하게 된다. 또한 분열적 성향이 나타난다.

특히 회피는 자신의 미결감정과 연합된 불편한 정서를 경험하지 못하도록 하는 것이다. 사람들은 대부분 고통스런 감정들을 경험하고 직면하여 이를 변화시키려 하기보다 회피하려 한다. "만약 내가 나의 고통을 온전히 표현한다면 사람들은 당황하게 되고, 나와의 관계를 끊을 것이다." "나의 손실에 대해 애통해한다면 나는 더 깊은 우울 속으로 빠져들어 그 궁지로부터 영원히 빠져나올 수 없게 될 것이다." 회피는 결국 생각을 할 수 없게 만들고 성장의 가능성을 막는다.

따라서 보다 생기 있는 삶을 살아가려면 욕구의 부인이나 회피보다 직면하도록 하는 것이 바람직하다. 전에 직접적으로 표현하지 못했던 강한 감정들을 상담기간 동안 표현하도록 함으로써 현재 삶을 방해하는 장애를 극복하고, 한을 풀어 보다 건강하고 통합적인 삶을 살아가도록 한다.

6) 자아의 양극화

이는 분열의 또 다른 형태로 강함 - 약함, 남성다움 - 여성다움,

능력-무능력의 연속선에서 어느 한 극단에서만 자기를 바라보는 것을 말한다. 인간은 누구나 자기의 내부에 상반되는 극단적인 감정이나 생각을 가지고 있으며 그것 때문에 괴로워한다. 펄스는 이를 상전(topdog)과 하인(underdog)이라 불렀다. 인간은 상전과 하인이라는 서로 갈등하는 내부세력 때문에 괴로움을 겪는다. 여기서 상전은 도덕적이고 권위적이며 완벽주의적인 인간의 성격을 말하고, 하인은 방어적이고 의존적인 인간의 성격을 말한다. 이 두 가지는 서로를 지배하려고 투쟁을 하는데 이것이 바로 자아의 양극화 현상이다. 이 내적 갈등이 끝나지 않고 계속될 경우 부적응 현상이 나타난다. 이것은 주로 다른 사람, 특히 부모의 어떤 면을 자신의 자아체계에 결합시키는 내사에 뿌리를 두고 있다. 다른 사람의 가치를 무비판적으로, 전체적으로 수용하는 것은 위험하고, 자율적인 인간이 되는 것을 방해한다.

7) 에너지 차단

게슈탈트 치료는 에너지가 어디에 있는지, 에너지가 어떻게 사용되고 있는지, 어떻게 차단될 수 있는지에 특별한 관심을 갖고 있다. 에너지 차단은 또 다른 형태의 저항으로 신체적 긴장, 자세, 신체의 경직과 폐쇄, 시선회피, 위축된 목소리 등으로 나타난다. 상담자는 내담자의 에너지에 초점을 맞추어 내담자로 하여금 자신에게 에너지가 어디에 있는지, 어디에 위치해 있는지 인식하도록 할 필요가 있다. 상당수의 경우 내담자는 자신의 에너지 위치를 인식하지 못하고 있거나 부정적인 방식으로 에너지를 경험할 수 있다.

상담자는 내담자가 어떤 방식으로 에너지를 차단하고 있는지 알도록 하고, 차단된 에너지를 보다 적응적인 행동으로 전환하도록 도와줄 필요가 있다. 신체적으로 표현되는 저항방식을 먼저 인식하도록 한다. 신체적 증상을 제지하지 말고, 긴장상태를 완전히 탐구할 수 있도록 한다. 입이 경직된다든지 다리가 떨린다든지 하는 증세를 오히려 경험하도록 함으로써 자신을 무력하게 하는 방식으로부터 벗어나 에너지가 보다 건전하게 사용되도록 한다.

5. 상담기법

인지구조는 희랍어로 '틀, 구성, 계획, 그림' 등의 의미를 가진 '쉐마(schema)'라는 기본단위로 구성되어 있다. 쉐마(스케마)는 특정영역에 대한 지식을 의미하기도 하고 특정영역 사이의 기본속성 간의 관계가 가지는 특징을 의미하기도 한다. 쉐마는 우리 주위에서 들어오는 자극의 특성을 민첩하게 파악하고 그것을 어떤 단위로 묶고 부족한 부문을 보충하여 그것을 바탕으로 새로운 정보를 얻어 문제를 해결하고 어떤 목표에 이르게 된다.

쉐마 가운데 중요한 것이 자아 쉐마(self-schema)이다. 이는 개인의 사회적 경험에 따라 달라진다. 정보가 기존의 자아 쉐마와 일치하지 않을 때에는 갈등을 일으킨다(Markus, 1977). 자기주장이 강한 자아 쉐마를 가진 사람은 자신의 주장에 대해 피드백을 받을 수 있는 행동만을 선별적으로 행한다. 남에게 호감을 주는 사람은 자기 자신에 대한 긍정적 기술 부문을 보다 많이 선호하는 경향이 있다.

긍정적 자아 쉐마는 일반적으로 이기적으로 작용하는 경향이 있다. 이와는 달리 부정적 자아 쉐마는 자기 비난의 정도가 높다. 우울증 환자가 대표적인 보기이다.

자아 쉐마의 한 측면으로 자기효능(self-efficacy)의 신념을 들 수 있다. 이는 특정영역에 대한 자기평가의 수단으로 자신의 효험성에 대한 신념의 강도에 따라 직면한 어려움을 잘 극복할 수 있다는 자신감의 수준이 달라지고 그것을 극복하는 방법이 달라진다. 또 극복하는 방법에도 크게 영향을 준다(Bandura, 1977).

개인이 가지는 자기효험의 신념특성에 따라 개인이 어려움에 직면하였을 때 그것을 해결하기 위해 얼마나 노력할 수 있고 어떻게 노력할지 그 특성까지도 예언할 수 있다. 자기효험의 기대감이 낮은 부정적 자아 쉐마를 가진 사람은 어려운 일에 직면했을 때 자신의 능력을 의심하게 되고 그것을 효과적으로 해결하겠다는 노력도 포기하는 경향이 있다. 이와는 달리 자기효험의 기대감이 높은 긍정적 자아 쉐마를 가진 사람은 그 어려움에 도전하여 보다 많은 노력을 해서 문제를 성공적으로 해결하려고 한다. 따라서 인지상담을 통해 긍정적 자아 쉐마를 높일 필요가 있다.

1) 자기각성

내담자에게 "화가 나면 어떻게 합니까?" "지금 당신의 오른손이 무엇을 하고 있지요?"라는 단순하고 직접적인 질문을 통해 각성을 촉진한다. 이렇게 되면 내담자는 무심코 던진 말이나 행동을 통해 자신의 진실한 내면세계를 각성하게 된다.

2) 대화게임

이는 내담자의 갈등을 대화로 엮어 보는 것이다. 내담자가 애인이 아닌 다른 이성과 데이트를 할까 말까 망설일 때 한 번은 데이트를 하고자 하는 마음이 되어 얘기해 보고, 또 한 번은 데이트를 해서는 안 된다는 입장이 되어 얘기하게 한다. 이때 전자는 하인, 후자는 상전이다. 하인-상전 간의 대화를 해 보게 한다.

대화는 사람 속에 존재하는 양극성이나 갈등을 높은 수준으로 통합시키기 위한 것이다. 인간의 어떤 특성을 제거하기보다 양극성을 수용하고, 그것을 가지고도 잘 살아가도록 가르치는 것이다. 펄스는 변화를 강요할 수 없지만 양극성의 수용을 통해 통합이 일어날 수 있다고 보았다. 대화놀이를 할 수 있는 갈등으로서 내면의 부모 대 내면의 아동, 책임감 있는 사람 대 충동적인 사람, 청교도적인 측면 대 성적인 측면, 착한 소년 대 나쁜 소년, 능동적 자기 대 수동적 자기, 자율적 측면 대 원망적 측면, 열심히 일하는 사람 대 게으름뱅이 등이 있다. 아래의 빈 의자기법은 양극의 대화를 통해 갈등을 해소시키는 방법에 속한다.

3) 투사연기

　사람은 자신의 감정을 부인하고 다른 사람에게 돌리는 데 많은 에너지를 사용할 수 있다. 특히 집단에서 다른 사람에 대한 진술은 대부분 투사들이다. 투사게임에서 상담자는 "나는 당신을 신뢰할 수 없어요."라고 말하는 사람에게 불신할 만한 사람의 역할을 하도록 한다. 불신이 어느 정도로 내부갈등에서 나왔는지를 발견하도록 하기 위해 상대편이 되어 보게 하는 것이다. 내담자가 자기의 투사에 대해서 의식하지 못하고, 다른 사람들이 그가 잘난 체한다고 비난하면 그로 하여금 가능한 한 잘난 체하는 행동을 직접해 보도록 한다. 투사연기를 통해 개인은 자기 내부에 그러한 점이 있다는 것을 발견하게 된다.

4) 반대 행동하기

　내담자로 하여금 평소에 그가 하는 행동과 정반대되는 행동을 하게 하는 방법이다. 평소에 공격적인 내담자에게 아주 얌전하고 소극적인 행동을 하도록 하고, 심한 자제와 소심으로 고민하는 사람에게 집단에서 자기를 선전해 보도록 한다. 언제나 달콤한 말만 하는 여성에게 나쁜 사람 역할을 해 보도록 한다. 내담자로 하여금 스스로 불안해하는 그것에 뛰어들어 숨겨지고 부인되었던 자신의 부분들과 접촉하게 하는 것이다. 대부분 그 역할을 잘해 내는데 이를 통해 자신 속에 스스로 부정되었던 측면, 곧 나는 그러한 성격을 가지고 있지 않을 것이라는 측면을 강하게 느끼고, 자기 속에 또 다른 면이 있음을 인식하게 된다. 내담자는 점차 양 측면을 자신의 성격으로 통합시켜 나갈 수 있게 된다.

5) 책임지기

내담자로 하여금 어떤 말이든 하게 한 후에 "그것에 대한 책임이 내게 있습니다."라고 말하게 하는 방법이다. 이것의 목적은 내담자의 생각·감정·행동에 대해 다른 누가 아닌 바로 내담자 자신에게 책임이 있음을 인식토록 하는 것이다. 보기를 들어 "나는 지금 지루합니다. 그것에 대한 책임이 내게 있습니다." "나는 외로움을 느낍니다. 그에 대한 책임이 내게 있습니다."라고 말하게 한다. 이것은 인식영역을 확장하기 위한 것으로 내담자가 자신의 감정을 다른 사람에게 투사하지 않고 스스로 인식하고 수용하도록 하는 데 도움을 준다.

6) 신체표현 활용하기

내담자의 자기각성을 촉진하기 위해 그의 신체표현을 관찰하여 그것의 의미를 말하게 하는 방법이다. 상담 중에 내담자가 고개를 계속 숙이고 있으면 그것을 지적해 주고 그것이 무엇을 의미하는지 말하게 한다.

7) 과장하기

내담자가 무심코 또는 습관적으로 보여 주는 행동이나 거동을
반복해서 과장되게 표현하게 하는 방법이다. 이를 통해 내담자는
자기의 행동의 의미를 보다 분명히 알게 된다. 내담자들이 신체언
어의 미세한 신호와 단서들을 더 잘 인식하도록 하는 것도 이 치
료의 목표가 된다. 움직임, 자세, 몸짓은 중요한 의미를 전달하지
만 그 단서들의 의미전달은 불완전할 수도 있다. 내담자로 하여금
행동이나 몸짓을 반복적으로 과장하도록 함으로써 행동의 바탕에
있는 감정을 부각시키고 내적 의미를 더 분명하게 한다.

고통스럽거나 부정적인 것을 표현할 때 습관적으로 미소를 짓거
나 손이나 발을 떤다. 몸이 축 늘어지고 어깨가 구부러진다. 주먹
을 꽉 쥐고, 눈살을 찌푸리며, 얼굴을 찡그린다. 팔짱을 끼기도 한
다. 내담자가 다리를 떠는 경우 상담자는 내담자에게 일어나 더
크게 떨어 보라고 한다. 그리고 떨고 있는 무릎에 무슨 말이든 붙
여 보라고 한다.

언어행동에 대해서도 과장게임을 한다. 내담자에게 미사여구를
반복하되 점점 더 크게 반복하도록 한다. 이럴 경우 내담자는 정
말 자기 자신에게 귀를 기울여 자신의 말을 듣게 되는 효과가 나
타날 경우도 있다.

8) 빈 의자기법

　내담자로 하여금 그가 지니고 있는 감정들을 빈 의자(빈자리)에 투사하게 함으로써 그 감정을 스스로 확실히 체험하고 각성할 수 있도록 하는 것이다. 이것은 내담자로 하여금 내사를 외형화하도록 하는 것으로서 두 개의 의자를 사용한다. 상담자는 내담자에게 한 개의 의자에 앉아 지배자가 되어 보라고 한다. 그 후 다른 의자에 옮겨 가 피지배자가 되어 보라고 한다. 내담자의 두 측면 사이에 대화가 계속된다. 보기를 들어 내담자가 아버지에 대해 불만과 원망을 가지고 있다면 빈 의자에 아버지가 있다고 가정하고 그 감정을 쏟아 보게 한다. 이때 내담자는 평소 가슴속에 넣어 두고 말로 표현할 수 없었던 자기 마음과 감정을 쉽게 표현할 수 있게 된다. 이로써 자기가 미처 알지 못했거나 부정했던 자신의 내면세계와 접하게 된다. 또한 내담자가 빈 의자에 앉아 아버지의 입장이 되어 아버지의 역할을 하도록 함으로써 자기를 객관적으로 바라볼 수 있게 한다. 이것은 내담자로 하여금 갈등상태에 있는 어떤 감정문제를 해결하는 데 도움을 준다.

　이것은 내담자로 하여금 모든 역할을 해 보도록 하는 역할놀이이다. 이렇게 해서 내사가 표면화되고, 갈등을 완전하게 경험할 수 있게 된다. 내담자가 두 측면을 수용하고 통합하면 갈등이 해소된다. 이 기법은 내담자가 부정하고 있을지도 모를 자신의 삼정이나 어떤 면을 접촉하도록 하되 갈등감정을 충분히 경험하도록 함으로써 그 감정이 자신의 일부라는 것을 인식함으로써 내담자가 감정과 따로 놀지 않도록 한다.

9) 뜨거운 자리 기법

뜨거운 자리(hot seat) 기법은 내담자로 하여금 자기를 괴롭히는 어떤 구체적인 문제를 이야기하게 하고, 그 후 상담자는 그것에 대하여 직접적으로 또는 공격적으로 맞닥뜨리기를 하는 것이다. 이 것은 내담자로 하여금 자기각성을 촉진시키기 위한 것으로 빈 의 자기법과 함께 집단상담에서 많이 사용되고 있다.

10) 언어적 접근기법

일상적 언어 가운데 어떤 부분을 바꾸어 사용하게 함으로써 자신을 각성하도록 하는 방법이다. 이 방법으로는 일인칭대명사 바꾸기, 동사 바꾸기, 문장 바꾸기, 기타 등이 있다.

일인칭 바꾸기는 '그것'을 '나'로 바꾼다든지, '우리'를 '나'로 바꾸어 말하게 함으로써 내담자로 하여금 구체적인 책임감을 느끼게 하는 것을 말한다. 동사 바꾸기는 '할 수 없다'를 '하지 않겠다'로 바꾼다든지 수동태를 능동태로 바꾸어 자신의 생각과 의지를 각성케 하는 방법이다. 문장 바꾸기는 '그러나'를 '그리고'로 바꾸고 의 문형 문장을 진술문으로 바꾸어 봄으로써 무의식 속의 자신의 생각을 각성시키는 것을 말한다. 그 밖의 것으로는 '왜' 대신 '어떻게'나 '무엇'으로 묻기, 자신에게 경청하기, 형용사구나 부사구와 같은 수식어 없애기 등을 통해 자신을 각성토록 한다.

11) 한 바퀴 돌기

한 바퀴 돌기는 집단 구성원 중의 한 사람이 다른 모든 사람에
게 차례로 다가가 말을 걸거나 행동을 하도록 하는 것을 말한다.
이것은 다른 사람에게 다가가 과감히 말을 걸거나 새로운 행동을
해 봄으로써 자기를 개방하고, 성장하고 변화하도록 하는 데 목적
이 있다. 돌아가며 "나는 당신을 믿지 못합니다. 왜냐하면 ……"
하는 식으로 말해 보도록 하는 것도 한 방법이다. "나는 당신과
사귀고 싶은데 거부당할까 두렵습니다." "나는 편한 마음으로 남과
친하고 싶습니다."라고 말하기도 한다. 적절하다고 생각되면 집단
구성원들에게 그 말을 실천으로 행동해 보도록 한다.

12) 시연연습

사람은 역할을 잘 수행하지 못할까 봐 두려워하면 역할을 실행
할 때 공포와 불안을 경험하게 된다. 내적 시연은 에너지를 상당
히 소모하므로 새로운 행동을 해 볼 의지나 자발성을 억제한다.

시연연습은 사회가 우리에게 기대하는 역할을 시연해 보는 것을
말한다. 치료집단의 구성원에게 사회적 역할을 고양시키는 방법들
을 인식시키기 위해 서로 시연해 보도록 한다. 자신이 사람들로부
터 승인받고, 수용되고, 좋아지기를 원하는 정도는 어떠하고, 수용
을 얻기 위해 그들이 할 수 있는 것과 할 수 없는 것을 인식해 나
간다. 시연을 통해 다른 사람을 기쁘게 하기 위해 얼마나 힘이 드

느지도 알게 된다.

13) 감정의 지속

대부분의 내담자들은 두려운 자극에서 벗어나고 불쾌한 감정을
피하고자 한다. 내담자가 불쾌한 감정이나 기분에 대해 이야기하고
그것에서 도망쳐 나오고 싶은 욕구를 느끼는 바로 그 순간 내담자
로 하여금 그 감정을 지속하거나 갖도록 한다. 내담자가 현재 경
험하고 있는 공포나 고통스런 감정을 지속시키고, 회피하고자 하는
감정이나 행동에 더 깊이 들어가도록 하는 것이다. 감정에 직면하
고 경험하기 위해서는 용기도 있어야 하지만 성장을 위해 고통도
견딜 수 있어야 한다.

14) 꿈의 재현

정신분석에서는 꿈을 해석하고 그것으로부터 무의식적 의미를
탐색하지만 게슈탈트 치료에서는 꿈을 해석하거나 분석하지는 않
는다. 하지만 꿈의 내용을 현재로 되가져 와 지금 여기서 일어나
고 있는 것처럼 다시 살아 본다. 꿈을 과거의 사건으로 취급하는
것이 아니라 현재에서 실제 행동으로 옮겨지고 꿈꾼 사람은 그 꿈
의 일부가 된다. 꿈의 세부목록이 작성되고, 꿈속의 모든 사람이나
사건이나 분위기를 기억해 내며, 자신을 꿈속의 각 부분으로 변형
시켜 대화와 행동의 각본으로 삼는다. 꿈의 대부분은 모순되고 불

일치한 면이 많다. 그러나 내담자가 반대되는 측면들과 대화하게 되면 내적인 차이를 인정하고 이를 수용하게 되며 반대되는 힘들을 통합하게 된다. 프로이트는 꿈을 무의식으로의 왕도라 했지만 펄스는 꿈을 통합으로의 왕도라 불렀다.

펄스는 꿈을 실존의 자연발생적 표현으로 간주한다. 그것은 미결감정을 나타내기도 하지만 풀지 못해 맺힌 상태나 소망을 충족시키지 못한 상태 이상의 의미가 있다. 모든 꿈에는 실존적인 메시지와 현재의 투쟁이 포함되어 있다. 꿈은 내담자가 가지고 있지 않는 것으로 간주하던 각 부분을 노출시킴으로써 지금까지 무시되었던, 또는 직면하기를 거부했던 점들을 발견하게 한다. 꿈의 재현을 통해 통합하는 방법을 알게 되고 생활스타일을 향상시키게 된다. 꿈을 연기해 모든 사람들이 참여하여 경험적으로 학습할 수도 있다(Zinker, 1971).

15) 기타 게슈탈트 연습

손뼉 마주 대기 연습이다. 서로 마주 보고 앉는다. 무릎이 닿을 정도로 가까이. 눈을 감는다. 상대의 두 손바닥이 마주 닿도록 한다. 손바닥을 움직여 볼 수도 있다. 마주 친 손바닥이 떨어지지 않도록 한다. 상담자가 '그만' 할 때까지 5~7분간 계속한다. 그리고 난 다음 서로의 느낌을 교환해 본다.

과거 자신의 모습을 상상해 보기이다. 명상의 자세로 눈을 감고 앉는다. 어머니의 자궁 속 2개월 자신의 모습과 주변의 상황, 그 다음 5개월의 자신의 모습, 태어난 순간의 자신의 모습과 주변의 모습을 차례로 상상해 본다. 1살, 3살, 5살, 7살의 모습과 주변의 상황을 상상해 본다. 명상을 푼 다음 명상 때 생각났던 것을 서로 나누어 본다.

소리의 의미를 찾아내기이다. 명상의 자세로 눈을 감고 앉는다. 주변의 소리를 몇 분간 들어 본다. 그 소리를 듣고 어떤 생각이 나는지 서로 의견을 나눠 본다.

게슈탈트 치료는 지금 여기에 대한 인식을 강조하는 경험적 치료이다. 현재 효과적으로 기능하는 것을 막는 회피, 미결감정 등을 경험케 함으로써 맺힌 일을 파악하고, 성장을 방해하는 장벽을 제거한다. 과거 상황을 마치 현재에 일어나고 있는 것처럼 재경험함으로써 개인 안에 양면적으로 존재하는 갈등의 감정들을 통합시킨다. 내담자들은 그들의 사고를 명료화하고, 신념을 탐색하고, 자기발견을 한다. 게슈탈트 치료가 효과적이기 위해서는 상담자의 수준도 높아야 한다.

도움말

왜보다는 무엇을 어떻게

형태치료자는 내담자를 현재 이 순간 이곳에서 살도록 돕기 위해 '왜'라는 질문은 하지 않고, '무엇을', '어떻게'라는 질문을 많이 한다. 지금에 대한 인식을 높이기 위해 "지금 무엇이 일어나고 있습니까?" "지금 무엇이 진행되고 있습니까?" "지금 이 순간 무엇을 인식하고 있습니까?" "공포를 느끼고 있습니까?" "이 순간을 벗어나기 위해 지금 무엇을 하고 있습니까?" 펄스는 '왜'라는 질문을 하게 되면 사람들이 자신을 합리화하고, 자기기만을 하고, 경험의 즉시성으로부터 멀어진다고 한다. '왜'라는 질문은 과거에 대해 끝없이 그리고 끈질기게 생각하게 만들므로 현재를 경험하지 못하게 만든다(Perls, 1969).

미결감정

한 번도 어머니에게서 사랑이나 수용의 감정을 느끼지 못한 사람은 자기는 언제나 적합하지 않거나 버림을 받았다고 느끼기 때문에 어머니에 대해 원한을 갖게 된다. 어머니의 승인을 받고자 하는 욕구는 자신이 가치 있는 남성이라는 사실을 확인하기 위해 여성들을 찾는 것으로 나타난다. 여성들이 자신을 인정하도록 하는 여러 게임을 하면서도 만족하지 못한다. 미결감정은 여성과의 진정한 친밀감을 막는다. 그 욕구는 성인의 욕구라기보다 어린이의 욕구이기 때문이다. 따라서 미결감정을 풀어야 진정한 만족을 경험할 수 있게 된다. 이 사람은 옛날로 돌아가 표현하지 못했던 감정들을 현재로 가져와 표현하고, 옛 장벽을 무너뜨려야 한다.

반대 행동하기

상담자가 언제나 착한 행동을 하는 여성에게 사악한 악마역할을 해 보라고 했다. 집단 구성원의 모든 사람들 앞에 가서 그들을 저주하고, 악담을 하고, 그들이 가장 두려워하는 말을 해 보도록 했다. 그 결과 여인의 말 중에는 정말 오싹할 만한 악담도 들어 있었다. 여인은 평소 자신 속에 그 같은 악마의 측면이 있다는 것을 인식하지 못했을 뿐 아니라 스스로 악마를 억압해 온 사람이었다. 억압의 결과 적개심과 원한을 축적해 왔다. 그러나 그가 그동안 표현하지 못했던 악마적 측면을 나타냈을 때 그 결과는 극적이었다. 그 여인은 자신이 그토록 부정했던 측면을 강렬하게 느꼈을 뿐 아니라 점차 그 측면을 자신의 성격으로 통합시켜 보다 표현을 잘하고 솔직해졌다.

1. 실존주의적 상담과 치료

　소크라테스는 저자거리에서 청년들의 고민과 아픔을 철학적인 대화로 치유했다. 최근 이에 버금가는 철학정신치료자(philosopher practitioners)들이 늘어 가고 있다. 1980년대 독일에서 탄생한 이것이 미국에서 큰 관심을 불러일으키면서 미국철학정신치료협회가 조직되고 회원만 수백 명에 이른다. 불안과 스트레스에 찌든 현대인들의 정신건강을 고치겠다며 나선 것이다.

　이에 거부반응을 일으키는 쪽은 정신의학자들이다. 철학자들은 무의식 영역에 대해 무지하고, 상담과 치료를 구분하지 못하는 철학자들로 인해 오히려 정신건강이 위협받고 있다고 말한다. 그러나 철학자들의 주장은 다르다. 정신질환은 정신의학자들이 맡아서 치료해야 하지만 흔히 말하는 현대인들의 스트레스니 불안은 철학자들이 훨씬 효과적으로 치유할 수 있다고 주장한다. 스트레스나 불안은 궁극적으로 삶의 의미상실에서 오는 것이지 질병은 아니라는 것이다. 현재 미국에서는 철학정신치료를 의료보험에 포함시킬 것인지를 놓고 철학정신치료자들과 정신의학자 사이에 논란이 한창이다. 그러나 상담 심리적으로 볼 때 철학적 정신치료는 이미 존재해 왔다. 실존주의적 상담과 치료가 바로 그것이다.

실존주의적 상담 및 치료는 인간은 행동할 수 있는 능력, 곧 책임능력이 있으므로 자유로부터 도피할 수 없다는 전제에서 출발한다. 인간은 자기를 반성하고 결정할 수 있는 특별한 자기인식 능력을 가지고 있다. 이 능력 때문에 각자는 살아가는 방법을 스스로 선택할 수 있는 자유를 가지게 되고, 그 선택에 대한 책임을 지게 된다. 그러나 자유는 불안을 초래한다. 따라서 우리 안에는 자유로 가는 길을 막는 요소가 많다. 실존치료는 내담자로 하여금 현재 자유를 막고 있는 강박적 요소들을 인식케 함으로써 진실된 존재의 삶의 방식을 회복하도록 하는 데 관심을 가지고 있다. 상담자는 내담자 자신의 선택권을 인식하도록 도와주고 개인적 자유에 따르는 책임을 수용히도록 한다. 내담자는 자신의 힘을 발견하고 실존적 존재로 살 수 있는 방식을 추구하게 된다.

실존치료는 병을 치유하거나 문제해결을 위한 기법에 중점을 두기보다는 문제에 대한 내담자의 인식을 통해 잠재된 생명력을 키움으로써 더 이상 고착된 행동의 희생자가 되지 않도록 하는 데 초점을 맞추고 있다. 먼저 내담자로 하여금 닫힌 문을 열어 심리적으로 자신을 속박해 왔던 결정주의라는 족쇄를 풀게 한다. 나아가 자신의 과거의 모습과 현재의 모습을 인식하게 됨에 따라 자신이 원하는 미래를 결정하게 된다. 그리고 상담과정을 통해 내담자는 자신의 희망을 이루는 방법을 탐색하게 된다.

이 상담은 철학·심리학·신학·정신의학 등 다양한 학문적 배경을 통해 발전되었다. 이것은 실존철학은 물론 제3세력에 해당하는 인간주의적 심리학 및 신프로이트학파의 정신분석학을 포함하고 있어 상당히 넓은 이론을 통합하고 있다. 실존치료는 고립, 소외, 무의미 등과 같은 현대 생활의 문제에 빠져 있는 사람들에 대한 관심에서 생겨났다. 이것은 또한 치료 및 상담규칙을 만들려고 노력하기보다 인간의 깊은 경험을 이해하는 데 초점을 맞추고 있다(May & Yalom, 1989). 실존주의적 상담은 실존철학, 인간주의적 정신분석, 인간주의 심리학 등 여러 배경을 가지고 있다.

2. 철학적 배경

실존주의적 상담은 무엇보다 실존주의 문학과 철학에 영향을 받았다. 도스토예프스키(F. Dostoyevski), 키르케고르(S. Kierkegaard), 니체(F. Nietzsche), 하이데거(M. Heidegger), 사르트르(J. P. Sartre), 부버(M. Buber) 등이 그 보기이다.

러시아 소설가 도스토예프스키는 『지옥에서 온 편지』에서 사람들이 자신에게 최대의 행복을 가져다줄 것으로 믿고 행동한다는 생각을 비판했다. 인간은 단순히 즐거움을 추구하기 위해 기분이나 충동에 따라 행동하는 것이 아니라 그보다 훨씬 더 고귀한 의식을 가지고 있다. 인간은 때로 자신의 최대의 이익에 반하여 행동하기도 한다. 인간의 의식은 고통이 될 수도 있고 우리를 우유부단하게 만들기도 하지만 우리 행동에 자유를 준다.

덴마크 철학자 키르케고르는 불안한 마음(Angst)에 관심을 가지고 있었다. 이 마음이 없다면 인간은 몽유병환자처럼 삶을 살아가게 될 것이다. 사춘기에 있는 사람들은 아주 심한 괴로움 때문에 실제적 삶 속으로 깨어난다. 그는 유럽이 칸트와 헤겔의 영향을 받아 인간성의 본질과 우주 속에서의 인간의 위치를 객관적으로 기술하려는 철학의 흐름에 깊은 회의를 느끼고 이에 반기를 들었다. 그는 이들 철학이 인간의 불안을 덜어 주는 데 도움을 주지 못한다고 보았다. 그는 인간 개체와 인간 정서의 중요성을 강조하면서 개별존재로서의 실존 개념을 제시했다. 하이데거는 야스퍼스와 함께 그 뒤를 이었다. 하이데거는 실존을 현존재가 일상인으로 전락하여 가치존재의 근거를 상실한 상태에서 본래적 존재방식을 열심히 취하는 것으로 보았다. 실존은 현존재의 본래적인 존재방식을 의미한다. 실존주의는 자신의 존재를 각성한 실존 그 자체로서 개인의 주관적인 경험, 선택의 자유, 책임 등을 강조한다.

인간이 합리적이라는 고대의 정의가 전체적으로 잘못된 것임을 입증하고자 한 니체는 인간을 의지의 산물로 간주했다. 그러나 정치, 도덕, 종교가 그 의지를 허약하게 만든다. 사람이 군중도덕에 기계적으로 따르기만 한다면 우리 모두가 범인이 되고 만다. 의지를 옭아매는 권력으로부터 자유로울 수만 있다면 인간은 창조성과 독창성을 발휘할 수 있다. 그는 이것을 초인의 길로 보았다. 그는 또한 죽음이나 자살 관념이 오히려 많은 삶을 구한다고 말한다.

하이데거는 현상학을 통해 우리가 자신을 던져진 존재가 아니라 그 세계 속에 존재하는 실존임을 강조한다. 우리의 정서나 감정은 우리가 참된 삶을 살아가고 있는지 아니면 다른 사람의 기대 때문에 우리의 삶을 가짜로 구성하고 있는지 이해하게 만든다. 모호한 감정에서 나온 지혜를 명백한 인식에서 나온 지혜로 바꿔야 우리의 존재방식을 더 잘 해결할 수 있다.

사르트르는 자신의 프랑스 저항운동 경험을 통해 인간은 생각보다 더 자유롭다는 것을 확신했다. 그는 "나는 태어나지 말아야 했는데 태어났기 때문에 이렇다." "과거의 환경 때문에 지금 나는 변할 수 없다."는 변명을 나쁜 신념으로 보았다. 내가 어떤 사람이었든지 관계없이 나는 내 의지대로 선택할 수 있고, 전혀 다른 사람이 될 수 있다. 선택은 노력을 의미하며, 자유는 책임을 의미한다.

이스라엘 사상가 부버는 더불어 사는 삶을 강조했다. 혼자가 아니고 항상 다른 사람과 같이 있다. 다른 사람을 단순한 대상으로 평가 절하시키면 실수를 저지른다. 관계가 완전히 상부상조의 관계가 될 때 진정한 대화가 이뤄질 수 있다.

얄롬은 이 사람들로부터 다음과 같은 주제들을 끌어들여 실존치료의 바탕으로 삼았다.

실존철학자와 실존치료의 주요개념

철학자	실존치료의 주요개념
도스토예프스키	창조성, 무의미, 죽음
킬케골	창조적 불안, 실망, 공포와 두려움, 죄책감, 무
니체	죽음, 자살, 의지
하이데거	참된 존재, 양육, 죽음, 진지한 관심, 죄책감, 개인적 책임, 고립
사르트르	무의미, 책임, 선택
부버	대인관계, 치료에서의 나와 너의 관계, 자기초월

3. 심리학적 배경

　실존주의적 상담은 유럽의 인간주의적 정신분석과 연관을 가지고 있다. 이 정신분석가들은 환원론·결정론·유물론적 입장을 띤 프로이트의 정신분석에 반대하고 환자에 대한 현상학적 이해를 강조했다. 상담자가 내담자의 경험적 세계로 들어가 왜곡된 선입견 없이 그 세계의 현상을 보아야 한다는 것이다. 이것은 실존철학을 임상적 연구에 적응하려는 시도에서 발생한 것으로 프란클(V. Frankl), 메이(R. May), 랭크, 호니, 프롬, 로저스, 빈스방거(L. Binswanger), 보스(M. Boss), 얄롬 등을 들 수 있다.

　프란클은 원래 프로이트의 제자였다. 그러나 여러 실존철학자들의 저서와 자신의 아우슈비츠 경험에서 얻은 확신에 따라 실존철학과 실존치료를 발전시켰다. 그는 가치추구 개념에 바탕을 두이 의미를 통한 치료라는 뜻의 의미치료(logotherapy)를 개발했다. 그는 인간에 있어서 의미에의 의지(will to meaning)를 강조하고 이것을 상담에서 중요한 개념으로 발전시켰다.

　현대인은 생존수단을 가지고 있지만 삶의 의미는 가지고 있지 못하다. 따라서 이 시대의 사회적 질병은 무의미, 곧 실존적 공허이다. 의미 없이 살아가는 사람들에게 의미를 찾아주는 것이 실존치료자가 할 일이다. 그에 따르면 삶의 의미가 없는 것은 일종의 신경증이라 할 수 있다. 이 상태에서는 무의미·무익함·무목적·공허감 등을 갖는다. 이러한 상태를 벗어나기 위해서는 삶의 의미를 찾아야 한다. 이러한 삶의 의미는 어떤 창작품을 발표함으로써,

경험을 통하여 생활에 필요한 것을 얻음으로써, 고통과 불안에 대해 건설적이고 긍정적인 태도를 취함으로써 찾아질 수 있다. 따라서 이 기법의 목적은 개인으로 하여금 고통, 일, 사랑을 통해서 의미와 목적을 찾도록 하는 데 있음을 알 수 있다(Frankl, 1965).

메이는 유럽의 실존주의를 미국의 심리치료로 전환하는 데 크게 기여한 인물이다. 그는 여러 실존철학자들의 실존적 관심에 주목하고, 특히 하이데거야말로 실존적 정신치료자로 하여금 인간을 이해함에 있어서 큰 기여를 했다고 말하고 그를 실존치료의 시조로 내세우는 데 주저하지 않았다. 유니온신학교에서 신학도 전공한 그는 신학자 틸리히와도 깊은 교제를 나눴다. 메이는 현대인의 특징인 실존적 고독과 불안의 의미를 다뤄 실존주의자와 정신분석가로서 인정을 받았고, 여러 저서를 통해 인간의 잠재력, 사랑과 의지, 힘을 인식하고 다루는 것, 자유와 책임을 수용하는 것, 자신의 정체감을 발견하는 것을 강조했다. 그는 심리치료가 삶의 의미를 발견하도록 사람을 돕는 데 목적을 두어야 하고, 문제해결보다는 존재의 문제에 관심을 두어야 한다고 주장했다. 상담자는 내담자가 혼자의 힘으로 세상을 살아갈 수 있고, 사회의 향상에 기여하며, 삶을 가치가 있는 것으로 만드는 것 등 보다 고귀한 욕구에 초점을 맞춰야 한다. 사회 속의 개인이 이렇듯 높은 가치 속에 둘러싸여 있을 경우 상담자는 할 일이 없을 수 있다(May, 1983).

빈스방거는 초기에 정신분석이론이 정신병환자에게 광명을 제시할 것으로 믿었다. 그러나 그는 실존적 관점으로 전환했다. 그는 내담자의 경험이나 행동을 치료자의 시각, 곧 객관적 입장에서 보지 말고 내담자 자신의 사적 세계를 보아야 한다고 주장했다. 이를 위해서는 내담자의 세계관이나 현재의 경험을 있는 그대로 보아야 한다. 그는 또 치료에서 가장 중요한 시기를 내담자들이 중요한 선택을 해야 하는 시점으로 간주했다(Binswanger, 1975).

보스도 정신분석의 영향을 받았지만 하이데거의 영향을 받아 그의 철학적 사고를 치료에 적용했다. 그는 하이데거의 사고와 프로이트의 방법을 통합하고자 했다(Boss, 1963).

실존주의 상담은 인간주의 심리학에 토대를 두고 있다. 1930년대와 40년대에 걸쳐 이상심리학과 사회심리학에서 새로운 성격이론이 개발되면서 선택·가치·사랑·창의적 자각·잠재력 등의 개념이 등장했고, 50년대에 정신분석과 행동주의 심리학을 거부하는 제3세력, 곧 인간주의 심리학이 등장하게 되었다. 이것은 60년대 미국의 인간잠재력 운동과 결부되어 발전했다. 미국의 인간주의 심리학은 낙천주의·실용주의·발전 잠재력·성장주의 등 시대정신에 맞추어 인간의 긍정성과 성장 가능성에 초점을 두었다는 점에서 인간의 한계와 실존의 비극적인 면 그리고 불확실성의 불안 등을 주로 다루는 유럽 실존주의와 차이가 있다.

미국 인간주의 심리학은 인간의 전체성·감정·독특성을 존중하는 심리학을 옹호했던 제임스나 홀 등에 의해 시작되었지만 이를 본격적으로 발전시킨 학자는 올포트, 매슬로, 로저스 등 성격이론가들이다. 인간주의 심리학은 신프로이트학파, 게슈탈트 심리학, 유기체 심리학 등 여러 심리학을 망라하고 있으며 인간의 존재와 성장, 각자의 독특한 특성에 관심을 둔다.

4. 실존주의 상담의 인간관

실존 상담 및 치료는 기법보다는 무엇이 인간을 인간답게 만드
는가에 관심을 가지고 있다. 실존상담은 인간을 존중하고, 인간행
위의 새로운 측면을 탐색하며, 인간본성에 대한 실존적 가정을 기
초로 하여 다양하게 상담 및 치료에 임한다. 이를 통해 소외, 무의
미와 같은 어두운 질곡에서 벗어나 삶의 의미와 목적을 발견하고
자신의 정체감을 유지케 한다. 실존치료는 불안에 직면한 인간으로
하여금 자신의 존재를 발견하고 자신의 계획에 따라 스스로를 재
창조하도록 만드는 데 관심이 있다. 이 접근에 따르면 인간은 지
속적으로 변화하고 밝혀지고 진화하는 과정에 있다.

실존주의 상담은 다양한 배경을 가지고 있지만 다음과 같이 공
통된 인간관을 가지고 있다.

- 모든 사람은 자기의 행위에 대해 책임을 가지고 있다.
- 사람은 물리적인 세계를 거의 변화시킬 수 없다. 그러나 그
  것을 예측하고 실제에 직면함으로써 자기의 삶을 더 행복하
  게 할 수 있다.
- 사람은 누구나 다른 사람들을 돕고 그의 감정을 이해하도록
  노력해야 한다. 인간은 아무도 돌보아지지 않는 세계에 혼자
  버려져 있기 때문이다.
- 인간은 자기의 본성을 창조한다. 그것은 개인의 선택이다.
- 인간은 다른 사람들이 자기에게 행동해 주기를 바라는 대로
  그들에게 행동한다.
- 인간에게 미치는 효과의 기준에 비추어 모든 결정이 내려져

야 한다. 인간은 존엄성을 가진 존재로 취급받아야 한다.

- 인간에게는 물리적 법칙이 적용되는 결정론이 적용되는 대신에 선택이 주어진다.

- 인간은 세계 내에 존재하며, 인간의 과제는 이것이 의미하는 바를 이해하는 것이다. 동물은 환경을 갖지만 인간은 세계를 갖는다. 인간세계는 한 사람이 그 안에 존재하며, 그것의 설계에 참여하는 의미 있는 관계구조이다. 상담자는 내담자의 세계 내 존재(being-in-the-world), 곧 그가 존재하고 참여하는 현상학적 세계를 이해할 필요가 있다. 세계는 일반적으로 주변 환경이라 불리는 Umwelt, 남과의 공동체적인 Mitwelt, 그리고 자기의 고유세계인 Eigenwelt를 가지고 있다.

- 인간은 세계와의 관계, 특히 다른 사람들과의 관계를 통해서 자신을 안다.

- 불안은 관계의 결여로 인해 생겨나거나 선택하지 못함으로써 생겨날 수 있다.

- 인간은 자기가 세계를 건설하는 일에 책임을 져야 한다. 인간은 세계가 자신에게 상호 작용하는 것으로만 세계를 알지 모르나 세계가 무엇을 의미하는지 그리고 그 세계에 체계를 세울 사람이 누구인지 결정하는 사람은 바로 자신이다.

- 어느 누구도 모든 문제를 혼자서 해결할 수 없기 때문에 인간에게는 상담이 필요하다.

- 상담자의 과제는 내담자의 세계를 가능한 한 충분히 이해하고, 궁극적으로는 그로 하여금 결정에 책임을 지도록 격려하는 것이다.

5. 상담과정

　실존주의 상담 목표는 내담자로 하여금 자기의 인생에서의 의미를 발견하고 발전하도록 돕는 데 있다. 이런 목표를 달성하기 위해 자유와 선택, 그리고 실존경험이 중요하다.

　실존적 상담에서는 개인의 자유를 강조한다. 이 자유는 책임과 상호관계를 맺고 있다. 상담자는 내담자에게 자기각성을 확대하도록 하고 선택할 수 있도록 돕는다. 그러므로 내담자는 자유인으로서 옳고 그름을 선택할 수 있는 조건이 자기에게 주어져 있으며, 인생의 방향에 대해 자기가 책임을 질 수 있도록 도움을 받는다. 많은 사람들은 지기의 실존에 대해 책임을 져야 한다는 사실에 두려움을 느낀다.

　내담자로 하여금 자기의 실존을 사실대로 경험하도록 한다. 내담자가 자기실존을 충분히 인식하는 것은 자기 자신의 잠재력을 인식하는 것과 그 잠재력을 근거로 행동할 수 있게 되는 것을 포함한다. 이 과정에서 상담자는 내담자를 한 인간으로서, 그 내담자의 세계 속에 있는 존재로서 이해할 책임이 있다. 상담관계는 정직과 진실성에 바탕을 둔 참만남의 관계로 이뤄진다. 이런 과정을 통해 내담자는 자신의 잠재력을 실현하며 자기성장을 이룰 수 있다.

　상담의 시작은 내담자 지신이 자외로 자기문제에 책임을 느껴 상담을 청해 오는 것이 바람직하다. 타의에 의해 상담이 시작되었다 해도 초기면접에서 내담자 스스로 상담을 원하는 상황으로 만들어야 한다. 내담자 자신의 행동변화와 향상을 위해 자율적이고 독립적인 의지를 가지고 상담에 임할 때 상담이 바로 이뤄진다. 상담자는 내담자에게 서로의 역할을 올바로 이야기해 주고 내담자 스스로가 자신의 문제해결을 위해 도움을 받아 가며 스스로 노력하는 과정임을 이야기해 준다.

상담은 내담자가 제기한 문제로부터 시작한다. 내담자로 하여금 자유롭게 자신의 감정을 표현하도록 하며, 이 과정에서 내담자의 말을 비판하거나 제지하거나 설득 및 훈계하려 해서는 안 된다. 내담자의 말과 행동을 그대로 수용해 주며 경청한다. 내담자의 문제는 대체로 적개심, 불안 등 정서적 요인이 주류를 이룬다. 상담자는 이러한 억압된 부정적 감성의 내용을 시인하고 그 감정이 자유롭게 표출될 수 있도록 한다. 내담자 자신이 표현하지 않은 감정을 상담자가 미리 표현해 주거나 그의 감정표현을 억압할 경우 상담자에 대한 반발이 생겨 상담이 지연되거나 중단될 수 있다.

상담과정을 통해 억압된 개인의 감정, 곧 적개심·갈등·욕구불만이 표출되면 카타르시스가 이루어진다. 내담자가 갖는 부정적인 감정이 해소되면서 긍정적인 감정도 공감적으로 수용된다. 내담자 스스로 자기의 모습을 이해하고 통찰이 이뤄진다. 자신을 긍정적으로 보고, 문제해결 방안을 검토하면서 자기의 행동방향을 모색하게 된다.

상담과정에서 상담자의 비판이나 평가 또는 의례적 칭찬이나 도덕적 가치와 의견이 개입되어서는 안 된다. 내담자 자신의 문제에 통찰이 이뤄질 때 비로소 조언이 가능하다. 도움이 필요 없게 되면 서로 합의하여 상담을 종결한다.

실존상담의 마지막 국면은 내담자가 자신에 관해 배운 것을 행동으로 실천할 수 있도록 돕는 데 초점을 둔다. 치료의 목표는 내담자가 검토하고 내면화한 가치들을 확실하게 적용하는 방법을 발견할 수 있도록 하는 것이다.

6. 상담기법

실존주의적 상남은 비지시적 상담, 정신분석적 상담, 게슈탈트적 상담, 의사거래적 상담 등을 융통성 있게 활용하고 있다. 이외에도 지시적인 방법, 맞닥뜨리기, 역설적 의도 등의 방법을 사용한다. 역설적 의도(paradoxical intention)는 프랑클의 의미치료에서 주로 사용되는 것으로 이는 내담자가 갖는 예기적 불안을 제거함으로써 강박증이나 공포증과 같은 신경증적 행동들을 치료한다. 실존상담에서는 다음의 내용이 강조되고 있다.

1) 자기인식의 능력

실존상담 및 치료는 인간의 자기인식 능력을 인정하고 이것을 확대시키고자 한다. '나는 지금 살아 있고 나의 생을 책임질 수 있다.'는 자기존재(I – am)의 인식이다. 인간은 '나는 살아 있고 경험하는 존재이다. 나는 내 자신의 존재를 선택한다.'는 것을 깨달을 때까지 환경과 타인에 의해 희생된다. 자기인식을 확장시키는 것은 충만하게 살 수 있는 능력을 증가시키는 것이다. 따라서 자기인식

능력이 커 갈수록 자유에 대한 가능성도 커 간다.

인간의 자기인식은 여러 면에서 나타난다. 그 첫째가 인간의 유한성에 대한 인식이다. 인간은 유한하기 때문에 살면서 모든 것을 다 이룰 무제한적인 시간을 가지고 있지 않다. 둘째, 선택에 대한 인식이다. 인간은 행할 가능성과 행하지 않을 가능성 모두를 가지고 있다. 행하지 않는 것도 하나의 선택이다. 인간은 선택을 통해 자신의 운명을 창조한다. 셋째, 의미에 대한 인식이다. 의미는 자동적으로 우리에게 부여되는 것이 아니라 고유한 목적에 따라 추구된 창조의 산물이다. 넷째, 실존적 불안에 대한 인식이다. 자유와 선택에 따른 실존적 불안은 삶의 한 부분이다.

자기인식 과정에서 내담자는 자기존재에 대한 승인을 스스로부터 구하지 않고 다른 사람들에게서 구함으로써 자신의 정체감이 다른 사람의 정의에 따라 결정되었다는 것, 과거의 경험이나 결정들로 인해 자신이 여러 방식으로 감옥에 묶어 있나는 것, 너무나 많은 것을 한꺼번에 이루려고 하기 때문에 현재를 잘 살지 못하고 있다는 것, 자신의 한계를 수용하면서도 가치를 느낄 수 있다는 것 등을 인식하게 된다.

2) 자유와 책임

실존주의의 특징은 사람이 여러 대안 가운데 하나를 선택할 자유가 있다는 점이다. 따라서 자신의 운명은 그 선택에 따라 자기가 만들어 간다. 설령 자신의 선택과는 무관하게 이 세상에 던져

졌다 하더라도 우리가 살아가는 방식과 됨의 모든 결과는 선택에 따른 것임을 부인할 수 없다. 그러므로 각자는 자신의 삶을 이끌어 가야 할 자유와 책임이 함께 주어져 있다. '나는 알코올중독 가정에서 자랐기 때문에 어쩔 수 없다'며 자신을 변명하고 싶어 해도 누구나 자신의 미래를 선택할 자유는 주어지며 그 선택에 대한 책임은 자신에게 있다. 사르트르의 말처럼 현재의 우리는 우리가 선택한 결과이다.

실존주의자들은 인간의 자유와 인간의 됨을 같은 의미로 본다. 각자는 자신의 운명, 환경, 그리고 문제들을 창조한다. 따라서 이에 대한 책임을 인정하는 것이 변화의 기본이다. 내담자가 자신의 자유와 책임을 인정하지 않고 자신의 문제에 대해 계속 다른 사람을 비난하며 책임을 인정하지 않을 경우 치료는 어려워진다. 프란클은 동부 해안에 있는 자유의 여신상이 서부 해안에 있는 책임의 상에 보태어져야 완전해진다고 말함으로써 자유와 책임을 연결시켰다. 인간은 환경으로부터 영향을 받기 때문에 우리의 자유에도 한계가 있지만 종국적으로 이러한 환경조차 우리의 영향을 받기 때문에 결국 인간이 그 책임을 피할 수는 없다.

상담자는 내담자 자신이 자유를 회피했던 방식을 밝히고 자유를 사용하는 모험을 감행하도록 독려한다. 자신의 상황을 만들어 내는 자유와 책임능력을 인식하고 수용하지 않으면 개인적인 변화가 일어나지 않기 때문이다. 내담자들이 삶의 대부분을 선택을 회피하기 위해 노력해 왔다 할지라도 자신에게 선택권이 있다는 사실을 분명하게 받아들이도록 가르칠 필요가 있다. 상담자는 내담자들이 스스로 선택하지 못하고 다른 사람들이 그를 위해 결정하도록 했다는 사실을 인식시키고 자율로 나아가도록 용기를 북돋우며 현재의 제한된 실존보다 더 충만한 다른 존재방식을 탐색하도록 해야 한다.

3) 정체감과 의미 있는 대인관계

사람은 각자 자기의 독특성을 내세우면서도 때로는 자기 자신을 벗어나 다른 사람 또는 자연과 연관을 맺고 싶어 한다. 각자는 다른 사람과의 연관을 통해 자기의 정체감을 찾거나 창조하고 싶어 한다. 고독, 허무감, 소외 등은 다른 사람과의 관계가 잘 형성되지 못할 때 생긴다. 자기 자신을 신뢰하지 않게 되면 다른 사람이 자기를 어떻게 생각하고 어떤 기대를 가지고 있느냐에 관심을 갖게 되고 그에 따라 자신의 삶의 방향, 가치, 신념을 정한다. 다른 사람이 자기존재의 근원이 되고 자신에 대해서는 낯선 사람이 된다 문제는 여기에 있다.

실존주의자들은 우리 존재 내부에 있는 깊은 중심을 회복하고 내부로부터 살아가는 방법을 배우도록 한다. 내담자는 자신에게 중심이 없고 자기는 없어진 지 오래며 단지 다른 사람들의 기대에 일방적으로 따라만 가는 반응자라는 사실이 탄로 날까 봐 두려워 한다. "나는 빈 껍질이며 내 안에 아무것도 없다는 사실을 남들이 알까 봐 겁이 난다."고 말한다. 자기가 없다면 자기를 창조할 수 없다는 두려움에 휩싸이게 된다. 따라서 상담자는 내담자로 하여금 그러한 불안과 공포로부터 벗어나 존재에의 용기를 가지며 그동안 얼마나 자신을 외면하고 살았는가를 인정하고 자기의 중심으로 돌아오도록 만든다.

각자의 중심을 회복하기 위해 실존주의자들은 단독경험, 곧 실존적 고립을 강조한다. 철저한 고립감을 통해 우리는 어떤 사람에게도 의존할 수 없다는 사실을 인식하게 된다. 그리고 삶에 의미를 부여하고 앞으로 어떻게 살아야 하는가를 스스로 결정하게 된다. 다른 사람과의 견고한 관계를 가지기 전에 우리는 자신의 내면과 스스로에 관해 들을 수 있어야 하고, 다른 사람 곁에 서기 전에 단독으로 설 수 있어야 한다. 홀로 설 수 있고, 자신의 힘에 대해 스스로 확신할 수 있을 때 다른 사람과 올바른 관계를 형성할 수 있다. 인간이 실존적으로 단독이면서 서로 관계를 가진다는 것은 삶의 역설이다. 그러나 우리는 이 역설을 용납해야 한다.

존재에의 용기, 단독경험에 이어 강조되는 것이 관계의 경험이다. 인간은 다른 사람의 세계에서 의미 있기를 원하며 아울러 다른 사람의 존재가 우리 세계에서 중요하게 느끼기를 원한다. 그러나 이 관계는 자신에 대한 충만한 확신에 바탕을 둘 때 건전하게 형성된다. 확신이 결핍되면 다른 사람에게 매달리고 기생하는 관계 외에 어떤 것도 기대할 수 없게 된다. 따라서 다른 사람에게 신경증적으로 의존하는 내담자로 하여금 어떻게 성숙한 인간관계를 창조할 수 있는지 탐색하는 것이 매우 중요하다.

상담자는 내담자가 자기상실감 또는 자신이 낯설게 느껴짐으로 인해 고통받고 있다는 사실을 인식하고 자신의 성제감을 찾아 줘야 한다. 다른 사람을 기쁘게 하고 다른 사람의 승인을 받으려 하면서도 정작 다른 사람은 물론 자기 자신으로부터도 수용되지 못하고 있음을 느끼고 있기 때문이다. 자신의 삶이 아니라 남의 삶

을 살고 있는 진실되지 못한 실존에 대해 존재에의 용기, 단독경
험, 관계의 경험을 통해 자신의 자유를 되찾도록 한다.

4) 의미의 추구

실존치료는 내담자로 하여금 삶의 의미를 갖게 하는 데 초점을
맞춘다. 치료과정에서 내담자는 흔히 "나는 왜 여기에 있는가?"
"내 삶의 목적은 무엇인가?" "삶에서 나의 의미는 어디에 있는가?"
등 실존적인 문제를 놓고 질문을 한다. 상담자도 때로는 "당신이
누구이며 무엇을 원하는지 아십니까?" "지금 당신의 생활에 만족
하십니까?" "당신의 미래를 실현하기 위해 무엇을 하고 싶습니까?"
묻는다. 이 모두 실존적 질문들이다.

상담자는 내담자가 자신의 존재양식과 일치하는 생활양식에 바
탕을 둔 새로운 가치체계를 창조하도록 돕는다. 내담자로 하여금
자신의 실존적 문제를 놓고 진지하게 고민하거나 내면화된 가치를
발견하도록 한다. 다른 방식으로 듣고, 개인의 삶에서 의미의 중요
성을 자각한다. 그러한 삶의 방식에 익숙하지 않기 때문에 처음에
는 방황하고 불안을 경험하지만 상담자와 신뢰관계가 구축되면서
불안은 자연히 사라지게 된다.

그러나 내담자는 종종 자신이 살고 있는 세상이 무의미하게 보
일 때 자신이 하고 있는 일조차 무의미하게 생각하게 된다. 어차
피 죽을 터인데 이렇게 할 필요가 있는가, 내가 죽고 나면 모두
잊힐 것인데 이렇듯 바삐 살 필요가 있는가 하는 의문에 휩싸인다.

이러한 무의미감을 실존신경증이라 부른다. 이런 내담자에게는 의미치료가 중요하다. 이 치료를 통해 새 의미를 창조하도록 만들기 때문이다.

의미치료는 내담자에게 삶의 의미를 찾아 주기 위해 만든 것이다. 프랑클에 따르면 의미에의 의지는 인간의 원초적 욕구이다. 인생 그 자체가 의미 있는 것이 아니라 각자가 의미를 창조하고 발견해야 한다. 상담자는 내담자에게 그들의 삶의 의미가 구체적으로 무엇인가를 말해 주지 않는다. 이성적으로 의미를 추구하도록 하는 것이 아니라 고난 속에서도 각자가 그 의미를 발견할 수 있다는 사실을 인식시켜 준다(Frankl, 1978). 개인이 고난 속에 있다 할지라도 그가 취하는 자세, 곧 고난에 직면해서 절망을 극복함에 따라 그 고난이 성취로 변경될 수 있기 때문이다. 삶의 의미는 창조하고 사랑하고 일하고 건설하는 일에 열심히 노력했을 때 생기는 부산물이다. 이성적으로 의미를 추구하면 할수록 오히려 그 의미를 잃어버리게 된다.

제한된 생활을 하는 사람은 단지 제한된 자기인식만을 한다. 그들의 많은 잠재력은 갇혀 있게 된다. 삶은 단조롭고 의미가 없다고 느끼고, 그것이 삶의 전부라고 생각한다. 삶의 무의미는 공허감, 덧없음 등 실존적 공백을 낳는다. 삶이 공허하다고 느끼는 사람들은 어떤 목적을 가지고 삶을 창조하려는 노력을 포기한다. 이러한 내담자는 대부분 자신이 원하는 사람이 되어 있지 못하다는 생각에서 자신의 잠재력을 거부하고 실존적 죄책감에 빠져 있다. 따라서 상담자는 이 죄책감을 신경증으로 간주하기보다 삶의 의미나 방향을 찾아 주기 위해 탐색할 필요가 있다.

5) 불안 인식

실존주의자들은 급격한 사회변화에 따른 인간의 불안에 주목하였다. 사르트르의 『구토』, 카뮈의 『페스트』, 베케트의 『고도를 기다리며』는 불안의 시기를 대표하는 작품들이다. 실존치료는 인간의 본질, 불안, 절망, 슬픔, 고독, 그리고 아노미 등의 본질에 관해 깊은 의미를 제기했다. 그들은 불안에 대한 새로운 인식을 통해 창조성과 사랑의 의미를 찾고자 했다.

실존주의자들은 불안을 부정적으로 보지 않는다. 오히려 불안은 생존하고, 자신의 존재를 보유하고, 주장하려는 개인적 욕구에서 생겨나므로 삶의 불가결한 요소이자 성장을 위한 잠재적 원천으로 간주된다. 불안은 크게 정상적 불안과 신경증적 불안으로 구분된다. 정상적 불안은 당면한 사상에 대한 적절한 반응으로 억압되어서는 안 되며 변화를 위한 동인으로 사용되어야 한다. 이와는 달리 신경증적 불안은 상황과 조화를 이루지 못하고 사람을 무력화시키는 경향이 있다. 어느 정도의 불안은 생존을 위해 필수적이기 때문에 정상적 불안을 제거하는 것은 치료의 과제가 아니다. 불안 없이는 살 수도 없고, 죽음을 직면할 수도 없다. 따라서 정신건강은 가능한 한 신경증적 불안 없이, 그러나 생의 불가피한 실존적 불안에 대해 인내하면서 살아가는 것이다.

정상적 불안은 우리로 하여금 실존적 불안을 경험하게 한다. 불안은 일이 잘되어 가지 않는다는 것을 알려 준다. 우리는 불안이 주는 신호에 따라 삶의 방향을 변화시키기 시작한다. 삶의 용기를 가진 사람도 불안과 두려움을 가지기 때문에 상담을 통해 불안을 축소시킬 수는 있어도 없앨 수는 없다. 오히려 불안이 있어야 성장할 수 있다.

메이는 자유와 불안을 동전의 양면으로 간주한다. 불안은 새로운 사고에 따른 흥분과 연관되어 있다. 우리가 알고 있는 세계에서 미지의 세계로 가기 위해 자유로운 선택을 했을 때 자연 불안을 경험하게 된다. 많은 사람들은 불안이 주는 공포 때문에 미지의 세계로 가기를 꺼린다. 모험을 하지 않음으로써, 곧 자유를 포기함으로써 불안에서 도피할 수 있다. 불안은 도전적이고 창조적인 영감을 차단한다. 따라서 불안을 피하고자만 한다면 창조와 도전적 삶을 살 수 없다(May, 1981).

실존적 불안은 우리 자신의 존재를 결정하는 책임이 자신에게 있다는 것을 인식하게 될 때 경험하는 불편한 느낌을 말한다. 실존적 불안은 우리를 불편하게 만들기 때문에 회피하게 만들고, 나아가 자신에 대한 책임을 무겁게 부과하기 때문에 그것을 거부하게 만든다. 내담자는 불안감을 더 이상 어찌할 수 없을 때 상담자를 찾게 되고, 그가 불안을 경감시킬 수 있을 것이라고 생각한다. 그러나 상담자는 불안을 감소시키는 데 관심을 두기보다 불안을 생산적 치료의 재료로 사용하는 데 관심을 둔다. 자율적으로 살아가는 사람으로 되어 가는 과정에 반드시 필요한 것이 불안임을 인식시키고, 불안을 변화의 동인이나 위험을 견디는 데 필요한 에너지로 전환시킨다. 따라서 상담과정에서 한동안 불안은 계속되지만 내담자가 새로운 존재방식으로 더 만족을 얻게 되면 불안은 감소된다. 특히 내담자가 자신감을 얻게 되면 처음에 의지할 지주가 없음으로 인해 생겼던 불안은 점차 감소된다.

6) 죽음 인식

실존주의자는 인간의 한계상황인 죽음도 부정적으로 보지 않으며 오히려 삶에 의미를 부여하는 인간의 기본적 조건으로 간주한다. 우리가 삶을 의미 있게 하려면 먼저 죽음을 생각해야 한다. 죽음을 부정하고 이에 대해 방어적 태도를 취한다면 삶은 무의미해진다. 따라서 실존주의자들은 우리가 결국 죽게 된다는 것을 인식시켜 내담자로 하여금 각자의 계획을 완성시킬 충분한 시간을 가지고 있지 않다는 것과 현재 순간이 매우 중요하다는 사실을 알게 한다. 죽음에 대한 인식을 통해 삶에 대해 열정을 가지게 하고 창조성을 발휘하게 한다. 물리적 죽음이 우리의 육신을 파괴하지만 죽음에 대한 우리의 관념은 우리를 구한다.

죽음에 대한 인식이 철저할수록 낡은 삶의 양식을 보다 참된 삶의 양식으로 바꿔 주므로 이것은 심리치료에 중요한 역할을 한다. 어떤 사람들은 죽음에 대한 공포 때문에 자신이 언젠가 죽어 비존재가 된다는 사실을 피하고자 한다. 그러나 죽음을 부정하는 사람은 무한히 많은 근심과 자기소외라는 대가를 지불해야 한다.

성장하기 위해서는 과거의 어떤 부분을 기꺼이 포기해야 한다. 존재의 새로운 차원이 나타나려면 우리의 어떤 부분은 죽어야 한다. 우리 속의 창조적인 면에 꽃이 피려면 과거의 신경증적인 면에 매달려서는 안 된다. 이런 의미에서 삶과 죽음은 동전의 양면과 같다. 따라서 상담과정에서 자신이 결심한 것을 실천하지 못했을 경우나 자신이 변하고자 하는 방식으로 변하지 못했을 경우를 상상하게 만든다. 이러한 진지한 사고과정을 거치면 내담자는 다시 태어나게 된다. 모험을 하지 않고 현재로 남아 있게 되는 것은 죽음이요 변화를 모색하게 되는 것은 삶이 된다.

도움말

프란클과 실존철학자

프란클은 자신의 저서에서 도스토예프스키, 니체, 사르트르, 하이데거 등 실존철학자들의 영향을 받았다. 그는 "내가 공포를 느끼는 것은 단 한 가지이다. 내 고통의 가치가 존재하지 않는 것 바로 그것이다."라는 말은 도스토예프스키의 사상이 담긴 것이다. 그리고 "왜 사는지에 대해 의문을 가진 사람들은 대부분 어떻게 살아야 되는지에 대해서도 의문을 가진다." "나를 죽이지 못하는 것은 나를 더 강하게 만든다."는 말 등은 니체의 글을 인용한 것이다(Frankl, 1963).

프란클이 수용소에서 얻은 것

프란클은 1942년에서 1945년까지 아우슈비츠와 다카우에 있는 강제수용소에 갇혀 있었으며, 거기에서 부모, 형제, 아내를 잃었다. 그는 이 수용소에서 끔찍한 경험을 했다. 그러나 그 경험들이 삶에 대한 그의 사랑과 열망을 무디게 하지 않았다. 그는 수용소 체험 이전부터 치료에 실존적 접근을 했지만 수용소 경험은 그의 관점을 굳혀 주기에 충분했다. 그는 실존철학자들이나 작가들이 표현한 진리를 개인적으로 체험하게 된 것이다. 그에 따르면 사랑은 인간이 열망할 수 있는 가장 궁극적이고 가장 높은 목표이며, 우리의 구원은 사랑을 통해서 이루어진다고 확신하게 되었다.

그는 또 어떤 상황에서도 우리가 선택권을 가지고 있다는 사실을 수용소 경험에서 확신했다. 소름 끼치는 상황에서도 인간은 정신적 자유나 독립된 마음을 가질 수 있다. 다른 모든 것은 인간으로부터 빼앗아 갈 수 있지만 '어떤 상황에서든 자신의 태도를 선택하고 자신의 방식을 선택할 수 있는 인간의 마지막 자유'만큼은 빼앗을 수 없다(Frankl, 1963).

빈 둥지 증후

한 어머니가 막내를 대학에 보내기 위해 공항으로 갔다. 그는 더 이상 밥을 짓지 않고 옷을 빨지 않아도 된다며 그날을 자유의 날이라고 생각했다. 그러나 이별을 할 때 흐느껴 울기 시작했고, 집에 와서는 심한 공허감을 느꼈다. 자유는 불안으로 바뀌었다. 상담자는 그가 빈 둥지 증후에 빠져 있음을 확인하고 자원봉사, 사람 사귀기, 성인교육 등을 거쳐 안정을 찾도록 했다.

사르트르는 어떻게 스트레스를 풀었나?

나치수용소에서 석방된 줄리엣 그레코는 파리의 카페 플랫에서 빵을 얻어먹는 대가로 노래를 불렀다. 사르트르는 그녀의 노래를 듣고 "그녀가 저음을 낼 때 눈에서 1만 볼트의 전압이 방사된다."고 말했다. 그 후 그녀는 세계적 샹송가수가 되었다. 그 카페는 당대 저명한 철학자, 지성인, 예술가들이 모여 담화하고 토론을 벌이던 곳이었다. 철학카페인 셈이다.

셰익스피어는 '인어'라는 카페를 찾았고, 오 헨리는 뉴욕의 '피츠 타번', 잭 런던은 오클랜드의 '퍼스트 앤 라스트 찬스'를 찾았다. 괴테가 파우스트를 구상했던 곳도 라이프치히의 단골카페였다. 취리히에는 레닌이 때를 기다린 곳과 아인슈타인이 신문을 읽던 곳이 있다.

파리에는 지금 여러 철학카페들이 성업 중이다. 시민들이 자유롭게 모여 음료를 마시며 철학적인 화두로 토론을 한다. 사회는 대학의 젊은 철학교수가 본다. 길거리에서 시민과 자유토론을 했던 소크라테스 정신을 계승하여 거리의 철학자요 철학 장수로 나선 것이다. 낮이면 정치 이야기, 밤이면 연속극으로 지새는 우리와 너무나 대조적이다.

제7장 로저스의 인간중심치료

1. 로저스의 인간중심치료

로저스(C. Rogers)의 인간중심치료(person – centered therapy)는 1940년대에 개발된 것으로 인간의 건강한 심리적 성장과 변화에 초점을 맞추고 있으며 자아실현(self – actualization)을 향한 인간의 경향성에 관심을 둔 치료법이다. 이 접근은 내담자중심(client – centered)치료, 개인중심치료, 비지시적(nondirective) 치료 등 여러 이름으로 불리고 있다. 이 방법은 그가 장기간의 임상경험을 바탕으로 이뤄진 것으로 신프로이트학파의 견해를 일부 취했다. 그러나 인간을 무의식의 갈등집합체로 보는 정신분석이나 인간을 외부의 자극이나 보상에 의해 조작할 수 있는 존재로 보는 행동주의 관점을 거부했다.

그에 따르면 모든 인간은 자기의 잠재능력을 실현할 수 있는 선천적 능력과 선한 마음을 가지고 태어난다. 그러나 이 능력을 발달시키기 위한 환경이 좋지 않아 잘못된 학습을 하게 되면 선천적으로 가지고 태어난 자아실현동기와 성격이 왜곡된다. 결국 내담자는 그릇된 자아개념을 가지게 되어 이상적인 자아상과 현실과 조화를 이루지 못해 자기방어, 불안, 완고, 불쾌한 감정 등을 갖게 된다. 상담자는 보다 따뜻하고 수용적인 분위기를 만들어 내담자가 지각할 수 없었던 자신의 감정과 사고를 자유롭게 탐색하도록 한다. 그러면 내담자는 점차 자신의 모습을 발견하고 보다 바람직한 모습으로 변해 간다.

인간중심치료는 내담자의 문제에 초점을 두는 것이 아니라 개인 스스로 건강하게 성장하고 적응할 수 있도록 동기를 부여하는 데 초점을 둔다. 상담자가 직접 충고나 지시를 하는 것이 아니라 내담자 스스로 장애를 인식하고 제거하여 책임감 있고 통합된 방식으로 문제를 풀어 나가도록 한다. 지적 접근보다는 상황에 대한 감정적 요소를 강조하고, 개인의 과거보다는 현재의 상황에 초점을 둔다. 경험에의 개방, 자신에 대한 신뢰, 내적 평가, 그리고 계속되는 성장에의 의지 등을 통해 치료가 이뤄진다.

인간중심치료는 사람들과 어울리는 전문가들과 비전문가들을 훈련하는 데 폭넓게 사용되고 있다. 학교 교직원, 사회사업가, 간호사, 의사, 자원봉사자, 자선단체 종사원, 위기전화 상담자, 사업체, 교회는 물론 여러 분야의 지도력 훈련프로그램에도 활용되고 있다.

2. 로저스의 인간주의와 비지시적 상담

인간중심치료는 상당부분 실존주의와 맥을 같이하고 있어 굳이 실존치료와 구분시킬 필요가 있을까 의문을 제시할 수 있다. 그러나 인간중심치료는 실존주의보다 인간주의(humanism) 심리학에 더 뿌리를 두고 있다는 점에서 차이가 있다. 이를 위해 실존주의와 인간주의의 공통점과 차이점을 살펴볼 필요가 있다.

실존주의와 인간주의는 상당 부분에서 공통되지만 몇 가지 점에서 차이가 있다. 내담자의 주관적 경험과 긍정적이고 건설적이며 의식적인 선택능력을 신뢰한다는 점에서, 그리고 자유·선택·가치·개인의 책임감·자율성·목적·의미라는 단어를 강조한다는 점에서 두 관점은 서로 유사하다. 그러나 그 차이는 도토리가 어떻게 자라는가를 설명하는 것에서부터 달라진다. 인간주의자들은 만약 적합한 양육조건을 제공한다면 자발적으로 실현되는 잠재력과 같이 그것은 긍정적인 방향으로 성장하게 된다고 본다. 그러나 실존주의자들은 "우리는 무이고 우리가 생각할 수 있는 내적인 본질은 없으며 우리는 매 순간 이들 조건들을 만드는 선택을 해야 한다."고 말하다. 인간주의자들은 사람이 자신의 능력을 발날시킬 수 있고 건설적인 변화를 유도할 수 있으며, 그 힘을 자신과 사회를 위해 건설적으로 사용할 수 있다고 본다. 이런 점에서 인간주의는 실존주의보다 적극적이다. 또한 불안에 대한 태도에 대해서도 입장이 다르다. 실존주의자들은 원래 의미가 없는 세상에서 '결코 안정될 수 없는 정체감'을 창조하기 위해 선택을 해야 하는 불안감을 피할 수 없다고 본다. 그러나 인간주의자들은 우리 속에 실현시킬 수 있는 본성과 잠재력을 가졌고 그것을 통해 의미를 찾을 수 있다고 봄으로써 불안을 덜 유발시키는 면이 있다.

그러나 이러한 차이점에도 불구하고 두 관점은 유사점이 더 많으며 특히 실존주의적 접근의 근간이 되는 현상학이 인간중심치료의 기초가 되고 있어 두 관점은 인간중심치료에서 더욱 가까워지고 있다.

인간주의 심리학을 발전시킴에 있어서 가장 대표적인 인물은 매슬로(A. Maslow)와 로저스이다. 두 사람 모두 인간본성에 대해 매우 긍정적인 관점을 가지고 있을 뿐 아니라 인간의 자아실현 능력을 높이 평가하고 있다.

매슬로는 병든 사람을 대상으로 한 연구는 병든 심리학을 낳을 수밖에 없다고 주장하고 히스테리 환자 등 병든 사람을 대상으로 한 프로이트 학파의 연구를 비판했다. 그는 프로이트 학파가 인간의 본성을 병적이고 장애적인 측면에서 편파적으로 보고 있다고 주장했다. 그리고 보다 정신적으로 건강한 사람을 대상으로 인간을 연구할 것을 강조했다. 그는 적대감, 공격, 신경증, 미숙에 대한 관심보다는 사랑, 창조성, 기쁨, 절정경험 등에 더 관심을 두라고 말한다. 그는 자아실현인의 특성으로서 안온한 현실인식, 편견의 거부, 인류애적 열정감, 불확실성 수용, 자신과 타인의 수용, 창조성, 사생활과 단독에의 욕구, 자율성, 깊고 강한 인간관계의 능력, 다른 사람에 대한 진정한 관심, 철학적 유머 감각, 민주적이고 윤리적 지향성, 삶에 대한 개방적이고 새로운 태도 등을 꼽았다(Maslow, 1970).

로저스는 완전히 기능을 발휘하는 인간(fully-functioning person) 개념을 통해 그의 자아실현관을 제시했다. 이러한 인간은 다음과 같은 다섯 가지 특성을 가진다.

- 감정보다 합리적인 안목을 가지고 되어 가는 과정을 열린 마음으로 경험한다.
- 이전의 경직된 삶과 확연히 구분되는 자발적이고 실존적인 삶

을 구가한다.

- 행위결정에 있어서 외부영향에 전적으로 의지하려는 태도를 취하지 않으며 유기체적 경험을 통해 합당한 정보를 가지고 결정에 임한다.
- 자신의 행위와 결과에 대해 책임적 역할을 담당하기 위해 경험적 자유를 구가한다.
- 변화하는 환경조건에 창조적으로 대처한다.

로저스의 이러한 주장은 인간이 그 사회의 포로로 취급받지 않고 존재에의 용기를 가지고 살아가야 함을 보여 주고 있다. 인간은 심리적으로 건강하지 못한 상태에서 건강한 상태로 변화하는 천부적인 능력을 가지고 있다. 따라서 치료의 일차적 책임은 내담자에게 있다. 인간중심치료는 치료자의 권위에 무조건 순종하는 지시적 치료가 아니다. 내담자의 수동적 역할을 거부하고 보다 적극적인 역할을 기대한다. 인간은 근본적으로 자기의 문제를 인식하고, 방향을 결정하고, 건설적으로 변화해 갈 능력이 있기 때문이다. 인간에 대한 이러한 긍정적 인식은 인간중심치료의 바탕이 되고 있다.

그러면 로저스가 왜 인간주의 심리학자가 되었는가를 살펴볼 필요가 있다. 그는 원래 청교도적 집안 분위기에서 자라 목사가 되기 위해 종교학에 관심을 두고 공부를 했으나 교조적 삶보다 다양한 삶의 방식에 대한 이해에 관심을 가지면서 심리학으로 방향을 바꾸었다. 그는 개인치료에 있어서도 지시적 접근이나 전통적인 정신분석적 접근에 반대되는 비지시적 상담을 개발했다. 이것은 대학원 시절에도 교수의 지시적 수업보다 학생중심의 수업방식에 관심을 가졌던 것과 맥을 같이한다. 그는 상담에서도 상담자가 허용적이고 비간섭적인 분위기를 창조해야 한다는 것을 강조한다. 그는 상담자가 가장 많이 안다는 생각은 물론 그동안 당연시되어 왔던 상담자의 조언, 제의, 설득, 가르침, 진단, 그리고 해석 등에 대해서도 이의를 제기했다. 그리고 자신의 치료에서 진단이라는 절차를 삭제시켰다.

그가 이렇듯 기존의 치료방법과 다른 길을 걷게 된 것은 인간에 대한 깊은 신뢰감 때문이다. 인간은 본질적으로 신뢰할 수 있으며, 치료자의 직접적인 개입이 없어도 자신을 이해하고 자신의 문제를 해결할 수 있는 능력을 충분히 갖고 있다고 보았다. 따라서 내담자는 상담과정을 통해 스스로 자기 방향을 설정하고 그 방향으로 성장해 나간다. 그가 자신의 치료방법을 내담자중심치료로 바꾼 것도 이 점을 강조하기 위해서이다(Rogers, 1951). 그의 내담자중심의 철학은 개인상담과 치료에만 국한되지 않고 교육에도 적용되어 학생중심의 지도로 발전했다. 그는 이 이론을 참만남의 집단(encounter groups)에도 적용했다(Rogers, 1970).

3. 로저스의 자아관

인간중심치료는 인간의 자아실현성에 바탕을 두고 있다. 자아실현은 유기체가 자신을 유지하거나 성장시키는 데 도움이 되는 방향으로 자신의 모든 능력을 개발하려는 선천적인 경향성을 말한다. 자아실현을 향한 움직임은 인간이 가진 유기체적인 본능 가운데 하나로서 앞을 향해 움직이는 인간 유기체의 경향성이다. 자아를 실현하려는 경향은 전체로서의 유기체가 자기를 유지하거나 고양시키는 방향으로 발달시키는 것으로 타율성이나 외부세력에 의한 통제로부터 벗어나 스스로 성장하고 발전하려는 자율성과 연관된다. 자아는 바로 이러한 유기체적 성격을 가지고 있다.

로저스는 임상적 결과를 토대로 인간은 본래 선하고 성장을 추구하며 건설적이고 합목적적이며 자신의 능력을 최대로 발휘하려는 욕구를 가지고 있으며, 진정한 자신이 되기 위해 노력하는 존재임을 발견했다. 그는 치료과정에서 대부분의 내담자가 끈질기게 자신의 문제를 해결하기 위해 노력하고 있고, 그러한 모습에서 자아(self)라는 개념이 인간의 핵심이라는 것을 깨닫게 되었다.

내담자들은 종종 다음과 같은 의문을 가신다. "나의 진실 된 자기를 어떻게 발견할 수 있을까?" "어떻게 하면 내가 간절히 원하는 사람이 될 수 있을까?" "어떻게 하면 나의 가면을 벗어던지고 내 자신이 될 수 있을까?"

자아는 현재 자신을 어떤 사람으로 지각하는가에 대한 개인의 신념을 말한다. 내가 누구이며, 내가 무엇을 할 수 있는가를 아는 것이다. 자아는 자기 자신의 능력, 성취도, 매력, 가치관, 태도, 지각양식, 인식, 타인 및 주위의 생활환경과의 관계, 자기 자신에 대한 평가 등으로 구성된다. 이러한 측면에서 볼 때 그의 자아는 자아상과 같다.

자아는 자신의 경험에서 인식된다. 자신에 대해 느끼는 인식의 정도는 사람마다 다르고 주관적이다. 자신을 강력하게 느끼는 사람은 강한 자기를 가지고 있다고 생각하고 긍정적이며 자신감을 가지고 있다. 그러나 현실적인 자아(real self)와 이상적 자아(ideal self) 사이에 불일치가 클수록 사람은 불만족과 부적응을 초래하며 자아실현을 할 수 있는 동기가 적어진다. 신경증적인 사람들은 이 두 자아 간의 차이가 정상적인 사람들보다 크다. 이상적인 자아는 개인이 가장 갖고 싶어 하는 자아개념으로서 자기에 대해 가장 높은 가치를 부여하는 것을 말한다.

사람은 누구나 다른 사람뿐 아니라 자기 자신으로부터도 긍정적으로 존중을 받고 싶어 한다. 그런 의미에서 인간은 자기 자신에 대해서도 중요한 타인이다. 개인이 다른 사람들이 설정한 행동과 감정 등의 가치조건을 충족시키면 존중과 신뢰를 받는다. 이때 그는 그러한 가치조건들을 자기의 가치체계에 통합하고 내면화한다. 그 다음 내면화한 가치조건에 따라 자신의 행동, 감정, 생각 등을 평가한다. 자신의 가치조건과 일치하지 않을 때 개인이 경험한 이러한 행동들은 자아개념으로 통합되지 못한다.

모든 사람은 자신의 행동 및 감정 등을 자아개념과 일치시키려는 경향이 있다. 자아개념에 일치하지 않는 일들을 자주 경험하면 그러한 경험을 위협으로 인식하고 부정이나 왜곡 등 방어기제를 사용하여 자기를 보호하려 한다. 자아와 일치하지 않는 큰일을 반복 경험하면서 자아방어를 할 수 없을 때 자아개념이 부서진다. 자아개념과 현실의 심한 불일치는 이상행동을 유발시킬 수 있다.

로저스는 개인의 경험을 올바르게 해석하고 있는 그대로 인정하는 것을 '적응된 자아'라 한다. 적응하고 있는 사람은 외부의 객관적인 가치조건에 준거를 두고 행동하는 것이 아니라 자기 나름대로 생각하고 느끼고 경험하며 비방어적이고 창조적이며 자기 스스로 결정하는 자기 지향적인 사람이다. 그러므로 적응하고 있는 사람은 새로운 상황에 충분히 대처하여 자신의 잠재력과 능력을 발휘하고 자신의 기능을 충분히 발휘하는 사람이다(Rogers, 1961 & 1980).

4. 인간중심치료법의 기본철학과 적용

다음은 로저스의 내담자중심의 치료법이 가지고 있는 기본철학이다. 이를 통해 우리는 인간중심 상담이 어떤 것인가를 알 수 있다.

1) 인간은 누구나 부적응행동에서 심리적 적응행동으로 옮겨 가려는 경향이 있으며, 이것이 성장잠재력과 자아실현 능력으로 표현된다. 로저스의 글에는 존경과 신뢰의 분위기만 갖추어지면 긍정적이고 건설적인 방향으로 발달하려는 인간의 경향성에 대한 강한 믿음이 일관성 있게 나타나 있다. 그는 인간을 신뢰할 수 없고 내담자보다 우월한 전문인에 의해 지도를 받아야 하며 처벌과 보상에 의해 통제되고 조정될 필요가 있다는 생각에 찬성하지 않는다. 오히려 인간의 마음속 깊이 들어가면 거기에는 신뢰할 수 있고, 긍정적인 센터가 자리 잡고 있다. 인간은 자원을 가진 존재로서 스스로 방향을 정할 뿐 아니라 자기의 삶을 효율적이고 생산적으로 영위해 나갈 수 있는 존재이다(Cain, 1987).

2) 치료의 초점을 문제나 증상 자체보다 사람에 둔다. 인간중심

치료의 목적은 전통적인 접근들과 목적이 다르다. 전통적인 치료는 문제와 증상에 관심을 둔다. 그러나 인간중심치료는 인간에 초점이 있지 인간의 문제에 초점이 있지 않다. 이 상담의 목표는 개인의 문제를 어떻게 해결해 나가는가 하는 것보다 개인의 장애와 긴장을 제거해 주고 자율성과 통찰력을 발휘하여 자신을 이해하고 적응생활과 자아성장을 해 나갈 수 있도록 도와주며, 개인의 독립과 통합을 목표로 삼는다.

인간중심치료는 단순히 문제를 해결하는 것에만 치료의 목적이 있지 않다. 그보다는 내담자들이 현재 직면하고 있는 문제들과 앞으로의 문제들을 극복할 수 있도록 그들의 성장과정을 도와주는 데 더 관심을 가진다. 더 구체적으로 말하면 완전히 기능을 발휘하는 인간이 되도록 하는 것이다.

3) 지성적인 면보다는 정서적인 면을 중시하며 정서의 재체계화를 목표로 한다. 대부분의 부적응자, 정신신경증 환자는 자신의 사고와 행동, 그리고 감정에 문제가 있음을 의식적, 무의식적으로 알고 있다. 그러므로 이들에게 지성적 설명이나 훈계, 충고, 설득, 격려, 질책 등은 억압이나 암시의 효과를 가져올 뿐 내담자에게 반항심이나 의존심을 갖게 하고 이러한 것들이 내담자에게 감정적으로 수용되지 않는 한 이론적, 지성적 이해만으로는 근본적인 태도 변경을 가져오지 못한다.

4) 현재의 사고와 감정을 중시한다. 과거의 경험을 토대로 현재 장면에서 일어난다. 그러나 현재의 의식적 경험에 대한 이해가 현재의 자신을 주체적으로 이해하는 데 더 중요한 역할을 한다.

치료가 진행됨에 따라 내담자들은 자신의 현재 감정을 탐색하게 된다. 특히 너무 부정적이어서 자기구조 내로 수용할 수 없고 통합할 수 없었던 공포, 불안, 죄책감, 수치심, 혐오감, 분노 등의 감정을 표현할 수 있게 된다. 이렇게 되면 경직, 왜곡이 덜해지고 자신과 관련된 갈등과 혼란된 감정을 잘 수용하고 더 잘 통합하게 된다. 이러한 경험을 한 내담자들은 자신을 보다 이해하게 되고 행동에 있어서 보다 융통성 있고 더 창조적인 방향으로 행동하게 된다. 또한 다른 사람의 기대에 덜 매달리게 되고 자기 자신에게 더 진실된 방향으로 행동하게 된다.

5) 치료면접 자체를 하나의 성장경험으로 본다. 상담자는 내담자가 상담면접을 통하여 스스로 자신을 이해하고 정서적 장애를 제거할 수 있도록 자기를 비추어 볼 수 있는 거울의 역할, 그리고 모범자로서의 역할을 하는 데 그 임무가 있다. 상담자의 역할은 내담자의 성장을 돕는 도구로 존재할 뿐이다. 자신이 생각한 대로 내담자로 하여금 어떤 것을 하도록 하는 것이 아니라 내담자 스스로 성장할 수 있도록 상담 분위기를 조성해야 한다.

상담자는 내담자를 위한 구체적인 목표를 택하지 않는다. 내담자 자신이 목표를 정의하고 명료화하는 능력을 가지고 있다고 보기 때문이다. 물론 내담자가 구체적인 치료목표를 스스로 결정하는 데 어려움이 있을 수 있다. 내담자가 자기 자신에 대해 경청하고 자신의 방향을 따를 수 있도록 상담자는 용기와 인내를 가지고 내담자를 존중하고 격려해 줄 필요가 있다. 이러한 과정을 통해 내담자는 자신의 능력을 인식하고 스스로 성장하게 된다.

6) 치료를 위한 책임의 한계를 내담자에게 둔다. 상담자는 지시자로서가 아니라 내담자의 자주성과 자기통찰력을 발휘할 수 있도

록 조력자, 동반자의 역할을 수행한다. 면접과정에서 내담자의 자기표출을 격려하고 자기감정을 충분히 나타낼 수 있도록 한다. 면접시간도 한계를 정하여 이를 준수토록 함으로써 시간의 제한에서 오는 이별과 자기억제에 대한 적응을 할 수 있도록 한다. 상담은 보통 주 1~2회 50분 정도가 적절하다.

5. 상담기법

치료목표는 내담자의 왜곡된 자아개념을 수정하여 온전히 기능을 하는 사람이 되도록 도와주는 데 있다. 치료는 내담자가 그의 세계에서 다른 사람들과 어떻게 생활하는가, 어떻게 건설적인 방향으로 변화해 나갈 수 있는가, 성장을 막는 장애를 어떻게 성공적으로 해결할 수 있는가에 중점을 둔다.

상담을 하기 전에 내담자는 그동안 삶의 과정을 통해 발달시킨 자신의 가면을 벗어던져야 한다. 상담과정에서 그 가면으로 인해 자신과의 접촉을 상실했다는 것을 인식하게 된다. 이것은 심리적 감옥에 자신을 감금시켰던 결정주의적이고 편견적 수갑을 벗어던지는 것과 같다. 가면과 수갑을 벗었기 때문에 자유롭고 심리적으로 성숙되어 간다. 자신의 경험에 더 개방적이게 된다. 경험에 개방된다는 것은 방어와 반대되는 것이므로 자신의 경험에 더 개방적이 된다는 것은 덜 방어적이 된다는 것을 의미한다. 또한 현재의 감정에 더 가깝게 접촉하면서 과거에 덜 의존하게 되며, 덜 결정적이고, 자유로운 의사결정을 하게 되며, 스스로 자신의 삶을 조정할 수 있다고 믿는 방향으로 변해 간다. 자아실현인, 곧 기능을 충분히 발휘하는 인간으로 변하게 되는 것이다.

이 상담에서 중요한 것은 수용, 공감적 이해, 존중, 그리고 진실성이다. 이러한 점들이 내담자에게 전달되면 내담자는 방어적 자세를 풀고 자신과 자신을 둘러싼 세계를 개방하며, 결국 사회적이고 건설적으로 행동하게 된다. 상담의 목표는 내담자를 자유롭게 해 주고 내담자로 하여금 의미 있는 자기탐색을 할 수 있도록 만들어 주는 것이다. 인간은 억압이 아니라 자유로울 때 자기의 길을 발견할 수 있다.

1) 진실성

진실성(genuineness)은 상담자가 진실하다는 것을 의미한다. 상담자는 진실하고 믿음직하며 솔직해야 한다. 상담자는 내담자와의 대화에서 느끼는 감정과 생각을 긍정적이든 부정적이든 솔직하고 진지하게 털어놓아야 한다. 상담자가 내담자에게 거짓말을 해서도 안 되며 내담자가 표현하는 부정적 감정도 받아들여야 한다. 내담자가 표출하는 부정적 감정도 그럴 수 있다고 이해하며 비판하는 마음 없이 진지하게 받아들일 때 솔직한 감정의 교류가 가능해진다.

진실성은 상담자 자신의 이해와 경험을 언어화하도록 유도할 뿐 아니라 내담자에 대한 이해와 긍정적 존중의 태도를 갖도록 한다. 상담자가 내담자와의 관계에서 느끼는 분노, 좌절, 좋아함, 매력,

관심, 권태, 귀찮음 등의 감정을 솔직하게 표현하되 그 감정을 충동적으로 표현하는 것이 결코 아니다. 감정의 진솔한 소통이 없이는 상담이 이뤄질 수 없다. 상담자가 내담자에 대해 느끼는 감정을 솔직하게 표현하지 않으면 상담효과가 없게 된다. 보기를 들어 상담자가 내담자를 좋아하지 않거나 인정하지 않으면서 수용하는 체한다면 치료효과가 없게 된다. 상담자는 기만적인 겉치레를 벗고, 내적 경험과 외적인 표현이 일치되며, 내담자와의 관계에서 느껴지는 감정과 태도를 개방적으로 표현해야 한다. 감정을 진솔하게 표현한다고 해서 상대를 멸시하는 태도로 임해서는 안 된다. 언제나 상대에 대한 존중에 바탕을 두고 있어야 한다.

상담자가 진실을 향해 노력하는 모습을 보일 때 내담자의 태도도 솔직해질 수 있다. 그러나 상담자가 완전히 솔직해지기는 어렵다. 따라서 인간중심치료는 이 점에서 일치성을 강조한다. 이때 일치성이란 완전히 솔직한 태도를 보이기 어렵기 때문에 가급적 솔직한 쪽으로 진행시키는 것을 말한다.

2) 수용

수용(acceptance)은 상담자가 내담자의 입장을 받아 주고 이해해 주는 것을 말한다. 비판적 태도로 대하거나 상담자 자신의 가치관으로 내담자를 판단하지 않는다. 상담자가 내담자를 그대로 수용하지 못하고 내담자를 싫어하고 증오하며 존경하는 태도를 보이지 않을 때 내담자들은 점차 방어적 태도를 가지게 된다. 상담자는 내담자 스스로 올바른 판단을 내릴 수 있다는 신뢰를 가지고 그를 인격적으로 존중해야 한다. 수용적 태도를 가지고 내담자가 가지고 있는 문제의 내용과 이에 따른 정서적 반응 및 감정의 흐름을 함께 점검한다.

상담자는 내담자를 존중하고 따뜻하게 수용해야 한다. "당신이 ……을 해야만 수용하겠소."가 아니라 "당신의 그 모습 그대로 수용하겠습니다."라는 태도이다. 상담자는 행동을 통해 내담자 그대로를 존중하며, 내담자들이 자유롭게 감정이나 경험을 할 수 있고, 그 감정이나 경험 때문에 상담자로부터 어떤 불이익을 당하지 않는다는 것을 인식시킬 필요가 있다. 상담자가 내담자 그대로를 존중할 때, 내담자로 하여금 자유를 경험하게 할 때 상담자와 내담자의 솔직한 교류가 가능해진다. 수용은 한마디로 내담자가 감정을 가질 권리를 상담자가 승인하는 것이다. 그렇다고 모든 행동을 승인하는 것은 아니다.

상담자는 비소유적 방식으로 내담자에 관심을 가지고, 칭찬하며, 존중하고 수용해야 한다. 만일 상담자의 관심이 내담자가 자신을 좋아하고 존경하게 할 목적이었다면, 즉 소유적이었다면 상담 자체의 목표에서 벗어날 뿐 아니라 내담자의 건설적인 변화도 어렵게 된다.

3) 공감적 이해

로저스는 높은 수준의 정확한 공감적 이해(empathic understanding)를 강조한다. 공감적 이해는 상담자가 내담자의 감정에 빠져들지 않으면서 내담자의 감정을 자신의 감정인 것처럼 느끼고 이해하는 것을 말한다. 공감(empathy)이란 상대의 입장 속으로 들어가는 것을 말한다. 이해는 상대방의 입장에 서 보지 않고서는 불가능하다. 따라서 상담자는 언제나 공감적 이해를 해야 한다. 공감적 이해를 위해 상담자는 내담자의 문제와 갈등을 자신의 눈으로 판단하지 않고 내담자의 입장에서 이해할 필요가 있다.

상담자가 내담자를 이해하기 위해서는 내담자의 현상학적인 세계에 초점을 맞춰야 한다. 내담자가 보듯이 그의 세계를 이해하는 것은 치료과정에서의 변화에 중대한 효과를 미친다. 이런 의미에서 인간중심치료는 내담자중심이다. 따라서 상담자는 상담 순간의 상호작용에서 나타나는 내담자의 경험과 감정들을 민감하고 정확하게 이해해야 한다. 공감적 이해는 단순히 내담자의 말을 이해하는 것 이상의 것을 요구한다. 상담자는 내담자의 입장이 되어 보려고 노력해야 하며 그의 마음속 깊이 들어가도록 시도해야 한다. 상담자는 내담자의 주관적인 경험, 특히 지금 여기의 경험을 감지하려고 노력해야 한다. 공감적 이해는 상담자와 내담자를 친밀하게 만들고, 감정을 더 깊고 강하게 경험하게 하며, 둘 사이에 있을지도 모를 불일치를 일치시키도록 하는 데 도움이 되기 때문이다.

따라서 상담자는 내담자의 세계에 들어가서 내담자의 경험과 감정, 인지적인 면과 정서적인 면을 순간마다 민감하고 정확하게 인지하고 대화해야 한다. 내담자가 느끼고는 있으나 아직은 자각 내에 개념화되지 못한 의미에 대해서까지도 상담자의 이해를 전할 때 내담자는 자신에 대한 이해를 넓히고 자신의 유기체적인 경험을 더 많이 경험하게 된다. 상담자가 내담자의 경험세계를 자유롭게 여행하면서 느낀 것을 내담자에게 확인하는 과정에서 내담자가 왜 그런 행동을 했으며, 그때 어떤 느낌을 가졌는지를 이해할 뿐 아니라 내담자도 자기를 더 잘 인식하여 자아실현의 경지로 나갈 수 있게 된다. 상담자가 그를 이해하고 공감한다는 사실을 내담자에게 전달할 때 내담자는 자신을 이해해 주는 사람이 있다는 느낌을 갖고 자신의 문제를 심도 있게 의논하게 된다. 나아가 누군가 자기를 이해하고 있다는 감정의 경험이 성장을 향한 변화에 영향을 주게 된다.

4) 무조건적 긍정적 관심

로저스는 다른 사람이 자기를 어떻게 평가하느냐에 따라 개인의 자아발달이 이뤄진다고 본다. 자아의 발달을 위해서는 다른 사람의 긍정적 존중이 필요하다. 특히 현실적 자기가 다른 사람들에 의해 어떻게 수용되고 사랑과 평가를 받는가 하는 것이 중요하다. 사람은 부모를 비롯해 중요한 사람들로부터 인정받고 싶은 욕망을 가지고 있다.

무조건적 긍정적 관심(unconditional positive regard)은 내담자를 한 인간으로서 깊고 순수한 관심으로, 부정적이기보다 적극적이고 긍정적인 관심으로 대하는 것을 말한다. 상담자가 내담자를 무조건적으로 긍정적으로 존중한다는 것은 겉으로나 속으로나 판단적인 행동을 하지 않는다는 것을 의미한다. 내담자의 감정, 사고, 행동에 대해 상담자의 관심이 어떤 편견적 평가나 판단에 의해 오염되지 않고 순수하다는 의미에서 무조건적이요 상담자가 내담자에 대해 어떤 조건을 달지 않고 존중한다는 점에서 무조건적이다. 긍정적인 존중은 인간성을 향한 지적인 태도나 사탕발림의 낙관론이 아니다. 이것은 개인의 자아실현적 잠재성에 대한 현실적 믿음과 신뢰이다. 따라서 존중적 태도를 가진 사람은 간섭하거나 지시하거나 평가하지 않으려 한다.

상담자는 불필요한 탐색을 하지 않고, 승인이나 비승인을 표현하지 않는다. 해석도 하지 않는다. 가능한 한 내담자를 전폭적으로 이해하고 그를 진솔하게 수용하며, 그가 가지고 있는 자기이해와 긍정적 변화 가능성을 믿는다. 상담자가 내담자 스스로 자신을 발견하고 변화할 수 있다는 것을 믿으면 믿을수록 내담자는 자신을 믿는 사람이 있다는 것만으로도 큰 원군을 얻은 것 같고 새로운 자기를 긍정적으로 수용하게 되어 자유롭게 성장을 위한 변화를 모색할 수 있다. 무조건적 존중은 이처럼 치료적 관계형성은 물론할 수 있다는 분위기를 조성해 준다.

무조건적 존중은 상담자가 내담자의 자아실현 능력을 인정하고 대등한 인간으로서 서로 존중하는 것을 말한다. 이른바 무조건적인 긍정적 존중이다. 상담자는 내담자가 어떤 행동과 언어를 구사하든지 그를 진실로 수용하고 존경하고 있음을 보여 주어야 한다.

내담자가 다른 사람들로부터 조건적인 긍정적 존경을 경험한 다음 다른 사람의 가치조건에 일지하지 않은 경험을 한 경우 자아와 경험 사이의 불일치의 상태, 심리적 부적응, 왜곡된 자기개념 등을 갖게 된다. 상담자가 무조건적으로 내담자를 수용하고 존중하면 이것이 내담자에게 그대로 전해져 내담자로 하여금 자기 스스로를 수용하고, 존중하며, 모든 경험에 대한 완전한 개방을 하는 데 도움을 준다. 이 경우 내담자는 개인의 억압을 제거하고 자신의 감정, 태도, 문제를 최대한으로 표현하는 자유를 갖는다. 상담자는 내담자가 자신의 문제를 해결할 수 있는 당사자로서 나름대로 최선을 다하고 있음을 인식해야 한다.

상담자는 내담자에게 무조건적인 긍정적 관심을 주어야 한다. 로저스는 사람이 용납되지 않은 어떤 행동을 했더라도 무조건 있는 그대로 수용하고, 사랑하고, 존경받을 필요가 있다고 주장한다. 이런 존경과 관심을 받은 사람은 자발적이고 융통성 있는 성격을 가지게 되고, 자신과 다른 사람과의 관계에서 개방적이고 가치 있는 생활을 하게 된다. 또한 자아실현 가능성도 커진다. 그러나 아무리 무조건적 존중이라 해서 나쁜 일이나 위험한 일을 할 때에 통제하지 말라는 것은 아니다. 통제가 필요할 때는 그 이유를 충분히 설명한 후 통제를 해야 한다.

내담자는 다른 사람들과의 인간관계에서 긍정적인 존중을 거저 받는 것이 아니라 부모나 다른 사람들이 설정한 가치조건들을 충족시켜야 한다. 이러한 가치의 조건들을 충족시킴으로써 가치 있는 행동과 무가치한 행동을 구별하게 되고, 사회화의 기틀을 형성하게 된다. 그러나 다른 사람으로부터 긍정적 존중을 얻고 싶은 욕구 때문에 가치조건에 너무 집착한 나머지 다른 지각조건과 경험을 무시할 경우 오히려 자아개념이 위축되고 자아실현이 어려울 수 있다.

로저스는 상담자들이 내담자에 대해 완전히 진실하고, 언제나 공감적이고, 항상 순수하게 내담자를 수용하고 무조건적으로 관심을 느끼고 보이기는 불가능하다고 말한다. 그러나 이러한 태도를 보이지 않을 경우 내담자들은 상담자가 자신에게 관심이 없음을 느끼게 되고 방어적 태도를 보이게 된다. 따라서 이러한 점들을 인식하여 내담자에 대해 보다 긍정적이고 적극적인 태도를 보이도록 노력하지 않으면 안 된다. 상담자가 따뜻하고 신뢰 있는 관계를 유지할 때 내담자는 자신의 현실상황에 대한 통찰력과 함께 자기를 더욱 이해하며 스스로 문제를 해결할 수 있는 능력을 갖게 된다. 문제가 발생해도 적극적으로 대처해 나갈 뿐 아니라 선천적으로 타고난 자아표현 능력도 발휘할 수 있게 된다. 인간중심치료는 이런 과정을 통해 내담자가 인간적으로 성숙하고 건강해지는 데 관심을 두고 있다.

인간중심치료는 단순히 문제의 해결에서 끝나지 않는다. 상담자는 내담자가 충만하고 솔직한 실존을 위해 지속적인 노력이 필요하다는 사실을 깨닫고, 보다 충만하고 솔직한 삶으로 변화하기 위해 계속 도전하도록 하는 것을 목표로 삼고 있다. 아무리 자아실현인이라 할지라도 그 상태에 도달하여 안정되게 유지할 수 있는 것이 아니기 때문이다. 자아실현을 하기 위해서는 누구나 지속적인 노력이 필요하다.

도움말

참만남의 집단

로저스는 인간중심치료법을 소집단에 적용했다. 그의 참만남의 집단연구는 그 보기에 속한다. 그는 500여 명을 대상으로 한 참만남의 집단의 연구결과를 책으로 엮어 내기도 했다. 그는 이 연구를 통해 참만남의 집단에서 경험한 명백한 자료를 근거로 인간중심치료가 집단에도 효과가 있음을 인식하게 되었다. 3년간에 걸친 교육기관에서의 소집단 연구결과는 라졸라에 인간연구센터(Center for Studies of the Person)를 설립하게 되는 계기가 되었다. 이 모든 것의 주제는 인간의 변화와 성장이다.

라졸라 프로그램

라졸라 프로그램(La Jolla Program)은 작은 소집단의 지도자들을 위한 훈련경험이다. 참여자들은 학교상담자, 목사, 사제, 수녀, 사회사업가, 교사, 행정관 및 심리치료자 등 다양한 직업을 가지고 있다. 이 프로그램은 세 가지 면을 강조한다. 첫째, 참여자들이 다양한 집단들에서 직접적인 경험을 하도록 하는 것을 강조한다. 둘째, 지도력의 모델은 개인이 자신의 전문성에 의존하는 것이 아니라 인간으로서의 자기에게 의존하는 것이다. 셋째, 100명 혹은 그 이상의 참여자들이 그들 사이의 공동체 형성을 경험한다.

제8장 현실요법과 자기 삶의 주인 되기

현실요법(RT: reality therapy)은 현실적 상담, 현실치료 등 여러 명칭으로 불린다. 이것은 글래서(W. Glasser)에서 소개된 상담기법으로 1950년대부터 많은 관심을 끌고 있는 상담방법 가운데 하나이다. 이것의 기본가정은 우리 모두가 성장할 수 있는 힘(growth force)을 가지고 있으며 이 힘이 우리의 환경을 통제하면서 자신의 욕구를 충족시키고 성공적인 정체감을 발전시킬 수 있다는 것이다. 현실치료는 통찰, 감정, 무의식적 동기에 초점을 두는 것이 아니라 현재의 행동이나 사고에 초점을 둔다. 현실치료는 단순히 태도나 감정만을 바꾸는 것이 아니라 행동, 사고, 감정, 생리 등 현재 전체 행동(total behavior)을 변화시키는 데 목적을 두고 있다.

현실요법은 인간의 내적인 욕구가 실현될 수 있도록 자신의 환경을 통제할 수 있다는 통제이론(control theory)에 근거하고 있다. 이 이론은 현실세계가 존재하는 방식이 중요한 것이 아니라 현실세계에 대해 우리가 지각하는 방식이 중요하며, 우리의 요구를 만족시키는 내적 세계를 우리 스스로 창조해야 한다고 본다. 행동은 우리의 내적, 욕구 충족적 세계에 맞도록 외적 세계에 대한 우리의 지각을 통제하려는 시도이다.

현실치료의 중심과제는 치료자와 내담자가 인간적 관계를 확립하여 현재 자신의 생활양식을 평가할 수 있도록 힘을 주는 데 있다. 내담자에게 자신의 소망을 찾도록 하고, 내담자가 하고 있는 행동이 자신의 욕구를 만족시키고 있는지를 솔직하게 평가한 후 만족시키지 못하는 경우 행동변화를 위한 계획을 수립하고, 계획에 따른 실천노력을 하고, 노력에 대한 지속적인 평가를 하도록 한다. 현실요법은 현재 자기행동에 대한 책임, 즉 현실적 책임을 강조한다. 정신병도 책임감의 회피라고 봄으로써 정신건강과 책임을 동등하게 보기도 한다.

1. 인간과 선택

글래서는 인간은 누구나 자신이 스스로 삶의 주인이 될 수 있고 자신이 삶의 주인이 될 때에만 행복을 느낄 수 있다고 본다. 인간은 자신의 건강을 증진시키며 자신을 성장시키려는 힘을 가지고 있고, 자기결정이 가능하며 자신이나 환경을 통제할 수 있는 존재이다. 또한 자신에 대해 책임질 수 있고, 성공적인 정체감을 발전시킬 수 있으며, 기본적 욕구를 충족시킬 수 있는 존재이다. 이런 점에서 볼 때 현실요법이 제시하는 인간상은 매우 긍정적이고 적극적임을 알 수 있다.

통제이론은 우리 모든 행동이 외부작용이 아닌 내부 작용에 의해서 행해지고 있다는 기본가정에 바탕을 두고 있다. 인간의 행동은 외부의 힘에서 나오는 것이 아니라 개인 내부에서 나온다는 것이다. 외부의 힘이 우리의 결정에 영향을 주기는 하지만 우리 행동이 환경요인에 따라 정해지는 것은 아니다. 우리가 어떻게 느끼고 생각하고 행동하는가 하는 것은 다른 사람이나 외부 상황에 의해서 좌우되는 것이 아니라 우리 스스로가 선택한다는 것이다. 따라서 통제이론은 선택이론이라 말할 수 있다.

우리는 전적으로 우리 내부의 힘에 의해 동기화되고, 우리의 모든 행동은 우리의 생활을 효과적으로 통제하기 위해 우리가 원하는 것을 얻으려 한다. 인간의 행농은 기본적으로 인간의 욕구를 충족시키기 위해 행해진다. 글래서는 소속, 힘, 즐거움, 자유와 같은 심리적 욕구와 생존이라는 생리적 욕구를 기본적 욕구로 보았다. 사람은 모두 이런 욕구들을 가지고 있지만 그것을 충족시키는 방식은 다양하다.

인간의 기본욕구

소속감 욕구	• 소속, 사랑, 협력하고 싶어 하는 욕구
	• 사회, 가족, 일
	• 파괴된 소속감을 채우기 위해 비행행동을 한다.
힘 욕구	• 힘, 능력, 성취, 자존, 인정, 중요성
	• 스스로 가치 있는 인간으로 보는 힘이 있느냐?
즐거움 욕구	• 재미, 즐거움, 배움, 놀이
	• 인간은 즐겁기 위해 산다.
자유의 욕구	• 자유, 독립, 자율, 활동, 선택
	• 감옥에 있어도 자유를 느끼는 사람도 있다.
생존의 욕구	• 육체적 욕구, 생존욕구, 재생산욕구
	• 의식주

현실요법은 인간에 대한 결정론적 사고를 반대한다. 인간은 조각품을 빚듯이 환경을 만들 수 있고, 그 자신이 바라는 상과 일치시킬 수 있다. 인간은 목적을 위해 행동하며, 부단한 노력을 통해 그 목표를 달성할 수 있다. 노력하면 변할 수 있고 더 효과적으로 살아갈 수 있다(Wubbolding, 1988). 그러나 민주사회에서 그 목적은 다른 사람에게 고통을 주지 않으면서 성취되어야 한다. 다른 사람의 자유를 침해하는 행동은 무책임한 것으로 규정된다.

2. 현실치료의 특징

1) 의학적 모형 거부

현실치료는 신경증이나 정신병 등 정신적 질병에 대한 전통적 개념을 거부한다. 정신분열증이나 우울증과 같은 용어는 병들이 외적인 것에 의해 일어난다는 생각에서 나온 것이다. 그러나 현실치료는 이것이 일방적으로 일어난 것이 아니라 우리가 자신의 세계를 통제하기 위해 선택한 행동으로 본다.

정신신체장애든 약물중독이든 알코올중독이든 비록 고통스럽고 바람직하지 못한 행동이라 할지라도 그것을 통해 어느 정도 효과가 있기 때문에 그러한 행동을 택한 것이다. 전혀 효과가 없다면 그러한 행동을 하지 않을 것이다. 이런 관점에서 보면 우울도 우리의 능동적 선택이다. 우울 행동은 화를 억제하고 도움을 요청할 수 있도록 하기 때문이다. 그렇다고 현실치료가 우울 행동을 옹호하는 것은 아니다. 우리가 우울을 선택함으로써 우울의 희생물이 되고 있으며 얼마나 비참한 삶을 살고 있는가를 일깨우고, 그러한 선택을 버리지 않는 한 보다 나은 삶을 살 수 없다는 것을 깨닫게 해 줌으로써 더 나은 삶의 방법을 선택할 수 있도록 한다.

2) 긍정적 정체감과 긍정적 중독

현실요법은 비효과적이고, 무책임하며, 부정적인 행동을 효과적이고, 책임 있는, 긍정적인 행동으로 바꾸는 데 관심을 가진다. 이 요법은 패배적이고 자포자기적인 부정적 증상과 부정적 중독(negative addiction)을 버리고, 긍정적 정체감과 긍정적 중독(positive addiction)을 갖도록 한다. 자기의 정체감을 긍정적으로 확립한 사람들은 자신에 대해 사랑을 주고받을 수 있는 사람으로 간주하고, 자신이 다른 사람에게 중요한 사람이라고 느끼며, 자존감을 갖고, 다른 사람을 희생시키지 않으면서 자신의 욕구를 충족시킨다. 긍정적 정체감을 가진 사람은 힘을 가지고 만족스러운 삶을 창조한다. 글래서는 이를 위해 긍정적인 생각과 행동에 중독될 것을 강조한다. 그에 따르면 긍정적 중독은 우리 생활에서의 심리적 힘의 주요 원천이 되며, 이를 위해서는 긍정적인 사고와 행동을 계속하는 것이다 (Glasser, 1976).

부정적 중독	• 약물, 알코올, 음식, 도박, 일(?), 섹스(?)
부정적 증세	• 부정적 행동, 패배적 및 분노 감정, 부정적 사고, 자해
긍정적 증세	• 행동(기여, 주장적, 이타적)
	• 감정(자신감, 인내)
	• 사고(합리적, 적극적)
	• 건강행동(다이어트, 위생, 운동)
긍정적 중독	• 달리기, 걷기, 명상, 수영
전 긍정적 중독 (pre-PA activities)	• 음악, 스포츠, 독서

3) 3R과 책임능력감

현실요법은 3R, 곧 현실(reality), 책임(responsibility), 옳고 그름(right and wrong)을 강조한다. 현실은 이 요법이 현실에 직면한다는 것을 말한다. 현실과의 직면은 현실세계의 모든 여건을 받아들여야 한다든가, 현실세계에 대한 통제를 통해 자신의 욕구를 충족시켜야 한다는 것을 말한다. 책임은 다른 사람들의 욕구충족을 방해하지 않는 범위 안에서 자신의 욕구를 충족시키는 것으로 이는 자신의 행동에 대한 책임뿐 아니라 자신의 욕구충족에 대한 책임도 포함되는 개념이다. 그리고 옳고 그름은 현실적으로 주어진 책임을 지는 사람에게 중요하다. 인간은 계속해서 선악의 가치판단을 하지 않으면 안 된다. 사람이 만일 이런 가치판단을 하지 않게 되면 그의 행동은 변덕스러워지고 일관성이 없거나 현실성이 없는 독단으로 흐르기 쉽다.

현실요법은 책임능력감을 강조한다. 책임능력감은 자신이 다른 사

람의 욕구충족행위를 방해하지 않고, 다른 사람도 자신의 욕구충족
행위를 방해하지 않으면서 욕구를 충족시키는 행동을 말한다. 책임
능력감이 있는 사람은 자신의 생활에서 무엇을 원하는지 알며 자
신의 욕구나 목표를 성취하기 위해 책임능력감 있는 계획을 세운
다. 이것은 사람이 자신의 생활을 효과적으로 통제할 수 있다는
것과 그만큼 자율적이라는 것을 보여 준다. 글래서는 치료자에게서
나 자신에게서나 비난을 받지 않을 만큼 책임감 있게 행동하는 것
이 중요하다고 본다.

현실요법은 개인이 책임능력감을 받아들이도록 하고, 자신을 녀
잘 통제하도록 하는 데 초점을 맞추고 있다. 사람은 자신이 통제
할 수 없는 상황의 희생자가 나고 자기 생활에 대해 책임이 있다.
그러므로 상담자들은 내담자들이 자신의 행동을 변화시키기 위해
현재 무엇을 할 수 있는지, 무엇을 할 의지가 있는지 파악할 필요
가 있다.

4) 전이의 거부

글래서는 전통적 치료자들이 치료에서 전이라는 개념을 내담자
의 머릿속에 있는 것으로 뒤집어씌움으로써 오도하고 있다고 말한
다. 현실치료는 전이를 치료자가 자신을 숨기는 방법으로 본다. 그
는 상담자에게 내담자의 어머니나 아버지의 역할을 하는 것이 아
니라 있는 그대로의 자신이 되어야 한다고 주장한다. 따라서 현실
요법 상담자는 전이인물로서가 아니라 있는 그대로의 자신으로서

내담자와 관계를 맺는다. 상담자가 있는 그대로 내담자와 관계를 맺었을 때 내담자가 스스로 도울 수 있도록 돕는 역할을 하게 된다.

또한 현실치료는 상담자가 내담자에게 과거의 성공적이지 못했던 대인관계를 반복해서 탐색하는 일을 그만두고, 현재의 대인관계를 탐색하여 현재의 문제를 긍정적으로 풀어 가도록 한다. 현실치료는 과거의 실패에 관심을 두지 않고, 내담자의 현재의 생활과 직접 연관이 있는 환경을 다룬다. 부득이 과거를 탐색해야 할 경우 환경을 성공적으로 다루었던 내담자의 능력을 증명하기 위해서 한다.

3. 전통적 정신치료와 현실요법의 차이

전통적 정신치료는 정신질환이 존재하며 그것으로 고통을 받는 사람들을 치료할 수 있는 방법에 관심을 갖는다. 그러나 현실요법은 정신질환의 개념을 용납하지 않기 때문에 내담자가 자기의 행동에 책임을 지지 않아도 된다는 태도를 거부한다. 내담자가 정신병 환자의 입장을 가지고서는 상담자와 관계를 유지할 수 없다.

전통적 정신치료자들은 치료의 본질적인 부분은 환자의 과거생활을 철저히 조사하는 것에 있다고 주장한다. 문제의 심리적인 뿌리를 찾으면 환자의 삶의 태도에 변화를 일으킬 수 있다고 생각하기 때문이다. 그러나 현실요법의 경우 내담자의 인생이 과거에 의해 제한을 받지 않는다고 생각한다. 환자의 과거에 집착하지 않고 현재와 미래를 향해 노력한다.

전통적 정신치료는 환자의 과거생활에 심각하게 영향을 준 인물에 대한 태도를 치료자에게 전이시켜야 한다고 주장한다. 전이라는 개념을 통해 치료자는 환자의 과거를 재생시켜 보고, 그가 치료자에게 똑같이 반복하고 있는 부적절한 행동을 설명해 준다. 치료자의 해석을 통해 환자는 자기 과거에 대한 통찰을 얻게 된다. 그러나 현실요법은 전이를 거부한다.

전통적 정신치료는 무의식적인 심리적 갈등이 의식적인 문제보다 중요한 것으로 생각한다. 전이, 꿈, 자유연상에 관한 해석을 통해 자신의 무의식을 깨닫게 하는 것이 환자를 성공적으로 치료하는 데 필수조건으로 간주한다. 그러나 현실요법은 무의식적 갈등이나 꿈 등에 관심을 두지 않는다. 내담자가 무의식적 동기를 바탕으로 자신의 행동을 변명할 경우 현실요법 상담자와 유대관계를 가질 수 없다.

전통적 정신치료자들은 도덕적 문제, 곧 환자의 행동이 옳은가 그른가에 대해 무관심하다. 그것은 어쩔 수 없는 일로 간주되어 도덕적 책임을 묻지 않는다. 치료가 된 다음에는 사회규칙에 따라 행동하도록 한다. 그러나 현실요법은 내담자의 도덕성을 강조한다. 옳고 그름을 분명히 하고 그에 대한 책임을 강조한다. 사랑을 줄 수 있고 받을 수 있으며, 자신과 다른 사람에게 가치를 느낄 수 있는 방식으로 행동하는 사람이라면 그의 행동은 옳은 것이며 도덕적이어야 한다. 현실요법에서 "당신은 바르게 행동하는가, 그르게 행동하는가?" "당신은 책임 있는 행동을 택하고 있는가?" 질문을 할 수 있는 것은 이 때문이다.

전통적 정신치료에서는 환자에게 좀 더 나은 행동을 가르치기보다 환자가 자기 문제의 근원적, 무의식적 원천을 이해하기만 하면 스스로 보다 나은 행동을 학습할 것으로 본다. 그러나 현실요법은 내담자가 보다 만족스러운 행동양식을 발견하도록 도움을 받도록 할 뿐 아니라 좋은 행동을 가르치는 것이 치료의 한 부분이라고 생각한다.

4. 현실요법의 목표

현실요법의 궁극적인 목적은 내담자가 성취하려고 노력하는 바를 성취할 수 있도록 돕는 데 있다. 이 목적을 달성하기 위한 구체적인 목표 10가지를 살펴보면 다음과 같다.

(1) 개인적 자율성을 갖도록 한다. 자율성은 내담자 자신의 성숙이나 자신이 추구하는 인간상을 실현하는 능력이다.

(2) 자기결정을 하도록 한다. 자율성은 자신의 판단에 따라 결정하고 행동하는 것이기 때문에 자율성을 갖기 위해서는 자기결정이 가능해야 한다. 여기에는 스스로 옳고 그름을 판단할 수 있는 능력도 포함된다.

(3) 장·단기간에 걸쳐 내담자가 자기의 인생목표를 설정할 수 있도록 한다. 단기목표로는 금연이나 금주와 같은 것이 있고, 장기목표로는 졸업 후의 진로 같은 것이 있다. 이러한 목표설정은 자

기결정을 위해 필요하다.

(4) 내담자로 하여금 성공적 정체감을 갖도록 한다. 성공적 정체감은 인생목표설정이나 자기결정, 개인적 자율성을 위해 중요하다.

(5) 내담자로 하여금 책임감을 갖도록 한다. 이는 자신의 행동과 욕구충족을 포함하여 자신의 모든 것에 대해 책임을 질 수 있도록 하는 것이다.

(6) 자신의 주위환경을 통제할 수 있도록 한다. 내담자는 자신의 욕구충족을 위해 도움이 되도록 환경을 통제할 수 있도록 한다. 이를 위해 내담자가 하고자 하는 바를 행동으로 바꿀 수 있는 계획을 세우고 이를 실행하도록 한다.

(7) 내담자가 현실적 맥락에서 판단할 수 있도록 한다. 내담자가 자신의 현재 행동, 느낌, 생각, 신체적 활동 상태를 깨닫는 것은 물론 그것이 현실적으로 자신의 욕구충족에 도움이 되는 긍정적인 것인가를 판단할 수 있도록 한다. 이는 상담자가 판단해 주는 것이 아니어야 한다.

(8) 자신의 각성수준을 높이도록 한다. 내담자가 순간순간 자신이 어떻게 행동하고 느끼고 생각하며 활동하고 있는지를 각성토록 한다. 특히 자신의 니드(need)나 원트(want)와 연관 지어 깨닫도록 한다(예를 들어 '배고파 먹고 싶다'는 것이 니드라면 먹을 것 가운데 밥을 먹고 싶다고 하는 것이 원트이다.).

(9) 내담자가 긍정적으로 행동하고 느끼고 생각하고 활동할 수 있도록 한다. 즉, 내담자가 자신의 욕구충족에 도움이 되게 행동하고 느끼고 생각하고 활동하도록 한다.

(10) 내담자가 자신의 욕구를 충족시킬 수 있도록 한다. 내담자

가 자신의 기본욕구, 곧 소속감·능력·자유·재미·생존의 욕구를 충족시킬 수 있도록 한다. 이를 위해서 내담자의 원트를 확인하고 이를 충족시켜 결국은 기본적 욕구를 충족시키도록 하는 것이 중요하다.

5. 상담절차

현실요법의 궁극적인 목적을 달성하기 위해 지켜야 할 상담원리와 상담절차를 정리해 보면 다음과 같다. 2)에서 4)의 기본적인 상담의 진행절차를 WDEP(Want, Doing, Evaluation, Plan)로 표시하기도 한다.

1) 상담관계를 형성한다. 이는 상담자와 내담자기 친밀한 관계를 가져야 함을 말한다. 이를 위해서는 내담자에게 관심을 기울이고, 내담자의 말이나 행동에 대한 판단을 유보하며, 유머를 사용하고, 상담자는 그대로의 한 인간이 되어야 한다. 그리고 상담자는 자신을 솔직하게 그대로 노출시켜 자신의 경험을 내담자와 나누고, 내담자가 은유로 표현한 것이나 말하고자 하는 주제에 귀를 기울인다. 내담자의 말을 요약해서 명료하게 요점을 정리해 주며, 상담윤리에서 벗어나지 않아야 하고, 무엇을 원하는지 자주 질문하여 이에 답하도록 한다.

2) 현재행동에 초점을 둔다. 먼저 내담자가 지금 구체적으로 무엇을 원하는가(want)를 알아낸다. 이를 위해 묻는 방법을 사용한다.

내담자가 진정으로 바라는 것은 무엇이며 숨겨진 바람은 무엇인지, 사람들이 내담자에게 원하는 것은 무엇인지 묻는다.

그 다음 내담자가 자신의 욕구충족을 위해 현재 어떤 행동을 하고 있는지를(doing) 알아본다. 여기에서는 "당신은 지금 무엇을 하고 있습니까?"와 같은 질문을 하고 이에 답하도록 하는 것이 중요하다. 여기서 강조하는 것은 과거나 미래가 아닌 현재이며, 제3자나 외부환경이 아닌 내담자 자신이며, 전체행동 가운데 실제행동이다. 행동, 사고, 감정, 생리 등 전체 행동에 관해 묻는다.

3) 행동을 스스로 평가(self-evaluation)하도록 한다. 현재의 내담자 행동(doing)이 자기의 욕구(want)충족에 긍정적으로 도움이 되는지 방해가 되는지 내담자 스스로 평가하도록 내담자를 도와준다. 내담자가 자신의 행동을 평가하게 되면 자신이 원하는 것과 행동 사이의 거리를 스스로 돌아볼 수 있게 된다. 이로써 자신의 행동에 관심을 가지게 되고, 자신의 행동수준에 대한 각성수준을 높이며, 현재행동에 대해 현실성 있는 판단을 하게 된다.

평가에 있어서 핵심이 되는 질문은 다음과 같다. "당신의 행동이 당신에게 도움이 됩니까, 해가 됩니까?" "당신이 지금 하고 있는 일이 원하는 것을 얻는 데 도움이 됩니까?" "당신이 지금 하고 있는 행동이 규범에 어긋납니까?" "당신이 원하는 것이 현실적이고 실현 가능한 것입니까?" "그런 시각으로 보는 것이 당신에게 도움이 됩니까?" "상담을 통해 당신의 인생의 변화를 가져오는 것에 대해 어떻게 약속을 하시겠습니까?" "도움이 되는 계획입니까?"

4) 활동계획(plan)을 수립한다. 욕구충족과 관련된 내담자의 현재 행동 가운데 비효과적이고 부정적인 것들을 찾아 효과적이고 긍정

적인 것으로 수정하기 위해 계획을 수립하는 것을 말한다. 효과적
이고 긍정적인 것이란 자신의 니드나 원트를 충족시키기 위해 현
실적으로 받아들여질 수 있고 다른 사람에게 피해를 주지 않은 전
체 행동을 말한다. 비효과적이고 부정적인 것은 자신의 니드나 원
트를 충족시키기 위해 현실적으로 받아들여질 수 없거나 다른 사
람에게 피해를 주는 행동을 말한다. 모든 계획은 활동에 대한 긍
정적인 계획이어야 한다.

계획은 내담자의 욕구가 충족되는 것이어야 하고, 동기나 능력
의 한계를 넘어서면 안 되며, 단순하고 이해하기 쉬워야 한다. 계
획은 현실적이어야 하고 실현 가능해야 한다. 계획은 내담자가 할
마음이 있도록 해야 하고, 구체적이어야 한다. 실천으로 들어가기
전에 계획이 현실적이고 즉시 실현 가능한 것인지, 니드 및 원트
와 연관이 있는 것인지 함께 평가하는 것이 좋다.

5) 다짐을 받아 낸다. 내담자로부터 그가 계획한 활동들을 일상
생활에서 실천하겠다는 다짐을 받아 내는 것을 말한다. 다짐은 서
면으로 확실히 해 두는 것이 좋다. 내담자의 실천의지를 다른 사
람에게 다짐을 하지 않으면 그 실천 가능성은 그만큼 줄어들거나
계획 자체가 무의미해질 수 있다. 이 다짐은 내담자 자신은 물론
다른 사람에 대한 책임감을 깨닫도록 하는 것이다.

6) 변명을 받아들이지 않는다. 상담자와 내담자가 함께 계획을
수립하고, 내담자로부터 다짐을 받아 낸 것에 대해 내담자가 실행
을 하지 못했을 경우 상담자는 내담자의 어떤 변명도 받아들여서
는 안 된다는 것을 의미한다. 상담자가 그 변명을 받아들일 경우
그 계획 자체가 그에게 적절하지 않거나 실행이 불가능하다는 점

을 받아들이는 것과 같다. 따라서 변명을 유발하는 어떤 질문이나 힐난하는 질문도 피한다. 실행이 가능한 계획이었음에도 불구하고 내담자가 실천하지 않았을 경우 내담자의 잘못을 받아들이도록 함과 동시에 다시 계획 수립하기나 다짐 받아 내기로 돌아가도록 해야 한다.

7) 처벌을 사용하지 않는다. 현실요법에서는 행동을 변화시키기 위해 의도적으로 처벌을 배제한다. 처벌을 사용하게 되면 내담자가 더욱 패배적 정체감을 갖게 되고 상담자와의 관계가 악화되기 때문이다. 신체적 처벌뿐 아니라 그를 판단하거나 비난도 하지 않아야 한다. 벌을 사용하지 않는 대신 내담자가 행동결과에 대한 책임을 받아들이도록 한다. 무엇보다 내담자가 자기 자신을 변화시키고 싶어 하는지, 다짐한 것을 그대로 유지하고 싶은지 그 여부를 확인하는 것이 중요하다.

8) 포기하지 않는다. 상담자의 특징은 집요하다는 점이다. 상담자가 내담자의 변화 가능성에 대해 희망을 버리거나 그 가능성을 완전히 포기하는 것은 내담자가 자신에 대해 책임을 지도록 하는 데 도움이 되지 않는다. 따라서 내담자가 어떤 말이나 행동을 하더라도 상담자는 내담자의 변화 가능성을 끝까지 믿는다. 이럴 경우 내담자와 친밀한 관계가 더욱 형성된다. 아울러 내담자는 상담자가 자기를 포기하지 않을 것이라는 것을 믿고 실행에 더욱 박차를 가하게 된다.

해야 할 것들	• 주의 기울이는 행동을 하기
	• 항상 지켜야 할 사항들 항상 예의 바를 것, 항상 신념을 가질 것, 항상 열정적일 것, 항상 확고할 것, 항상 진실할 것
	• 판단을 보류하기
	• 예상하지 않은 행동하기(긍정적 측면 발견)
	• 유머를 사용하기
	• 자기 자신이 되기
	• 자기 자신을 개방하기
	• 은유적 표현에 귀 기울이기
	• 주제에 귀 기울이기
	• 요약하기와 초점 맞추기
	• 결과를 인정하기
	• 침묵을 허용하기
	• 윤리적이기
해서는 안 될 것들	• 변명을 받아들이지 말기
	• 처벌하지 말고 비판하거나 논쟁하지 않기
	• 쉽게 포기하지 말기

6. 현실요법에서 사용되는 기술

1) 세련된 질문

현실요법에서는 상담의 각 과정마다 적절한 질문을 사용한다. 상담관계 형성단계에서는 "무엇을 원하는가요?"라고 물음으로써 내담자의 니드와 원트가 무엇인지, 또 얼마나 강한지 알아낸다. 현재 행동 초점 두기 단계에서는 내담자의 현재 행동에 초점을 맞춘 질

문을 한다. 변명 받아들이지 않기 단계에서는 계획을 실천하지 못
한 이유를 따지는 것이 아니라 다짐했던 계획이 현실성이 있었는
지, 활동계획을 다시 세울 것인지 아니면 그대로 다시 실행해 볼
것인지 묻는다.

상담자의 숙련된 질문을 통해 내담자는 자신의 욕구를 만족시킬
수 있는 방법을 인식하고 정의하고 세련시키게 된다. 즉, "당신은
지금 어떤 사람이 되었으면 하고 생각합니까?" "당신이 원하는 것
을 전부 가질 수 있다면 지금 무엇을 가지고 있겠습니까?" "당신
과 가족들이 원하는 것이 다 이루어져 있다면 지금 당신의 가정은
어떤 가정이겠습니까?" "당신이 원하는 방식대로 살고 있다면 당
신은 지금 무슨 행동을 하고 있겠습니까?" 이런 질문들은 현실치
료에서 다른 절차에 대한 준비단계이자 내담자가 여러 생활국면에
서 자신에 대해 어떤 상이나 사진첩(picture album)을 갖고 싶어 하
고, 이를 위해 무엇을 해야 하는지를 스스로 깨닫게 한다.

2) 유 머

현실요법에서는 유머가 중요하다. 현실요법에서는 질문, 논쟁,
토의, 맞닥뜨리기 등의 과정에서 내담자는 긴장되기 쉽다. 따라서
상담자는 때에 따라 적절한 유머를 사용하여 내담자의 긴장감을
풀어 줄 필요가 있다. 상담자뿐 아니라 내담자도 자신의 어리석음,
실수 등과 관련된 긴장감을 유머를 통해 풀 수 있다. 유머는 긴장
을 풀어 줄 뿐 아니라 여유를 갖게 한다. 웃음은 니드를 채워 주

는 역할도 한다.

유머에는 크게 치료적 유머와 해로운 유머가 있다. 치료적 유머는 교육적, 교정적 내용을 담고 있고 내담자로 하여금 상황파악을 하도록 한다. 이러한 유머는 존경을 받고 적대감이 없다. 하지만 해로운 유머는 내담자를 깎아내리거나 창피하게 만든다. 이런 유머는 내담자의 문제를 악화시키고, 개인적 가치를 손상시키며, 상대방의 분노를 일으켜 치료목적과 반대된다. 이런 유머는 적절치 못할 뿐 아니라 조롱을 당한다. 유머는 치료적이어야 한다.

유머가 효과적이려면 시기적절해야 한다. 치료관계가 잘 형성되기 전에 유머를 사용하는 것은 현명치 못하다. 내담자와의 관계형성이 잘되어야 유머가 긍정적 결과를 만들어 낸다. 유머는 내담자로 하여금 자신의 문제를 새로운 시각으로 보게 하는 효과를 가져올 수 있다.

3) 토의와 논쟁

현실요법에서는 질문과 대답을 통해 상담이 이뤄진다. 질문을 주고받는 가운데 내담자의 대답이 합리적이지 못하면 상담자는 내담자와 토의를 하거나 논쟁을 한다. 토의와 논쟁의 초점은 욕구 및 이의 충족방법이 현실성이 있는지와 그 책임성에 둔다. 내담자를 비판하고 논쟁하고 처벌하기 위한 것이 아니다.

4) 맞닥뜨리기

　질문과 토의 과정 중 내담자의 모순성, 특히 현실적 책임과 관련된 모순성이 보이면 이에 대해 상담자는 맞닥뜨리기(confrontation)를 할 수 있다. 보기를 들어 전공학과가 싫어 학교를 그만두려 하는 학생이 그 책임을 어머니에게 돌릴 경우 "다른 일도 어머니가 시키는 대로 했습니까?" 묻고, 내담자가 "그렇지 않습니다."라고 대답하면 "다른 일은 어머니가 시키는 대로 하지 않는데 학과선택은 왜 어머니가 시키는 대로 했습니까?" 맞닥뜨림으로서 결국 현재의 학과는 내담자 자신이 선택했다는 점, 곧 모든 것이 내담자의 책임임을 인식시킨다.

5) 언어충격

　언어충격은 자주 사용하지 않지만 내담자에 따라 자주 활용된다. 만약 내담자가 "상담자께서 보시기에 저에게 무엇이 잘못되었습니까?" 물었을 경우 상담자는 "나는 당신이 미친 사람이라고 생각합니다."라고 충격적인 말을 던진다. 이때 '미쳤다'는 것은 책임질 수 없는 행동을 하고, 다른 사람이나 자신을 해치면서까지 자기의 욕구를 충족시키려는 사람이라는 의미라는 것을 설명해 준다.

6) 역설적 기법

일반적으로 현실치료에서는 직접적이고 직설적인 절차로 내담자를 변화시키려 한다. 그럼에도 불구하고 내담자가 계획을 세우지 않으려 강력히 저항할 때도 있고, 계획을 세운 후라도 실행에 옮기지 않으려 할 수도 있다. 다른 방법을 사용해도 효과가 잘 안 날 경우 상담자가 예상 밖의 행동을 하는 방법, 곧 현실치료의 원리나 절차에서 보면 역설적인 기법을 사용할 수도 있다. 잠을 잘 수 없다고 불평하는 내담자에게 "계속 깨어 있으라." 하고, 실수하는 것을 죽도록 무서워하는 내담자에게 "일부러 실수하라." 하며, 우울한 내담자에게 우울증상을 "빨리 포기하지 마라."고 한다. 이 역설적 기법은 빈정거림으로 들릴 수 있지만 결코 빈정거림이 아니다. 이러한 지시는 역설적인 것임에도 불구하고 치료적 변화가 일어난다. 특히 내담자들은 역설적인 지시를 통해 사신의 약점에 대해서도 웃을 수 있게 되고, 이런 과정을 통해 변화를 쉽게 가져올 수 있다.

그러나 역설적 기법은 아무 때 아무든지 사용될 수 있는 것은 아니다. 이 기법에 대해 충분히 훈련을 받은 상담자, 경험이 있는 상담자, 또는 철저한 지도 감독 아래서만 실시해야 한다. 이 기법은 우울, 불면증, 공포, 불안장애 등을 치료하는 데 효과적이라는 연구결과가 있다. 하지만 위기상황, 자살, 살인, 폭력, 약물남용, 과음 등의 상황에서는 역효과를 가져올 수 있어 이런 경우에 사용해서는 안 된다. 역설적 기법이 적절하고 올바르게 사용되기만 하면 효과가 있다.

상담기술 가운데 유머, 토의와 논쟁, 맞닥뜨리기, 언어충격, 역설적 기법과 같은 것은 내담자와 상담자의 관계가 잘 형성되었을 때 가능하다. 관계가 친밀하지 않은 상태에서 이런 기술을 사용하면 역효과가 난다. 현실요법은 모든 과정에서나 기술의 사용에서 항상 내담자와 상담자 사이에 깊은 인간적 관계형성을 전제로 한다.

도움말

현실요법과 치료

글래서의 부인 나오미는 현실요법 상담자들이 여러 내담자들과 상담한 사례를 소개하였다. 그에 따르면 이혼한 부모의 문제를 다루었던 사례, 우울한 내담자를 치료한 사례, 알코올환자로 하여금 새로운 생활을 찾도록 도운 사례, 자살하려는 청소년이 목적감을 갖도록 한 사례, 심한 장애를 가진 사람들을 도운 사례, 정신지체소년들이 책임능력감을 더 많이 갖도록 도운 사례, 교장이 교사를 도운 사례, 교사와 학교 상담자에게 학생을 돕는 방법을 제공한 사례 등 상담종류가 매우 다양하다. 이 사례들을 다룬 치료자들은 현실요법의 기본적 방법을 사용하면서 내담자가 자신의 생활을 보고, 건설적 행동을 계획하도록 돕는 일에 그 기법들을 효과적으로 사용하기 위해 자신에 맞는 자기 특유의 방법을 개발했다(N. Glasser, 1980).

상담자와 내담자의 관계

상담자를 불성실하다고 지각한 내담자는 현실치료에서 반드시 필요한 현재의 소속감을 경험하지 못하게 된다. 상담자를 편안하게 지각하지 못한 내담자는 이것을 기술부족으로 보며 상담과정을 신뢰하지 않게 된다(Glasser, 1986: 19).

부부상담과 현실요법

현실요법에서는 부부상담도 많이 한다. 부부상담은 대개 10회 상담으로 끝나지만 더 오래 하는 경우도 있다. 상담을 하기 전에 그 부부가 이혼하기로 결정했는지, 결혼관계를 계속할지의 여부를 결정하려고 하는지, 이혼에 대해서는 전혀 생각하고 있지 않으며 단지 관계를 개선시키기 위해 도움을 구하고 있는지를 규정해 두어야 한다. 상담자는 적극적으로 행동해야 한다. 상담 중 다음과 같은 질문을 던질 수 있다. "당신이 지금 하고 있는 활동 중에서 어떤 활동이 당신의 기분을 좋게 또는 나쁘게 합니까?" "부인(남편)의 어떤 행동이 당신의 기분을 좋게 또는 나쁘게 합니까?" "당신이 가장 바라고 있는 부부생활에서의 변화는 구체적으로 어떤 것입니까?" 10회 상담이 있은 후에는 어떤 진전이 있었는지, 혹은 계속 상담을 받아야 하는지를 결정하기 위해 평가를 한다.

제9장

RET와 합리적 생각하기

1. 합리적 · 정서적 치료

합리적 · 정서적 치료(RET: rational emotive therapy)는 1950년대에 엘리스(A. Ellis)에 의해 개발된 것으로 자신의 신념체계(belief system)에 대한 변경을 통해 문제를 해결하는 인지적 치료 방법이다. 그는 원래 정신분석이 심리치료의 가장 심오한 형태라 믿어 정신분석에 관심을 가졌으나 자신이 받은 정신분석 훈련이 내담자들을 치료하는 데 적절하지 못하다는 것을 깨닫고 인간주의적 · 철학적 · 행동적 치료를 결합하여 RET를 개발했다. RET는 자유연상, 꿈의 분석, 내담자의 과거사, 감정의 끝없는 표현이나 탐색, 전이현상을 다루는 데 큰 가치를 부여하지 않는다. 이런 것들에 시간을 소비하는 것은 응석을 받아 주기로 간주한다.

이 방법은 사고 · 판단 · 결정 · 분석 · 행동을 강조한다는 점에서 인지 · 행동 · 행위 지향적인 치료와 유사한 점이 많다. 그러나 매우 교시적이고 지시적이며 감정만큼이나 사고에 관심을 가지고 있다. RET는 인지, 감정, 행동이 의미 있게 상호 작용하고 서로 관계를 가진다는 것을 꾸준히 강조하고 있어 절충주의적 접근으로 인식되기도 한다.

RET는 사람의 사고과정, 특히 신념이 인간행동을 움직이는 가장 큰 요인이 된다는 가정 아래 잘못된 비합리적 사고방식과 신념체계를 발견하여 합리적인 신념체계로 바꾸도록 하는 치료기법이다. 이를 위해 설득, 직면, 도전, 명령, 논박의 방법을 사용한다. 이 방법으로 부당한 정서와 비합리적이고 비현실적인 사고를 현실적이고 합리적으로 재교육하여 자신을 바라볼 수 있게 한다. 보기를 들어 그는 치료과정에서 사람들에게 거부당할지도 모르는 모험, 곧 내담자들이 하기를 가장 두려워하는 그런 일들을 오히려 하도록 설득하고 강요한다. 이러한 방법은 RET가 행위 지향적이고 지시적인가를 보여 준다. RET는 내담자의 행동에서 나타나는 결함을 비판하고 지적하는 것이 바람직하다고 생각하기 때문에 상담자와 내담자 사이의 온정적 관계를 필수적인 것으로 보지 않는다.

엘리스는 어떤 사건을 경험했느냐 하는 것이 내담자의 정서적 불안과 갈등의 원인이 되는 것이 아니라 내담자가 그 사건의 경험을 어떻게 해석하고 느끼는가 하는 것이 내담자의 정서를 좌우한다고 보았다. 개인의 사고와 정서는 밀접히 연관되어 있기 때문에 사고과정을 먼저 통제함으로써 정서도 통제 및 변화시킬 수 있다는 것이다. 정서가 재교육된다는 의미에서 합리적·정서적 치료 또는 RET, RT라 부른다.

대부분의 신경증 환자나 반사회적 행동을 하는 사람들은 불안을 유발하는 상황에서 스스로 비논리적, 비현실적, 자멸적인 생각을 가지고 행동한다. 어떤 상황에서는 완벽한 것을 추구하거나, 너무 욕심을 부리거나, 자신을 탓하거나, 세상에 대해 적개심을 나타내 자기 패배적 사고에 젖어 죄의식·열등의식·불안·우울 등 불필요한 정서적 고통을 경험한다. 사람의 심리적 고통이나 행동장애는 대부분 이처럼 비합리적인 사고와 신념으로부터 생기는 적개심·죄책감·불안 등 비합리적인 정서반응으로 나타난다. RET는 상담 과정에서 이 장애의 원인인 비합리적이고 비논리적인 신념을 노출 시키고, 이것이 어떻게 현재의 불합리한 정서와 행동을 유발케 했 는가를 인식시켜 내담자가 보다 합리적인 사고와 신념을 가지고 생활하도록 재교육하며, 낙관적인 인생철학과 건강한 정신을 가지고 생활하도록 한다. 따라서 이것의 목적은 내담자의 자기 패배적 인생관을 제거하고 합리적인 인생관과 조화로운 삶을 유지하도록 하는 데 있음을 알 수 있다.

이 기법은 적극적·지시적·교육적이며 인지적·정의적·행동적 접근을 종합한 느낌을 준다. 이 방법에 따르면 인간은 날 때부터 합리적 사고를 할 잠재력을 가지고 있는데 비합리적 사고를 함으로써 정신질환을 앓기 쉽게 되어 있다. 따라서 사고·판단·분석·행위·재결정 등 인간의 인지적·행동적 측면이 강조되며, 치료방법은 교훈적이고 재교육과정처럼 보인다.

RET는 불안, 우울, 분노, 부부갈등, 대인관계 기술부족, 양육실패, 성격장애, 강박장애, 섭식장애, 심리 신체적 장애, 중독, 정신병적 장애와 같은 임상적 문제를 치료하는 데 사용된나.

RET와 아주 유사한 것으로 벡(A. T. Beck)의 인지치료가 있다. 이것은 RET와 마찬가지로 능동적이고 지시적이며 시간 제한적이고 구조적이다. 이 또한 부정적 사고와 부적응적 신념을 인식시키고 변화시키는 것을 강조한다. 인지치료는 패배적 가정과 잘못된 개념화를 이끄는 요인으로 임의적 추론, 선택적 추론, 과잉일반화, 확대화와 과장, 개인화, 이분법적 사고를 들고 이러한 행동을 고치기 위해 행동적 접근방법을 많이 도입했다(Beck, 1976). 그는 엘리스와는 별도로 연구했지만 내담자로 하여금 자기 패배적인 인지를 인식하고 포기하도록 돕고 있다. RET와 인지치료와의 중요한 차이는 내담자와의 치료관계에 있다. RET는 상담자를 선생으로 보게 하고 치료에 있어서 내담자와의 따뜻한 인간관계가 중요하지 않다고 보는 것에 반해 인지치료는 진정한 따뜻한, 정확한 공감, 무비판적 수용, 내담자와의 신뢰관계를 중시한다.

2. RET의 생성배경과 인간관

역사적으로 보면 고대 동서양 철학자들이 인지, 정서, 행동 사이의 상호관계를 말한 바 있다. 엘리스는 그 가운데서도 그리스 철학자, 특히 스토아학파의 에픽테토스(Epictetus)와 마르쿠스 아우렐리우스(M. Aurelius)의 영향을 받았다. 에픽테토스는 "인간은 객관적 사실이나 사물 때문에 혼란스러운 것이 아니라 그것을 받아들이는 자신의 관점 때문에 혼란스럽다."고 말했다.

그는 아들러(A. Adler)도 자기에게 영향을 주었다고 말한다. 아들러는 "인간의 행동은 그의 관념에서 나온다."고 확신했다. 그는 "개인은 미리 정해진 방식으로 자신과 외부세계를 연관 짓는 것이 아니라 자신 및 자신의 현재 문제에 대한 해석에 따라 자신을 외부세계와 관련시킨다. 외부세계에 대한 자신의 관계를 짓는 것은 삶에 대한 그의 태도이다."라고 말함으로써 우리의 정서적 반응과 생활양식은 우리의 기본적 신념과 연관이 있으며 따라서 인지적으로 만들어져 있다고 믿었다. 상황에 의해 의미가 결정되는 것이 아니라 우리가 상황에 부여한 의미에 의해 우리 스스로를 결정한다는 생각은 RET의 기본철학에 속한다. 아들러는 이외에도 목적, 가치, 인간실존에서의 의미, 능동적이고 지시적인 가르침, 인지적 설득의 사용, 청중들 앞에서의 시범을 통한 치료기법의 교육 등을 통해 영향을 주었다(Dryden & Ellis, 1988).

RET에 따르면 인간은 합리적으로 될 잠재성뿐만 아니라 비합리적으로 될 잠재성도 가지고 태어난다. 인간은 특히 합리적이고 올바른 사고와 비합리적이고 올바르지 못한 사고 모두를 할 수 있는 가능성을 가졌다고 본다. 사람은 자기보존·행복·사고·언어·사랑·다른 사람과의 대화·성장과 자아실현 등 긍정적 성향을 가지고 있다. 이와는 반대로 자기파괴·사고회피·나태·끝없는 실수의 반복·미신·성급함·자기비하·성장잠재력의 실현회피 등의 부정적 성향도 아울러 가지고 있다. 사람들의 비합리적인 사고·자해적 습관·소망적 사고 및 편협한 경향성은 그들의 문화 및 가족집단에 의해 악화된다고 본다. RET는 이 두 가지 사이에서 인간은 계속해서 실수를 범하지만 실수를 하면서도 보다 평화롭게 사는 방법을 배울 수 있다는 것을 말해 주고 싶어 한다.

엘리스 인간에 대해 다음과 같은 가정을 두고 RET를 전개하고 있다.

- 사람은 외부의 것에 의해 조건 형성되었다기보다 장애를 느끼도록 스스로를 조건 형성한다.
- 사람은 올바르지 않게 생각하고 쓸데없이 자신을 혼란시키는 생물학적, 문화적인 성향을 가지고 있다.
- 사람은 스스로가 혼란스러운 신념을 만들어 내고, 그 혼란에 의해 스스로 혼란스럽게 된다.
- 사람은 자신의 인지, 정서, 행동 과정을 변화시킬 수 있는 능력을 가지고 있다. 인간은 자신의 일상적인 양식과 다르게 반응할 수도 있고, 자기마음을 뒤집어 놓지 않을 수도 있으며, 자신을 단련시켜 최소한의 혼란스런 상태를 유지하며 살아갈 수 있다.

엘리스에 따르면 인간은 성장 및 자아실현 성향을 가지고 태어났지만 선천적으로 올바르지 못한 사고와 살면서 학습한 자기 패배적 양식 때문에 성장하지 못한다. 또한 사람은 사랑, 인정, 성공 등에 대한 욕망을 없어서는 안 될 욕구로 간주하면서 정서적, 행동적 장애를 겪게 된다. 엘리스는 "당신이 생각하는 대로 느낀다."라고 말한다. 즉 우울증과 불안증과 같은 혼란된 반응은 자기 패배적 신념체계에서 생기고 유지되며, 이 신념은 자신이 통합하고 창조한 비합리적인 사고에서 나온다.

RET는 정상적인 슬픈 감정, 섭섭한 감정, 실망감 등과는 다른 정서적 장애는 주로 비합리적인 사고의 산물로 간주한다. 비합리적이라는 것의 속성은 모든 것이 지금과는 반드시 달라야 하며 다르지 않으면 절대로 안 된다는 법칙으로부터 나온다. 자신이 다른 사람들로부터 인정되고 사랑받아야 한다고 생각하는 것은 그 보기이다. RET는 사람이 수용되고 사랑받는 것이 좋은 것이기는 하지만 반드시 수용되고 사랑받아야 하는 것이 아니며, 자신이 다른 사람들로부터 수용되고 사랑받지 못한다 하더라도 기분이 상하거나 우울해하지 않을 수 있는 방법을 가르친다. 즉 비합리적인 사고로 인해 자기패배감을 일으키는 것을 논박의 과정을 통해 인식시키고 장애를 일으킨 책임은 바로 자기 자신에게 있음을 확신시킨다. RET는 자신의 혼란된 정서적 결과를 직접적으로 일으키는 비합리적인 신념들을 변화시킬 수 있는 방법을 가르쳐 준다.

RET는 잘못된 신념들을 변화시키기 위해 다음과 같은 철학적 단계를 활용한다. 무엇보다 자신의 문제를 만들어 내는 책임이 주로 자기 자신에게 있다는 사실을 완전히 인식시킨다. 그 다음, 이 장애를 극복할 수 있는 능력을 우리 자신에게 있음을 인정한다. 우리의 정서적 문제가 비합리적 신념으로부터 나온다는 것을 인식하고, 이 신념을 확실히 지각한다. 강력한 방법을 사용하여 그러한 어리석은 신념을 반박하는 데 대한 가치를 알고, 우리가 변화하려면 이러한 신념과 이에 따른 역기능적 감정이나 행동을 반격하기 위해 정서적 행동적 방식으로 열심히 노력해야 한다는 사실을 받아들이게 한다. 그리고 남은 생애에서도 이와 유사한 장애를 근절하거나 변화시키도록 한다.

RET는 내담자의 가장 기본적인 가치관 가운데 일부, 특히 그들에게 장애를 일으키는 가치관을 검토하고 이를 변화시키기 위한 것이다. 내담자의 두려움이 결혼의 실패에 관한 것일 경우 목표는 그에 대한 두려움의 감소에만 있는 것이 아니라 일반적인 실패에 대한 내담자의 과장된 공포를 없애는 것이다. 상담자가 내담자와 함께 추구하고자 하는 목표로는 자기관심, 사회적 관심, 자기지향, 참을성, 불확실성의 수용, 책임능력, 과학적 사고, 자기수용, 모험 감수, 공상이 아닌 현실성, 좌절에 대한 참을성, 혼란에 대한 자기 책임 등이 있다(Ellis, 1979).

3. 비합리적 신념체계

RET는 정서장애를 일으키는 것이 생활사건 자체가 아니라 사건에 대한 왜곡된 지각 때문이라는 가정에서 출발한다. 그리고 이 왜곡된 지각 및 잘못된 생각의 뿌리에는 비합리적이고 자기 패배적인 관념들이 깔려 있다고 본다. 엘리스는 인간이 정서적으로 흔란스러운 것은 비합리적으로 생각하고 자신을 파괴하는 강한 선천적 경향성, 부모와 문화에 의해 형성된 초기의 비합리적이고 비논리적인 신념체계가 자기의 언어를 통해 강화되는 것으로 보았다. 그는 비합리적이고 비논리적인 신념체계로 다음 11가지를 들었다.

- 사람은 자기 주위의 거의 모든 주요 인물로부터 사랑받고 인정받아야 한다.
- 사람이 가치 있는 존재로 여겨지기 위해서는 아주 유능하고 성취적이어야 한다.
- 어떤 사람은 나쁘고 간악하기 때문에 벌을 받아야 한다.
- 원하는 대로 일이 되지 않으면 무서운 파멸이다.

- 불행은 외적 환경에서 일어나며 사람의 힘으로는 그것을 통제할 수 없다.
- 위험하거나 두려운 일은 큰 걱정의 원이며 그런 일들은 언제나 일어날 수 있다.
- 곤란과 자기책임에 직면하기보다 피하는 것이 더 쉽다.
- 사람은 다른 사람에 의지해야 하므로 의지할 만한 강한 사람이 있어야 한다.
- 과거의 경험이나 사건이 현재를 결정하며 사람은 과거의 영향에서 벗어날 수 없다.
- 다른 사람의 문제나 어려움에 대해서도 신경을 써야 한다.
- 모든 문제는 언제나 바른 해결책이 있으며 그 해결책을 찾지 못하면 비극이다.

이러한 비합리적인 사고 속에는 언제나 '당연히 그래야만 한다. 하지 않으면 안 된다(should, must, ought)'는 식의 사고 틀을 가지고 있다. 이러한 사고가 비합리적 성향으로 인도한다. RET는 문제의 근원이 이렇듯 비합리적으로 생각하는 개인에게 있다고 본다. 내담자는 상담과정에서 비합리적인 사고를 알고 이로 인해 자신의 문제가 야기되었음을 알게 된다. 상담자는 내담자의 비합리적인 신념의 교정을 위해 적극적으로 개입한다. 내담자의 비합리적이고 자기 패배적인 사고의 모순을 지적하고 공박하며 격려하고 설득한나. RET에서는 이렇듯 비합리적인 관념과 생각을 합리적이고 생산적인 것으로 대치하는 작업을 계속한다. 내담자가 정서장애를 가진 것은 비적응적인 사고과정의 결과이기 때문에 잘못된 인지과정을 재구성하는 것이 중요하다. RET를 인지재구성법(cognitive restructuring method)의 한 방법으로 보는 것은 이 때문이다.

4. 상담과정

상담과정은 내담자가 RET의 기본철학과 논리를 믿도록 설명하는 것으로부터 시작한다. 인간은 외부적인 어떤 상황보다는 자기 스스로 자신의 정서적 장애를 일으키는 여건을 만들고, 사실을 왜곡하고 불필요한 정서적 혼란을 일으키는 생득적·문화적 성향을 가지고 있으며, 동시에 사고하고 느끼고 행동할 뿐 아니라 이들은 서로 크게 영향을 주고받으며, 그리고 인간은 자신의 인지적·정서적·행동적 과정을 변화시킬 수 있는 능력이 있다는 것을 설명한다(Ellis, 1962).

면접과정에서 내담자의 자기관찰과 상담자의 피드백을 통해 비합리적 사고를 발견하고 규명한다. 상담자는 내담자의 비합리적 사고와 신념체계를 찾아내 내담자 자신에게 비합리적이고 쓸데없는 자기학대적 사고방식이 있다는 것을 인식시킨다. 문제 및 좌절 장면에 대해 합리적 해석을 하도록 한다. 보다 긍정적인 자기진술을 반복하거나 합리적 행동반응을 촉진시키는 행동과제를 부과한다. 논박을 통해 합리적 정서로 변화시킨다. 상담의 절차는 ABCDE모형으로 설명되기도 한다.

A는 내담자에 의해 노출되었던 선행사건(antecedents) 또는 문제

장면(activating event)이다. 사랑하는 친구를 잃거나 부부싸움이 그 보기로 이 사건이나 문제 장면으로 인해 인간의 정서를 유발시킨다.

B는 선행사건에 대한 내담자 자신의 신념체계(belief system)이다. 어떤 문제가 되는 사건이나 행위 등과 같은 환경적 자극에 대해 개인이 갖는 신념체계나 사고방식을 말한다. RET에서의 핵심은 바로 내담자의 사고방식과 신념체계를 바꾸는 데 초점을 맞춘다.

C는 선행사건 때문이라고 내담자가 생각하는 정서적·행동적 결과(consequences)이다. 선행사건에 접했을 때 비합리적인 신념체계 또는 사고방식으로 문제가 되는 사건을 해석함으로써 내담자가 느끼는 정서적, 행동적 결과를 말한다.

D는 비합리적 신념에 대한 상담자의 논박(dispute)이다. 내담자의 비합리적 사고 또는 신념에 대한 상담자의 논박을 말한다. 논박의 대상은 개인이 아니고 내담자의 비합리적 사고방식이다. 설득, 논박, 과잉강조, 부정, 역할연기, 과제물, 독서요법, 면담중이 행동강화 등 여러 행동기법들이 사용된다. 이것은 RET가 인간적 온정이나 공감적 이해를 중히 여기지 않는다는 것을 보여 준다. 지나친 온정이나 이해는 상담자에 의존적으로 만들거나 상담자로부터 인정을 받으려는 의존심을 길러 주기 때문이다. 따라서 온정 대신 교수, 독서기법, 행동수정과 같은 기법들을 사용한다.

E는 내담자의 비합리적 신념을 논박한 효과(effect), 곧 정서적 결과이다. 비합리적 사고방식을 논박함으로써 합리적 신념을 갖게 한 다음 내담자가 느끼는 자기 수용적인 태도와 긍정적인 감정이 그 보기에 해당한다.

이 모형에서의 핵심은 내담자가 정서적으로나 행동적으로 어려움을 겪게 하는 것(C)은 선행사건(A)이 아니고 내담자의 신념(B)라는 사실이다. 논박의 대상은 내담자 개인을 논박하는 것이 아니고 내담자의 비합리적 신념이 그 대상이라는 것을 잊어서는 안 된다. 비합리적 신념을 합리적 신념으로 바꾸는 과정에서 지적, 설득, 논박뿐 아니라 비현실적 생각에 대한 모순 지적, 적극적 부정 등의 정서유발기법과 문제 장면에서의 역할연습, 상담 장면 밖에서 문제해결연습을 하도록 과제부여, 그리고 행동변화를 위한 강화 등 여러 기법을 사용한다.

여기서는 신경증을 비합리적 사고와 행동의 결과로 본다. 정서적 장애는 아동기에 근원이 있지만 현재까지 재주입에 의해 지속되는 것이다. 그러므로 내담자는 특정 신념의 타당성을 검토하고, 매일매일의 생활에 과학적 방법이 적용되도록 한다. 내담자는 자기 문제에 대한 통찰력을 얻어 자기 패배적 행동을 고치는 데 적극 활용하게 된다. 이 과정에서 여러 교육적인 방법이 사용된다. 가르침뿐 아니라 독서, 숙제, 그리고 문제해결을 위한 논리적·과학적 방법을 사용한다. 특정 생활철학을 비판적으로 평가하기 위해 진단·질문·검토·해석방법도 사용한다.

상담과정에서 내담자가 자신의 비합리적인 신념에서 합리적인 신념을 구분하도록 하기 위해 지금까지 진리인 것처럼 아무 비판 없이 받아들인 자기 패배적이고 비합리적인 신념의 오류를 이해시키고 그로 하여금 잘못된 신념들을 과감히 파괴하면서 합리적 신념을 가질 수 있도록 재구성하고 행동에 참여하도록 한다. 특수한 문제나 증상에만 대처해서는 근본적으로 비논리적인 신념이나 불안이 해소되기 어렵다. 따라서 내담자가 스스로 자신의 비합리적인 신념과 태도의 핵심을 공격하고 합리적인 것으로 대치할 수 있도록 가르칠 필요가 있다. 자신을 그토록 괴롭혀 왔던 그릇된 행동 원인이 자신의 비합리적인 신념과 태도였음을 인식하면 새로운 신념과 행동형성은 물론 현실적인 자신감을 갖게 된다.

상담과정에서 내담자는 자신이 자기의 혼란을 창출했지만 그것을 변화시킬 수 있는 능력을 가지고 있다는 현실을 수용한다. 장애적 문제가 실제적인 사건에서 발생하기보다는 비합리적이고 절대론적인 신념들로부터 기인된다는 것을 인식한다. 비합리적인 신념들을 탐지하고, 그 합리적 대안들을 통합할 수 있을 때까지 비합리적인 신념들을 논박하는 것을 학습한다. 그리고 인지적, 정서적, 합리적 기법을 변화의 기법으로 사용하여 새롭고 합리적인 철학을 내면화하려고 노력한다.

5. RET 보기

어느 여인이 남편으로부터 이혼을 당한 후에 심한 우울증에 빠져 매사에 의욕을 잃었다. 우리는 흔히 이혼을 당했다는 것 때문에 우울증에 빠진 것으로 생각한다. 그러나 엘리스는 이혼(A)이라는 사건이 우울증(C)의 원인이 아니고, ‘나는 결혼에 실패했다.’ ‘나는 남편으로부터 거부당했다.’ ‘남편을 잃어버렸다.’ ‘여자가 이혼당하는 것은 수치스럽다. 내가 이혼을 당했으니 얼마나 창피하고 무능한 인간인가.’ ‘그 이혼에 대한 책임이 나에게 있다. 나는 가치 없는 사람이다.'라는 등의 자신의 여러 가지 생각(B), 곧 비합리적인 사고방식 때문에 우울증(C)이 발생하게 된다. 즉, 이혼이라는 실제적인 사건(A)이 아니라 거부나 실패에 대한 신념(B)이 우울증(C)을 일으킨다. 따라서 정서적 장애를 일으킨 책임은 자기 자신에게 있다. 따라서 RET는 이러한 비합리적인 신념을 변화시켜야 치료가 된다고 본다.

RET 치료과정에서는 비합리적인 신념체계(B)를 반박(D)하고 그것을 합리적인 신념체계로 바꾸게 함으로써 문제를 해결하게 만든다. 즉, '내가 남편으로부터 이혼당했다고 해서 반드시 무능한 것은 아니다. 남편에게는 매력이 없을지 모르나 다른 사람에게는 얼마든지 매력이 있을 수 있다.' '부부의 애정 면에서 내가 실패했다 할지라도 다른 면에서 행복을 찾을 권리가 있다.'며 반박을 한 후 '이혼당한 것이 불쾌하고 자존심이 상하지만 나는 견딜 수 있다. 우울증으로 삶을 포기할 수는 없다.'는 섬(E)까지 도달할 수 있다.

ABCDE모형

A(이혼) →	iB(비합리적 신념체계) →	iC(비합리적 정서와 활동)
	'이혼은 창피하다. 고로 나는 무가치한 인간이다'	우울증
	D(반박)	
	'이혼을 당했다고 다 무능한가?' '그렇지 않다!'	
	rB(합리적 신념체계) →	E(효과)=rC(합리적 정서와 행동)
	'이혼을 당했다고 해서 무능한 것은 아니다'	'나는 견딜 수 있다'

논쟁과정에서는 탐지, 반박, 변별이라는 세 가지 요소를 강조한다. 탐지는 내담자의 비합리적인 신념들, 곧 '해야 한다.' '하지 않으면 안 된다.' '끔찍스럽다.' '나는 가치가 없다.' 등의 생각들이 있는지 탐지한다. 반박은 역기능을 가져오는 신념들을 반박하는 것을 말한다. 그리고 변별은 내담자가 합리적인 신념과 비합리적인 신념을 변별하는 것을 말한다. 내담자의 비합리적인 신념을 포기하도록 여러 다른 기법도 사용하지만 RET는 이러한 논박과정을 특히 강조한다.

이러한 과정을 거쳐 실제적인 측면을 가지는 효과적인 철학 E에 도달한다. 새롭고 효과적이며 합리적인 철학은 부적절한 사고를 적절한 사고로 바꿔 준다. 이렇게 하는 데 성공하면 이미 새로운 감정 F를 창출한다. 심한 불안이나 우울감을 느낌보다 상황에 적절한 느낌을 갖게 된다. 따라서 더 나은 느낌을 갖는 길은 효과적이고 합리적인 철학을 발달시키는 것임을 알 수 있다.

이 경지에 달하면 이혼에 대해 우울로 자신을 호되게 꾸짖지 않고 자신을 벌주지도 않는다. "결혼이 순탄치 않아 결국 이혼하게 되었다는 것은 섭섭한 일이다. 순탄하기를 바랐지만 뜻대로 되지 않았다. 그러나 그것이 세상의 끝은 아니다. 결혼에 실패했다고 해서 인생에 실패한 것은 아니다. 이혼에 대해 자신을 자학하고 무거운 책임감에서 벗어나지 못하는 것은 어리석은 짓이다."라며 합리적인 결론에 도달한다. RET의 궁극적인 목적은 우울증과 자기비난의 감정을 없애는 데 있다.

6. RET의 주요 상담방법

1) 인지적 방법

인지적 방법이란 내담자에게 비합리적 신념을 알려 주고 이를 어떻게 처리해야 하는가를 가르치는 것을 말한다. 상담자는 이 과정에서 내담자가 장애를 겪는 것이 어떤 사건 때문이 아니라 그러한 상황과 사건을 자각하는 방법이 비합리적이며, 그런 것들을 반복해서 스스로 말하기(self talk) 때문임을 알려 준다. 이를 위해서는 사고, 논의, 논박, 도전, 해석, 설명, 교수, 인지적 과제 부여 등 여러 방법을 사용한다.

RET에서 가장 많이 사용하는 인지적 방법은 상담자가 내담자의 비합리적인 신념을 적극적으로 반박하는 것이다. 상담자는 내담자들이 어떤 사건이나 상황 때문이 아니라 이 사건에 대한 자신의 지각과 자기진술의 성질 때문에 장애를 입고 있다는 것을 보여 준다. 상담자는 "삶이 원하는 대로 되지 않는다고 그것이 과연 파국적인가?"라는 식의 질문을 통해 비합리적인 신념을 즉각 공격한다. 반박을 통해 내담자의 의식을 보다 합리적인 수준으로 끌어올리기 위해서이다. 내담자들이 비합리적인 신념을 버릴 때까지 반박한다. 내담자로 하여금 일상생활에서 체계적인 방식으로 여러 비합리적인 생각들을 반박하도록 하는 방법도 사용한다. 그렇게 하여 "세상일이 내 뜻대로 되지 않는다는 것은 좀 불편하기는 해도 끔찍스런 일은 아니다."는 생각을 갖게 한다.

　인지적 과제를 부여하는 것은 내담자로 하여금 자신의 문제 목록표를 만들고 절대적인 신념을 밝히며 그 신념을 논박하게 하는 것을 말한다. 내담자가 '해야만 한다, 하지 않으면 안 된다'는 생각을 경감시키기 위해 과제를 부여한다. 이 과제에는 ABCDE이론을 일상생활과제에 적용하는 것을 포함하여 청중 앞에 서기를 두려워하는 사람에게 무대에서 작은 역할을 하도록 하는 것 등 다양하다. '나는 실패할 것이다, 아무도 나를 좋아하지 않을 것이다'라는 자기 부정적 진술을 '나는 할 수 있다, 사랑받는 것은 좋은 것이지만 모든 사람이 나를 좋아하지는 않을 것이고 그렇다 해도 그것이 세상의 끝은 아니다'와 같이 보다 긍정적인 진술을 하도록 한다.

　내담자의 언어를 변화시키는 것도 인지적 방법이다. 사고는 언어를 조성하고, 언어는 사고를 조성한다고 보기 때문에 내담자의 언어패턴에 귀를 기울이고 '해야만 한다, 하지 않으면 안 된다'는 말을 '그렇게 되면 더 낫다'는 말로 바꾸도록 한다. '그렇게 되면 끔찍하다'는 말 대신 '그렇게 되면 좀 불편할 따름이지 끔찍스런 일은 아니다'라는 언어패턴으로 바꾼다. 이렇듯 새로운 언어진술을 만드는 과정을 통해서 이전과는 다른 생각과 행동을 하게 된다.

　엘리스는 사람들이 너무 진지하게 생각하거나 생활사건에 대한 유머감각을 잃음으로써 정서적 혼란이 발생한다고 생각하고 합리적인 유머나 유머러스한 노래를 부르도록 한다. 지나치게 심각한 측면을 누그러뜨리고 법칙적 생활을 논박할 때 유머를 사용한다. 유머나 노래는 내담자 자신을 고집스럽게 하는 불합리한 생각들을 드러나게 하고 자신을 덜 진지하게 생각하도록 한다. 따라서 RET는 인기 있는 방법으로 사용되고 있다.

2) 정서적 방법

내담자의 수치심·적개심·의존성 등 부정적인 감정을 수용토록 하고, 문제 상황에서 역할연기, 다양한 상황에 대한 상상(imagery)을 통한 경험, 수치감 공격연습(shame-attack exercise) 등의 방법을 활용하여 감정의 통제능력을 기른다.

상담자들이 내담자들에게 자기수용을 하도록 가르침에 있어서 주로 사용하는 방법은 모델링이다. 수용하기 어려운 내담자에게 모범을 보여 줌으로써 자기수용의 가치를 일깨운다. 결함을 지각했기 때문에 자기비하를 한다는 것이 얼마나 파괴적인 사고방식인가도 배운다.

합리적 정서상상법은 내담자에게 일어날 수 있는 최악의 것들 가운데 하나를 상상하고, 이러한 상황에 대해 부적절한 혼란감을 느끼며, 그것의 감정을 강렬하게 경험한 다음 그 경험을 적절한 것으로 변화시키는 방법이다. 그 감정을 적절한 것으로 변화시킬 수 있게 되면 그런 상황에서 그들의 행동을 변화시킬 수 있는 기회를 얻게 된다. 이것은 대인관계 개선에도 많은 도움이 된다.

역할연기는 상담자의 지도 아래 어떤 상황에서 무엇을 느끼는가를 알아보기 위해 행동을 시연해 보는 것을 말한다. 연기를 통해 내담자가 말하고 있는 내용과 이런 부적절한 감정을 적절한 감정으로 바꾸기 위해 자신이 할 수 있는 행동이 무엇인지를 분명히 인식하게 된다. 역할연기는 정서적 요소와 행동적 요소가 결합되어 있다.

수치감 공격연습은 어떤 행동에 대한 비합리적인 수치감이나 굴

욕감을 느끼지 않기 위해 연습하는 것을 말한다. 수치심을 다른 사람이 아니라 자신이 만들어 냈다는 것을 깨달을 때까지 연습한 다. 다른 사람들의 생각 때문에 평소 하기를 두려워했던 어떤 행동 을 해 보도록 내담자에게 숙제를 내준다. 주의를 끌 만한 옷을 입어 본다든지 버스나 기차에서 큰 소리를 내 본다든지 강연회에서 바 보 같은 질문을 던져 본다든지 웨이터에게 팁을 주지 않는다든지 하는 것들을 실제 행동해 본다. 내담자들은 그 행동을 통해 다른 사람들이 자신의 행동에 그리 관심을 가지고 있지 않다는 것을 알 게 되고, 그에 대한 수치감이나 굴욕감 때문에 자신이 하고 싶은 행동을 하지 않아야 할 하등의 이유가 없다는 것을 인식하게 된다.

엘리스는 내담자가 지적 통찰에서 정서적 통찰로 가기 위해 힘 과 에너지를 사용하도록 했다. 힘과 에너지는 자기 패배적인 철학 에 매달린 자신을 역전시키기 위한 역할연기나 수치감 공격연습에 기본적으로 필요하다.

3) 행동적 방법

RET에서는 비합리적인 신념체계를 변화시키거나 구체적인 행동 의 변화를 위해 조작적 조건형성, 자기조정, 체계적 둔감법, 도구 적 조건형성, 바이오피드백, 이완기법, 모델링, 행동적 과제 부과, 자기표현 훈련 등의 기법을 사용한다. 바이오피드백과 신체적 이완 은 불안의 경감을 위해 사용한다. 자기표현 훈련은 자기의사의 바 른 표현을 위해 사용한다. 둔감을 위해 행동적 과제를 부과한다.

이 숙제는 체계적인 방식으로 주어지며 서식에 맞춰 기록하고 분석한다. 불안과 공포를 일으키는 것에 대해 실제 해 보도록 함으로써 두려움을 없앤다. 즉, 엘리베이터 공포를 가진 사람에게 하루에 20~30번씩 타 보도록 해 공포를 줄인다. 이런 행동을 통해 '나는 안 된다'는 비합리적인 신념들을 변화시켜 능동적이고 적극적인 사람으로 만든다.

RET는 사람의 사고나 신념을 정서적 경험보다 더 중요하게 보았고, 통찰이 반드시 행동의 변화를 가져오지 못하기 때문에 합리적 신념의 이해와 함께 이를 형성할 수 있는 행동계획을 실행에 옮김으로써 신념과 정서에 긍정적 변화를 가져올 수 있다고 보았다는 점 등이 긍정적으로 평가되고 있다.

<u>도움말</u>

대중공포증(RET)

엘리스가 RET를 개발하게 된 이유 가운데 하나는 유년기 동안의 자기문제를 치료하기 위한 것으로 인식되고 있다. 그는 한때 대중 앞에서 말하는 것에 대해 심한 공포증을 가지고 있었다. 사춘기에는 여성들 주위에 가면 극도로 수줍어했다. 19살 때 그는 1달 동안에 브롱스에 있는 식물원에서 100명의 소녀들에게 의도적으로 말을 걸었다. 이 만남이 데이트로 연결되지는 않았지만 이를 통해 여성에 의한 거부공포감이 둔감하게 되었다. 인지행동 방법을 사용하여 그가 가진 장애를 극복하게 된 것이다(Ellis, 1962). 나아

가 자신이 그렇게 불안하게 여겼던 대중 앞에서의 연설이나 활동
도 즐길 수 있게 되었다. 엘리스는 거슬리는 말을 하고, 유머를 많
이 사용하고, 떠들썩하는 등 일반적으로 자신의 일을 즐기고, 자기
의 일에 열심인 것으로 알려져 있다.

마라톤 참만남의 집단

엘리스는 주말의 합리적 참만남(a weekend of rational encounter)
의 방법을 사용하기도 했다. 이것을 가리켜 합리적 정서적 마라톤
(rational emotive marathon)이라 부르기도 한다. 처음 몇 시간은 마
라톤집단의 성원들이 서로 친숙해지도록 한다. 언어적, 비언어적으
로 서로 관계를 맺고, 자신들의 가장 비참하고 수치스러운 경험들
중 일부를 드러내고 특이한 모험을 해 보며 1 대 1로 강렬한 참만
남을 하게 한다. 이 초기 동안 문제해결은 일부러 피한다. 그런 다
음 집단성원들이 서로를 알게 되고 방어를 하지 않게 될 때 RET
의 통상적인 인지방법을 사용하여 가장 깊숙한 문제를 파헤치는
데 시간을 할애한다. 그럼으로써 자신이 가진 정서적 문제의 원천
을 알게 되고 자신을 변화시키는 방법을 이해하게 된다. 각 구성
원에게 구체적인 과제가 부과되기도 한다. 마지막으로 마감연습이
있다. 전체 마라톤은 14~24시간 계속되며, 6~8주 후 재모임이
있게 된다. 이것은 그동안의 진전과 과제할당을 위한 것이다.

교류분석(TA)은 번(E. Berne)에 의해 만들어진 것으로 개인의 성장과 변화를 위한 것이다. 이것은 심리치료이론으로 출발했으나 지금은 자기와 타인 상호 간에 올바른 이해를 바탕으로 인간관계 개선, 자기개발, 잠재능력개발, 성격개발 등 다양한 목적으로 사용되고 있다. TA는 "사람들은 왜 현재와 같은 모습을 갖게 되었는가?" "사람들은 왜 그리고 어떻게 차이가 나는가?" "사람들은 왜 자신에게 상처를 입히면서까지 부정적인 사고와 행동패턴을 발달시키는가?" "왜 변화에 저항하는가?" 등 여러 문제에 관심을 가지고, 자기를 진단하고 재발견함으로써 자기를 개조하려는 데 뜻을 두고 있다. 교류분석은 비결정론적 철학에 뿌리를 두고 있다. 습관을 초월하고 새로운 목표나 행동을 선택할 수 있는 사람의 능력을 믿는다. 그렇다고 사람들이 사회적 힘의 영향을 받지 않는다든지 전적으로 자신의 힘만으로 결정할 수 있다는 것은 아니다.

교류분석의 목표는 내담자가 자신의 현재 행동과 생활의 방향에 따라 새로운 결정을 하도록 돕는 데 있다. 내담자들은 결정론적인 생활에 대한 대안들을 학습한다. 치료의 핵심은 조작적인 게임수행이나 자기 패배적인 생활각본으로 특징 지워진 생활양식을 버리고 인식, 자발성, 친밀감으로 이뤄진 자율적 생활양식을 가지게 하는 데 있다. 내담자들은 더 이상 수동적으로 각본이 되지 않고 자신이 각본을 쓰게 된다. 상담자와 내담자는 함께 치료의 목적을 설정하고 내담자 자신의 사고, 감정, 행위를 통제할 수 있도록 한다.

1. 자아상태

우리는 흔히 "사람의 마음은 하루에도 열두 번 변한다."고 말한다. 이처럼 변화가 많고 역동적이다. 교류분석에서는 각 사람에게는 능동적이고, 관찰 가능한 세 가지 자아상태(ego states)가 존재한다고 본다. 자아상태란 감정, 사고, 그리고 이와 관련된 일련의 행동양식을 종합한 하나의 시스템이다. 자아상태의 세 유형은 어버이(P: parent) 상태, 어른(A: adult) 상태, 그리고 아이(C: child) 상태로서 이것은 교류분석에서 가장 기초가 된다.

아이 자아상태는 태어날 때 그대로의 자연적이고 충동적인 반응과 어릴 때 부모의 가정교육에 순응하여 익힌 반응 등으로 구성된다. 어떤 때는 창조적이고, 직관적이며, 정서적이다가도 어떤 때는 반항적 또는 순응적이다. 번은 이 자아상태를 원초적 정신(archaeopsyche)이라 했는데 이것은 발달 측면에서 볼 때 원시적이고 퇴행적인 자아상태를 의미한다. 아이상태를 유년시대의 낡은 행동으로 보는 것은 이 때문이다. 어른이 되어서도 "뭐 되는 것이 없어." 하며 느끼는 바를 자연발생적으로 말하거나 성적 매력이 풍부한 젊은 여성의 꽁무니를 쫓아다니는 것 등은 그 속에 아이 자아상태가 있기 때문이다. 아이 자아상태는 느낌을 그대로 표현한다 하여 '느끼는 나'로 간주한다. 아이 상태는 코미디언, 화가, 문학가, 체육인, 발명가, 창작가 등의 직업에서 크게 나타난다(우재현, 43).

어른 자아상태는 현실을 냉정하고 객관적으로 판단하여 현실에 맞게 행동을 하게 하는 기능을 말한다. 어른 자아는 현실상황을 음미 분석해 조직적이고, 이성적이며, 냉정하게 판단하고 처리해 나간다. 이것은 '생각하는 나'를 반영한다. 이 상태는 각 개인의 현실적이고 논리적인 측면을 지칭하는 것으로 계산적일 뿐 아니라 자신과 환경에 대한 정보를 받아들이고, 저장하고, 인출하고, 처리한다는 의미에서 컴퓨터와 같다. 번은 계산적이고 자료를 처리한다는 점에서 이를 '신정신'(neopsyche)이라 불렀다. 어른은 단지 사실과 논리적인 자료들만을 바탕으로 비정서적인 방식으로 다루어 나간다. 길을 건너기 전에 차가 오는지를 보기 위해 좌우를 살피는 것, 문제의 원인을 추적해 현재에서 가장 합리적인 해결책을 모색하는 것 등은 이에 해당한다. 어른 자아상태는 컴퓨터, 통신, 기계, 회계사, 변호사, 약제사, 의사, 뉴스해설자 등의 직업에서 강하게 나타난다.

어버이 자아상태는 부모나 사회의 영향을 받으며 행동규율에 따르려는 기능을 말한다. 그래서 어버이 자아상태를 '가르침을 받은 나'로 간주한다. 부모의 가치관·도덕심·규범에 따른다든지, 다른 사람을 동정하여 돌보아 주는 기능이 특징이다. 이것은 한 개인의 가치체계와 도덕 그리고 신념을 관장한다. 사람이 철두철미한 도덕과 가치체계를 갖는 것이 그 보기이다. 어버이의 태도는 다른 사람을 비판하고 통제하는 것뿐 아니라 그들의 성장을 고무하는 형태를 취하기도 한다. 어버이는 양육적이고 보호적인 동시에 판단적이고 독단적일 수 있다. 어버이 자아상태는 부모를 내재화하고 동일시한 것이라는 점에서 '외재적 정신(exteropsyche)'이라 부른다. 이 상태는 부모로부터 자식에게 전수되고 그것이 다시 후대로 전수된다는 점에서 가족적·문화적 기원을 가진다. 어버이 자아상태는 교사, 목사, 평론가, 경찰관, 간호사, 카운슬러, 사회사업가, 자원봉사자 등에서 크게 나타난다.

개인은 이처럼 각자 독특한 3원적 성격구조를 가지고 있다. 번은 그것들이 각자 별개의 독립된 실체라는 점을 나타내기 위해 서로 맞닿은 뚜렷한 원으로 기호화했다. 즉, 각 자아상태는 다른 자아상태와 독립적으로 기능하며, 각기 고유한 특성을 나타내는 경계선을 가지고 있다. 때로는 이 세 자아상태를 프로이트의 이드, 에고, 슈퍼에고와 비교하는 학자도 있다. 하지만 프로이트의 그것은 가설적 개념이지만 번의 그것은 관찰 가능한 현상이라는 점에서 프로이트의 성격구조와는 차이가 있다.

정상적인 성격의 사람은 각각의 자아상태가 뚜렷하고 구분된 경계선을 가진다. 그러나 비정상적일 경우 경계가 와해되어 있거나 점선으로 표시된다. 편견, 망상의 경우에 자주 나타난다. 이것은 한 자아상태의 심적 에너지가 다른 자아상태로 지나치게 침투하여 행동이나 감정에 혼란이 생겨 이성적으로 생각하거나 행농할 수 없게 된 것을 의미한다. 이것을 오염(contamination)이라 부른다. 보기를 들어 아이-어른 망상이 있을 경우 아이와 어른의 자아상태를 구분하는 경계선이 와해되어 있다. 이 경우 아이의 환상과 꿈이 어른의 현실 및 논리검증과 부적절하게 혼합되어 있다. TV를 보면서 TV가 자기에게 특별한 지시를 내리고 있다고 말할 경우 TV를 보며 정보를 받는다는 점에서는 어른 자아상태이지만 자기가 TV의 지시를 받고 있다고 생각한다는 점에서 어른과 아이의 경계가 와해되었음을 보여 준다. 이 경우 어른 자아상태와 아이 자아상태의 경계가 혼합된 것으로 표시된다.

강박적으로 죄를 지적하기만을 좋아하는 사람의 경우 어버이 자아상태는 굵고 검은 실선으로 표시되지만 어른과 아이 자아상태는 점선으로 표시된다. 이것은 어버이가 모든 책임을 지는 것으로 고착되고, 어른과 아이는 배제(exclusion)된다는 것을 의미한다.

2. 교류분석

교류(transaction)는 두 사람의 자아상태들이 서로 주고받는 자극 및 그와 관련된 반응을 말한다. 따라서 교류에는 6가지의 자아상태들이 서로 교류하고 의사소통한다는 것을 알 수 있다. 교류에는 외현적이거나 표출된 사회적 수준과 내현적이거나 잠재적인 심리적 수준 두 가지가 있다. 두 수준 모두 화살표로 기호화되지만 명시적인 사회적 수준은 실선 화살표로, 암묵적인 심리적 수준은 점선 화살표로 표시된다. 의사소통의 방향을 나타내는 화살표를 벡터(vector)라 한다.

교류에는 크게 상보적(complementary) 교류, 교차적(crossed) 교류,

저의적(ulterior) 교류 등 세 가지가 있다.

상보적 교류는 두 개의 자아상태가 관여하되 발신과 응답의 벡터가 서로 같은 방향으로 평행선을 그리면서 교류되는 것을 말한다. 발신자가 기대하는 대로 수신자가 응답하는 교류이다. 상사와 비서 사이의 의사소통에서 상사가 "지금 몇 시지?"(A - A)라고 묻는 데 대해 비서가 정중히 "3시예요."(A - A)라 답한다. 상보적이고 직선적인 답을 하는 경우 A에서 A로의 외현적 반응을 얻게 된다. 화살표가 서로 같은 방향일 경우 의사소통은 계속 진행될 수 있다. A - A뿐 아니라 P - P, C - C, P - C, C - P, C - A, A - P, P - A 또는 그 반대도 이에 해당한다.

교차적 교류는 화살표가 서로 엇갈린다. 두 사람의 자아상태 가운데 3개 또는 4개가 관여하며, 기대한 교류가 저지되므로 대화는 단절되거나 추한 교류로 나가기 쉽다. 상사가 "지금 몇 시지?"(A - A)라고 묻는 데 대해 비서가 통명스럽게 "시계를 보면 되잖아요."(P - C)라 말한다. 환자가 "치료가 얼마나 걸리겠습니까?"(A - A)라고 묻는 것에 대해 의사가 "그런 질문을 해서는 안 됩니다."(P - C)라고 대답한다. 화살표가 교차될 경우 그 주제에 관한 대화는 더 이상 계속되지 못하고 즉각 중단된다. 대화가 단절될 경우 단절된 의사소통을 재정립하기 위해 자아상태를 변화시킬 필요가 있다.

저의적 교류는 본심이 숨겨져 있어서 표면적인 메시지와 이면의 메시지가 서로 차이가 있는 것을 말한다. "지금 몇 시지?"(A - A)라고 묻는 것에 대해 상대가 "시간을 알고 싶으세요?"(A - A)라고 대답한다. 이것은 드러난 교류지만 실제 의미는 "슬슬 나가 볼까?"(C - C)라든지 "히, 히, 히"(C - C)에 해당한다. 만일 상사가 부하에게 "나의 문은 언제나 열려 있으니 문제가 있으면 언제나 찾아오게."(A – A)라고 말하지만 실제로는 "오긴 뭘 와, 봉급은 뭣 땜에 주는데."(P – C)라는 숨은 의미가 담겨 있는 경우도 이에 해당한다. 누가 사무실을 방문했을 때 "식사는 했습니까?"(A – A)라는 물음에 "예. 먹었습니다."(A – A)라 응답했어도 "먹지 않았겠지만 인사로 물어본 거야."(C – C), "말은 고맙다만 사 줄 네가 아니지."(C – C)라는 의미가 담겨 있다면 그것은 숨은 의미가 담겨 있는 교류이다.

심리를 이해하는 데는 드러난 교류보다 감추어진 교류를 분석하고 확인하는 것이 중요하다. 특히 한국인에게는 숨은 의미가 많기 때문이다. 저의적 교류의 행동결과는 사회적 수준에서 결정되는 것이 아니라 심리적 수준에서 결정된다는 것을 인식하고 숨은 의미를 이해할 필요가 있다.

3. 게임분석

게임(game)은 도발자(con), 약점을 가진 상대(gimmick), 반응, 전환, 혼란, 결말(payoff)로 이어지는 일련의 교류를 말한다. 게임은 겉으로 보기에는 교차 교류 같지만 실상은 예측 가능한 결과로 진행하는 상보적·저의적 교류이다. 게임은 숨겨진 동기를 수반하고 자주 반복적이며 표면상으로는 올가미나 속임수를 내장한 흥정이 담겨 있다는 점에서 일반적인 대화와 구별된다.

게임은 대부분 사회적 및 심리적 두 수준이 동시에 작동하게 될 때 발생한다. 게임의 결말은 교류에 참가하는 당사자 모두가 좋지 않은 감정을 갖게 된다. 보기를 들어 상사가 비서에게 "지금 몇 시 지?"(A – A)라고 묻는데 비서가 "지금 9시 반인데요."(A – A)라고 대답한 경우 외현적 교류는 모두 A – A지만 내현적으로는 "너는 언제나 늦는단 말이야."(P – C)에 "오늘도 저를 헐뜯는군요."(C – P)이다.

상사나 비서 모두 이런 생각을 소리 내어 말한 것은 아니다. 하지만 이들은 숨겨진 메시지를 알고 있어 좋지 않은 감정의 대가를 서로 주고받는다. 게임을 하는 당사자는 시련감정(rackets)이라 불리는 좋지 않은 감정을 경험하게 된다. 이 감정을 경험하면서 게임은 끝난다. 뒤끝이 좋지 않은 감정을 결말감정(payoff feeling)이라 한다. 숨겨진 동기는 결말에서 비로소 뚜렷해진다. 이러한 게임이 되풀이되면서 불쾌한 감정을 반복해서 맛보게 된다. 부하는 우울감에 빠지고, 상사는 광폭성과 격분을 느끼게 된다. 게임이 진행되면서 상대를 조작한다든지 이용하는 복잡한 형태로 나타난다.

게임분석은 인간관계에서 어떤 게임이 있는가를 확인하고, 비건설적인 게임으로 인해 뒤틀려진 대인관계를 중단하도록 하는 데 목적이 있다.

4. 스트로크

사람이 사회적으로 상호작용을 하게 되는 동기 가운데 하나는 다른 사람으로부터 인정을 받고자 하는 데 있다. 이것을 위해 사람들은 여러 모습의 행동을 한다. 다른 사람의 존재를 인정하기 위한 작용이나 행위를 가리켜 스트로크(strokes)라 한다. 이 단어는 원래 의학에서 사용된 것으로 의사들은 어릴 때 신체접촉이 모자라면 성장을 촉진하는 호르몬의 분비에 이상을 일으킨다는 사실을 알게 되었고, 아기가 정상발육을 하려면 음식 외에도 애무, 접촉, 목소리와 같은 생물학적 자극이 필요하다는 것을 알고 이를 스트로크라 했다. 스트로크가 없다면 그것은 심리적 죽음과 같거나 실제 죽을 수도 있을 만큼 스트로크는 인간관계에서 매우 중요하다.

스트로크에는 신체접촉·애무와 같은 접촉 스트로크(touch stroke)로부터 윙크·말 걸기·칭찬 등 정신적 스트로크에 이르기까지 매우 다양하다. 유아기에는 실제적인 접촉과 껴안기, 그리고 포옹을 통해 스트로크를 한다. 이러한 접촉은 유아가 생존하는 데 필수적이다. 그러나 두 살에서 네 살 사이에 스트로크는 신체적인 것으로부터 벗어나 점점 언어적인 형태로 딜라신나. 사람은 모두 어떤 형태든 스트로크를 필요로 할 뿐 아니라 사람이 어떤 종류의 스트로크를 어느 정도 받느냐에 따라 삶의 모습이 달라진다.

스트로크에는 긍정적인 것과 부정적인 것이 있다. 칭찬이 긍정적인 것이라면 꾸중은 부정적인 것이다. 긍정적인 것은 보살핌과 승인일 수 있고, 부정적인 것은 위해와 비승인일 수 있다. 긍정적인 스트로크는 상대가 좋게 느끼지만 부정적인 스트로크는 상대가 나쁘게 느낀다. 부정적인 것보다 긍정적인 것이 나은 것이 사실이지만 부정적인 스트로크라 할지라도 스트로크가 전혀 없는 것보다 낫다. 스트로크는 각 개인의 생존에 필수적이기 때문에 긍정적인 스트로크가 불가능할 때는 부정적인 스트로크가 추구되기도 한다.

긍정적 스트로크와 부정적 스트로크에는 각각 조건적 스트로크와 무조건적 스트로크가 있다. 특정행위나 태도(심부름이나 좋은 일)에 대해 칭찬을 한 경우 조건적이라면 일반적으로 존재나 인격에 대한 찬사는 무조건적이라 할 수 있다. "당신을 좋아합니다."와 같은 직선적인 스트로크가 가능하지 않을 때 사람들은 스트로크를 받기 위해 저의적인 방법을 동원하고 게임을 사용하게 된다.

5. 시간의 구조화

교류분석에서의 시간의 구조화는 단순히 오늘은 무엇을 하고 내일은 무엇을 하는 일반적인 시간구성계획과는 차이가 있다. 시간의 구조화는 다른 사람과의 교류에서 긴장의 해소, 스트레스 상황의 회피, 스트로크의 획득, 획득된 항상성의 유지 등 가능한 한 많은 만족이나 이익을 얻는 데 있다.

시간의 구조화에서는 사람이 시간을 보내는 것을 틀어박히기(withdrawal), 의례(rituals), 잡담(pastimes), 활동, 게임, 친교(intimacy) 등 6개의 범주로 분류한다. 틀어박히기는 다른 사람과의 관계에서 스트로크를 주고받는 것을 피하고 혼자만의 시간을 갖는 폐쇄적인 것을 말한다. 의례는 문화적 선통에 따라 대인관계에서 의례적인 인사와 대화로 끝을 맺는 것을 말한다. 잡담은 의례적인 것보다는 다소 깊은 긍정적 스트로크가 있다. 간단한 상보교류로 대인관계를 원활하게 하는 역할을 한다. 활동은 일이나 공부와 같이 생산적이고 창조적인 것으로 폐쇄를 제거하는 영역의 모체가 된다. 심리적 게임은 스트로크를 얻기 위한 왜곡된 교류관계이다. 게임을 건 사람은 나름대로 만족하겠지만 게임을 당한 사람은 불쾌한 심리상태가 된다. 이 결말은 드라마틱하게 끝날 때가 많고 양자가 불쾌한 감정을 맛보고 끝난다. 친교는 서로 긍정적인 스트로크가 교환될 뿐이다. 둘이서 서로 순수한 배려를 하면서 의지하고 친밀히 하는 관계이다.

교류분석에서 시간의 구조화는 활동을 주축으로 구조화된다. 공부도 학교에서만 하는 것이 아니라 등하교 시 전철에서까지 공부하는 경우 활동의 이중 구조화라 한다. 시간의 구조화는 그 사람의 생활시간을 반성하고 보다 충실한 매일을 보낼 수 있도록 하는 데 목적을 둔다. 즉, 자기통제를 도모할 수 있도록 하는 것이다.

시간에는 양적 시간과 질적 시간이 있다. 한 시간은 60분, 하루는 24시간처럼 획일적으로 정해져 있는 것을 양적 시간이라 한다. 이것을 클락 타임(clock time) 또는 뉴턴 타임(Newton time)이라 부른다. 이에 비해 베르그송은 시간을 질로 파악했다. 그래서 질적 시간을 베르그송 타임(Bergson time)이라 부른다. 질적 시간은 시간을 의미 있게 사용하는 것을 말한다. 만일 하루 종일 TV를 보며 시간을 보냈다면 질적인 의미를 찾기 어렵다. 이에 비해 열심히 시험공부를 했다면 같은 하루지만 의미가 다르다. 시간의 구조화에서는 질적 시간을 높이는 데 관심을 둔다.

6. 각본분석

    사람은 어려서 부모로부터 여러 메시지를 받고 자란다. "우리 집에서는 남자가 자강이다." "아이들은 조용해야 한다." "무슨 꼴이냐? 되기는 틀렸다." 등 그 메시지는 다양하다. 그러한 말들이 삶에 영향을 준다. 사람이 자율성이 부족하게 된 것은 주로 이 말들 때문이다. 생활각본은 부모들을 중심으로 한 주위의 영향 아래 발달하고, 그 후의 대인관계를 비롯한 인생체험에서 강화된 프로그램으로 여러 주요 행동을 좌우한다. 교류분석에서 실시되는 생활각본(life scripts)에 대한 분석은 내담자가 어떤 메시지를 주로 받고 살아왔는지를 밝히고, 이로 인해 형성된 나쁜 각본을 찾아내고 이것에서 탈피하여 장래 생활을 재설계할 수 있도록 하는 데 목적이 있다.

    사람은 선천적으로 스트로크를 받고자 하는 욕구를 가지고 있으며, 부모 및 다른 사람과의 상호작용을 통해 후원적이거나 공격적인 스트로크 패턴이 발달하게 된다. 이러한 스트로크로부터 어린이는 초기의 어느 시점에서 자기 자신, 곧 한 인간으로서의 자신이 괜찮은 편인지(OK) 그렇지 않은지(not OK)에 대해 실존적 결단을 내리게 된다. 즉, 부모로부터 초기의 메시지를 받아들인 후 아동의 각본은 강한 신념체계로 발전된다. 이 신념적 결단은 그가 전 생애를 통해서 받게 되는 언어적 또는 비언어적 메시지를 통해 강화된다. 또한 다른 사람들에 대한 견해를 발전시켜 다른 사람들이 괜찮고 믿을 만하다고 결단을 내리거나 그렇지 않다고 생각할 수 있다. 자신 및 타인에 대한 이러한 결단과정은 한 개인의 기본적인 신념체계가 된다. 이 신념은 다른 사람들과 되풀이되는 게임, 곧 사회적 상호작용에 따라 강화된다. 자신과 다른 사람에 대한 초기의 생각을 바탕으로 어릴 때부터 삶의 각본을 이어 간다.

한 개인의 각본 또는 인생경로는 그가 초기에 내린 실존적 결단에 바탕을 두고 있다. 각본은 신화, 우화, 연극 드라마와 상통하는 면이 있다. 이 속에는 긴장·놀라움·승리·비극·분노·이유 없는 공포·기쁨 등 여러 정서들과 함께 매우 다양한 특징이 포함되어 있기 때문이다. 인생각본은 성취적인 것도 있고 패배적인 것도 있으며, 비극적인 것도 있고 진부한 것도 있다. 어떤 사람은 삶의 주인공으로 행동하기도 하고, 다른 사람들은 자신이 마치 구원자·박해자·방관자인 것처럼 행동하기도 한다. 이 인생각본은 수십 년 세월이 흐르면서 겉으로도 뚜렷이 드러남은 물론 견고한 방어막을 형성한다. 각본분석을 통해 파괴적인 각본을 수정하고 보다 자율적인 인간으로서 바람직한 생활태도를 갖도록 할 필요가 있다.

7. 자아도표

TA 성격구조는 세 가지 자아상태를 나타내는 원들로 기호화되지만 이 자아상태 내에 위치하는 에너지의 양과 기능은 자아도표(egogram)에 의해 기호화된다. 원들은 어떤 자아상태가 교류에 관여하는지 나타냄에 비해 자아도표는 비판적인 어버이(CP: critical parent), 양육적인 어버이(NP: nurturing parent), 어른(A), 자유스런 아이(FC: free child), 순응적인 아이(AC: adapted child) 등 다섯 가지 기능적 자아상태 내에 어느 정도의 에너지가 함유되어 있는지를 막대그래프의 형태로 보여 준다.

어버이는 기능적 측면에서 비판적인 어버이와 양육적인 어버이로 나뉜다. 비판적 어버이는 개인이 가지고 있는 흠을 잡는 성격적 측면을 나타낸다. 지시적이고, 제한을 가하려 하고, 규칙을 만들며, 자신의 가치체계를 강조하고, 자신의 권리를 옹호하려 한다. 한마디로 독단적이다. CP가 높을 경우 엄하지만 낮을 경우 융통성이 있다. 양육적인 어버이는 공감적이고 성장을 촉진한다. NP가 높을 경우 인자한 어버이상을 가지지만 낮을 경우 냉정하고 인간미가 없다. 그러나 NP가 지나치게 높으면 상대방을 의존적으로 만들기 쉬우며 숨 막히게 할 우려가 있다.

어른은 비정서적이고 오로지 컴퓨터처럼 기능하기 때문에 다른 것으로 나누어지지 않는다. 어른의 기능은 분명하고 이성적인 사고에 있다. 어른은 사실적이고, 엄밀하며, 정확하고, 비판단적이다. A가 높을수록 합리적이고 이성적이며 낮을수록 충동적이고 무계획적이다.

아이는 자유로운 아이와 순응적인 아이로 나뉜다. 자유로운 아이는 자발적이고, 호기심이 많으며, 쾌활하고, 재미있고, 자유스럽고, 열성적이며, 직관적이다. FC가 높을 경우 적극적·자발적·창조적이지만 낮을 경우 소극적이며 스트레스를 내부에 축적해 가는 스타일이다. FC가 지나치게 많을 경우 제멋대로인 것처럼 보인다. 순응적인 아이는 적응적이고, 타협적이며, 같이 지내기가 편하고, 고분고분하다. AC가 높을 경우 자기의 감정을 억압해서라도 상대방의 기대나 느낌에 따르지만 낮을 경우 정반대로 반항자처럼 자신을 나타내기도 한다.

종 류	표 상	성 격
높은 CP	엄한 어버이	• 권위적, 비판적, 지배적
		• '안돼, 내가 하라는 대로 해' 명령, 강요, 훈계
		• 보수적, 옳고 그름 명확
낮은 CP		• 수용적, 무비판적, 신축적, 그러나 책임감 결여.
		• 적당주의, 맺고 끊는 것이 분명치 않다
		• 흐릿한 사람
높은 NP	인자한 어버이	• 양육적, 보호적, 동정적
		• 과보호, 과간섭, 맹목적 애정
		• 의존적으로 만듦.
		• "아름다워요" "내게 맡기세요."
낮은 NP		• 냉정하고 인간미가 없다
		• 아랫사람에 대해 쌀쌀하고 불안감을 준다.
		• 지나치게 엄격하고 여유나 융통성 없다.
높은 A	생각하는 어른	• 이성적, 객관적, 합리적, 현실적
		• 몰인간적, 타산적, 기계적
		• '잘 생각해봐,' '얼마지'
낮은 A		• 충동적, 무계획적, 일관성이 없어 신뢰받기 어렵다.
		• 즉흥적으로 행동, 매사에 주관적으로 처리
		• 열 받지 않는 노력 필요.
높은 FC	표현하는 아이	• 적극적, 자발적, 창조적, 솔직, 호기심 강함
		• 반항적, 공격적, 자기중심적, 충동적, 무책임
		• '멋지다,' '갖고 싶다'
낮은 FC		• 감정억제, 행동 소극적
		• 스트레스를 내부에서 축적해 간다.
		• 놀이나 여행도 즐기지 않으려 한다.
높은 AC	참는 아이	• 순종적, 감정억제, 신중, 타협, 겸손, 양보
		• 폐쇄적, 불만축적, 증오복수, 자신 없음
		• 다른 사람의 말과 표정에 과민반응, 불안
		• '－－해도 좋을까요,' '－－하려고 합니다'
낮은 AC		• 독선적이고 반항적인 경향
		• FC가 아주 높고 AC가 낮은 경우 자기중심적이 되어 남에게 스트레스를 주기 쉽다.

각 사람의 자아도표는 자신의 성격을 나타내는 저마다의 심리적

인 에너지 상태를 막대도표로 나타낸다. 이를 통해 각 개인의 복잡한 성격과 변화 여부를 체계적으로 나타낼 수 있다. 다음 그림에서와 같이 종 모양의 자아도표는 한 개인의 성격이 심리적인 에너지가 꽤 균등하게 배분된 성격을 나타낸다. 돈 후안은 밀회와 쾌락에 관심이 많고 여자들을 구하는 방법을 논리적으로 알며 또 여자들의 혼을 빼기 위해 어떤 말을 해야 하는지 안다는 점에서 FC · A · CP가 높고, 여자들의 감정에 관심이 없고 별로 죄책감을 느끼지 않고 타협하지 않는다는 점에서 NP · AC가 낮다. 무도회에서 상대가 없는 벽의 꽃(wallflower)은 다른 사람들이 자기에 대해 어떻게 생각하는지에 신경을 쓴다는 점에서 AC가 높고, 좀처럼 즐겁거나 유쾌하지 않다는 점에서 FC가 낮다. 그리고 우울한 사람이나 자살을 기도하는 사람은 NP · FC가 낮다.

자아도표 위에 나타난 에너지 균형은 자신의 행동을 바꾸려 능동적으로 작용하지 않는 한 고정된 상태로 남아 있게 된다. 따라서 TA상담자는 내담자의 변화와 성장을 위해 자아도표를 보다 건전하게 가질 수 있도록 할 필요가 있다. 일반적으로 NP와 FC를 높이고 AC를 그보다 낮추는 방향으로 자기개선 목표를 세우는 것이 바람직하다.

<u>도움말</u>

통합된 인간

겨울밤 길모퉁이 술주정뱅이가 골아 떨어져 있는 것을 보고, "칠

칠치 못하군, 나잇살이나 먹은 주제에 자기주량도 몰라."라고 생각
하는 것은 P이다. "이렇게 쌀쌀한데 동사하겠는 걸. 순찰차에 연락
해야겠어." 이렇게 생각하는 것은 A이다. "술주정뱅이가 쓰러져 있
군. 기분 나쁜데." 이런 생각을 하는 것은 C이다.

　같은 사람이라도 어떤 때에는 P로 행동하고, 어떤 때는 A나 C
로 행동한다. 예를 들어, 후배에게 "요즈음 해이해졌어. 좀 열심히
해"라고 할 때는 P이다. 거래처로부터 전화가 걸려 와 "예. 그러면
3시에 서류를 넘겨 드릴 테니, 그쪽 계획안도 그때 좀 보여 주세
요."라고 말하는 것은 A이다. 회사가 파할 시간이 되었을 때 "아이
고, 이제 끝났구나. 포장마차로 한잔 하러 갑시다."라고 동료와 떠
들썩하게 회사를 빠져나갈 때는 C이다.

　사람에 따라 P로 많이 반응하는 사람, 언제나 C로만 반응하는
사람, 놀러 가서도 언제나 냉정한 판단만 하는 A가 우세한 사람
등 여러 가지가 있다. 노여워서 어찌할 바를 모를 때는 C에게 자
신이 통제되고 있기 때문이다. 다른 사람의 일에 쓸데없이 참견할
수 없는 것은 P에게 통제되고 있기 때문이다.

　교류분석이 목표로 하는 인간은 P나 C의 자아상태가 A에 통합
되는 인간이다. 다른 사람에 대한 배려나 헌신, 문제를 해결하기
위한 지성, 창조능력이나 감성을 자유로이 표현하는 능력을 겸비하
고, 자기의 생각대로 이것들을 자유로이 사용할 수 있는 인간을
교류분석에서는 '통합된 인간'이라 부른다(최광선, 247~249).

참고문헌

국내도서

간디(2002), 『간디 자서전』, 함석헌 옮김, 한길사.

강영우(2000), 『우리기 오르지 못할 산은 없다』, 생명의 말씀사.

게리 랭과 토드 돔키(2002), 『직장 내 정치학의 법칙』, 강미경 옮김, 세종서적.

게리 채프먼(2002), 『행복한 가정을 만드는 5가지 사랑』, 장동숙 옮김, 오늘의 책.

김계현(1995), 『카운슬링의 실제』, 학지사.

______(1995), 『상담심리학: 적용영역별 접근』, 학지사.

김광일(1995), 『스트레스가 즐겁다』, 웅진출판.

김무곤(2003), 『NQ로 살아라』, 김영사.

김병석(2002), 「Otto Kernberg의 대상관계이론」, 현대정신분석학회 발표논문, 6월 8일.

김석년(1998), 『고통을 행복으로 바꾸는 비결』, 진흥.

김영호(2003), 「청소년의 정신건강과 심리적 요인의 관련성」, 국제간호연구학회지 2월호.

노안영(1997), 『상담의 기본요소』, 중앙적성출판사.

도날드 위니캇(1997), 『놀이와 현실』, 이재훈 옮김, 한국심리치료연구소.

로버트 그린(2002), 『유혹의 기술』, 강미경 옮김, 이마고.

류시화(2003), 『나는 왜 너가 아니고 나인가』, 김영사.

마가렛 말러 외(1997), 『유아의 심리적 탄생』, 이재훈 옮김, 한국심리치료연구소.

마델라인 데이비스와 데이빗 윌브릿지(1997), 『울타리와 공간 – 도날드 위니캇의 정신분석학』, 이재훈 옮김, 한국심리치료연구소.

마스이 사쿠라(2002), 『성공하는 남자의 화술』, 민경현 옮김, 럭스미디어.

마이클 탤보트(1999), 『홀로그램 우주』, 정신세계사.

마쓰모토 준(1995), 『성공을 위한 인간경영』, 앞선책.

매리 미첼(2002), 『이미지 경영』, 권도희 옮김, 아세아미디어.

모리 슈워츠(1998), 『모리의 마지막 수업』, 생각의 나무.

박명희(2002), 『그래, 넌 할 수 있어』, 배동바지.

박성수(1986), 『개인구념이론: 성격과 심리치료』, 교육과학사.

보도 섀퍼(2001), 『열두 살에 부자가 된 키라』, 을파소.

설기문(1997), 『인간관계와 정신건강』, 학지사.

스탠리 빙(2003), 『코끼리 던지기』, 유혜경 옮김, 해냄.

신동헌(2002), 『지휘자들의 익살』, 빛과 글.

신완선(2002), 「고릴라 놀림 받던 샤킬 오닐을 NBA스타로」, 조선일보
        9월 6일.

앤소니 고틀립(2002), 『서양철학의 파노라마』, 이정우 옮김, 산해.

우재현(1995), 『교류분석에 의한 청소년 인성개발 프로그램』, 정암서원.

윌리엄 스타이런(2002), 『보이는 어둠』, 문학동네.

유기현(1992), 『스트레스관리』, 무역경영사.

유영권(2001), 「대상관계이론과 종교」, 사회이론, 2001년 가을/겨울, 한
        국사회이론학회.

이상진(2004), 『한국 근대작가 12인상의 초상』, 옛오늘.

이장호(1994), 『상담면접의 기초』, 중앙적성출판사.

______(1995), 『상담심리학』, 박영사.

이장호와 최윤미(1992), 『상담사례 연구집』, 박영사.

이장호와 금명자(1992), 『상담연습교본』, 법문사.

이재창 외(1995), 『인간이해를 위한 심리학』, 문음사.

이재훈(2002), 「대상관계이론 안의 간격 메우기」, 한국현대정신분석학회
        제1회 연구모임 발표문, 4월 13일.

이현수(1998), 『치료심리학』, 대왕사.

이홍식(1994), 『스트레스 프리웨이』, 열음사.

임종렬(1999), 『대상중심이론 가족상담』, 한국가족복지연구소.

장연집·박경·최순영(1997), 「현대인의 정신건강」, 학지사.

조셉 텔러슈킨(2002), 『용기를 주는 말, 상처를 주는 말』, 현승혜 옮김,

청조사.

차오름(2003), 『헵타드』, 사피엔스에듀.

최광선(1990), 『재미있는 인간심리』, 기린원.

최형주(2003), 『체질아 밥상 차려라』, 영진닷컴.

켄 블렌차드 외(2002), 『칭찬은 고래도 춤추게 한다』, 조천제 옮김, 21
세기북스.

킹 덩컨(2002), 『더 좋은 세상을 만드는 영향의 법칙』, 곽명단 옮김, 뜨
인돌.

토니 알레산드라 등(2002), 『백금률』, 유강문 옮김, 참솔.

토마스 고든(2003), 『부모역할 훈련』, 이훈구 옮김, 양철북.

틱낫한(2002a), 『틱낫한의 평화로움』, 류시화 옮김, 열림원.

______(2002b), 『화』, 최수민 옮김, 명진출판사.

팻 맥라건(2002), 『바보들은 항상 결심만 한다』, 윤희기 옮김, 예문.

하야시 마리코(2002), 『남녀 사이엔 무슨 일이 생겨도 이상할 게 없다』,
정윤아 옮김, 국일미디어.

후지하라 가즈히로(2002), 『사람의 마음을 여는 열쇠』, 은영미 옮김, 새
로운 제안.

휴 미실다인, W.(2001), 『원만한 정서생활을 가로막는 몸에 밴 어린 시
절』, 이종범과 이석규 옮김, 가톨릭출판사.

히딩크(2002), 『마이 웨이』, 조선일보사.

외국도서

Adams, J. E.(1970). *Competent to Counsel*. NJ: Presbyterian and Reformed
Publishing Co.

Alberti, R. E. & Emmons, M. L.(1986). *Your Perfect Right: A Guide to
Assertive Behavior*. CA: Impact.

Arnow, D., & Harrison, R. H.(1991). 'Affect in Early Memories of
Borderline Patients.' *Journal of Personality Assessment*, 56, 75~83.

Bandura, A.(1977). Self-efficacy: Toward a Unified Theory of Behavior
Change. *Psychological Review*. 84: 191~215.

__________(1986). *Social Foundations of Thought and Action: A Social Cognitive Theory*. NJ: Prentice – Hall.

Beck, A. T.(1976). *Cognitive Therapy and Emotional Disorders*. NY: International Universities Press.

Berne, E.(1964). *Games People Play*. NY: Grove Press.

__________(1966). *Principles of Group Treatment*. NY: Oxford University Press.

__________(1972). *What Do You Say After You Say Hello?* NY: Grove Press.

Binswanger, L.(1975). *Being – in – the – World: Selected Papers of Ludwig Binswanger* London: Souvenir Press.

Blanck, R., & Blanck, G.(1986). *Beyond ego psychology: Developmental object relation theory*. NY: Columbia University Press.

Boss, M.(1963) *Daseinanalysis and Psychoanalysis*. NY: Basic Books.

Brammer, L.(1973). *The Helping Relationship*. NJ: Prentice – Hall.

Burkett, L.(1990). *Business by the Book*. TN: Thomas Nelson.

Cain, D. L.(1987). "Carl Rogers: The Man, His Vision, His Impact", *Person – Centered Review*, 2: 283～288.

Cannon, W. B.(1982). *The Wisdom of the Body*. NY: Norton.

Carnegie, D.(1982). *How To Win Friends and Influence People*. NY· Simon & Schuster.

Corey. G.(1991a). *Theory and Practice of Counseling and Psychotherapy*. NY: International Thompson Publishing.

__________(1991b). *Case Approach to Counseling and Psychotherapy*. CA: Brooks / Cole.

Corey, G.(1995). 『상담과 심리치료의 제 기법』, 안창일과 박경 옮김, 중앙적성출판사.

Corsini, R.(1990). *Current Psychotherapies*. IL: F. E. Peacock Publishers.

Corsini, R. J. and Wedding, D.(eds.)(1989a). *Current Psychotherapies*. IL: F. E. Peacock.

Corsini, R. J. and Wedding, D.(eds.)(1989b). *Case Studies in Psychotherapy*. IL: F. E. Peacock.

Dryden, W. and Ellis, A.(1988). "Rational Emotive Therapy", K. S. Dobson(ed.), *Handbook of Cognitive – Behavioral Therapies*. NY:

Guilford Press, 214～272.

Dusay, J.(1977). *Egograms: How I See You and You See Me.* NY: Harper & Row.

Ellis, A.(1962 / 1977). *Reason and Emotion in Psychotherapy.* NJ: Lyle Stuart.

________(1979). "Rational－Emotive Therapy", A. Ellis & J. M. Whiteley (eds.), *Theoretical and Empirical Foundations of Rational Emotive Therapy.* CA: Brooks/Cole, 101～173.

________(1985). *How To Live With and Without Anger.* NY: Citadel Press.

Holmes, T. H. and Rahe, R. H.(1967). 'Social Readjustment Rating Scale', *Journal of Psychosomatic Research,* 11: 213～218.

Erikson, E. H.(1963). *Childhood and Society.* NY: Norton.

____________(1968). *Identity: Youth and Crisis.* NY: Norton.

Foelsch, P., A., & Kernberg, O. F.(1998). 'Transference－Focused Psychotherapy for Borderline Personality Disorders.' *Psychotherapy in Practice,* 4－2, 67～90.

Frankl, V. E.(1963). *Man's Search for Meaning.* MA: Beacon Press.

____________(1965). *The Doctor and the Soul.* NY: Bantam Books.

____________(1978). *The Unheard Cry for Meaning.* NY: Simon & Schuster.

Freud, S.(1946). "Instincts and Their Vicissitudes", *Collected Papers, V.* London: Hogarth Press. 60～83.

________(1949). *An Outline of Psychoanalysis.* NY: Norton.

________(1955). *The Interpretation of Dreams.* London: Hogarth Press.

Frew, J. E.(1986). "The Functions and Patterns of Occurrence of Individual Contact Styles during the Development Phase of the Gestalt Group", *Gestalt Journal,* 9: 55～70.

Friedman, M. and Rosenman, R.(1974). *Type A Behavior and Your Heart.* NY: Alfred A. Knopf.

Glasser, N.(1980). *What Are You Doing? How People Are Helped through Reality Therapy.* NY: Harper & Row.

Glasser, W.(1976). *Positive Addiction.* NY: Harper & Row.

____________(1984). *Control Theory: A New Explanation of How We Control Our Lives.* NY: Harper & Row.

__________(1986). *The Control Theory－Reality Therapy Workbook*. CA: Institute for Reality Therapy.

Goldfried, M. R. and Davison, G. C.(1976). *Clinical Behavior Therapy*. NY: Holt, Rinehart & Winston.

Greenberg, J. R. & Mitchell, S. A.(1983). *Object Relations in Psychoanalytic Theory*. MA: Harvard University Press.

Hall, C .S.(1954). *A Primer of Freudian Psychology*. NY: New American Library/Mentor.

Jacobson, N. and Margolin, G.(1979). *Marital Therapy*. NY: Brunner/Mazel.

Johnson, D. W.(1990). *Reaching Out: Interpersonal Effectiveness and Self－Actualization*. NJ: Prentice－Hall.

Kernberg, O. F.(1966). 'Structural Derivatives of Relationships.' *International Journal of Psychoanalysis*, 47: 236～253.

__________(1976). *Object Relations Theory and Clinical Psychoanalysis* NY: Jason & Aronson.

__________(1984). *Severe Personality Disorders: Psychotherapeutic Strategies*. CN: Yale University Press.

__________(1985). *Internal World and External Reality*. NY: Jason Aronson. 『내면세계와 외부현실: 대상관계이론과 그 적용』, 이재훈 옮김, 한국심리치료연구소(2001).

__________(1987). 'Projection and Projective Identification: Developmental and Clinical Aspects.' *Journal of the American Psychoanalyst*, 35: 795～820.

Kohut, H.(1984). *How Does Psychoanalysis Cure?* IL: University of Chicago Press.

Küstenmacher, W. T. (2004). *How To Simplify Your Life*. 『단순하게 살아라』, 김영사.

Lazarus, A. A.(1986). "Multimodal Therapy", J. C. Norcross(ed.), *Handbook of Eclectic Psychotherapy*. NY: Brunner/Mazel, 65～93.

Levy, L. and Rowitz, L.(1974). "Mapping our Schizophrenia", *Human Behavior*, 3: 39～40.

Manuso, J.(1980). 'Manage Your Stress', *CRM Multimedia Module*. CA: McGraw－Hill Films.

Markus, H.(1977). Self — schema and Processing Information about the Self. *Journal of Personality and Social Psychology*. 35: 63~78.

Maslow, A.(1970). *Motivation and Personality*. NY: Harper & Row.

May, R.(1981). *Freedom and Destiny*. NY: Norton.

_______(1983). *The Discovery of Being: Writings in Existential Psychology*. NY: Norton.

May, R. and Yalom, I.(1989). "Existential Psychotherapy", R. J. Corsini & D. Wedding(eds.), *Current Psychotherapies*. IL: F. E. Peacock, 363~402.

Monte, C. F.(1980). *Beneath the Mask*. NY: Holt, Rinehart & Winston.

Ohlsen, M. M.(1977). *Group Counseling*. NY: Holt, Rinehart & Winston.

Perls, F.(1969). *Gestalt Therapy Verbatim*. UT: Rcal People Press

Perry, M. A. and Furukawa, M. J.(1986). "Modeling Methods", F. H. Kenfer & A. P. Goldsein(eds.), *Helping People Change: A Textbook of Methods*. NY: Pergamon Press, 66~110.

Polster, E.(1987). "Escape from the Present: Transition and Storyline", J. K. Zeig(ed.), *The Evolution of Psychotherapy*. NY: Brunner/Mazel, 326~340.

Polster, E. and Polster, M.(1973). *Gestalt Therapy Integrated: Contours of Theory and Practice*. NY: Brunner/Mazel.

Rehm, L. P. and Rokke, P.(1988). "Self — Management Therapies", K. S. Dobson(ed.), *Handbook of Cognitive — Behavioral Therapies*. NY: Guilford Press, 136~166.

Reik, T.(1948). *Listening with the Third Ear*. NY: Pyramid Books.

Rogers, C.(1951). *Client — Centered Therapy*. MA: Houghton Mifflin.

_______(1961). *On Becoming A Person*. MA: Houghton Mifflin.

_______(1963). *Counseling and Psychotherapy*. MA: Houghton Mifflin.

_______(1970). *Carl Rogers on Encounter Groups*. NY: Harper & Row.

_______(1980). *A Way of Being*. MA: Houghton Mifflin.

Schaefer, S. J., Keller, S. E., and Wherry, J. N.(1982). *Group Therapies for Children and Youths*. CA: Jossey — Bass.

Sheldon Cashdan, S.(1988). *Object Relations Therapy: Using the Relationship*. W. W. Norton.

Sherif, M. and Sherif, C. W.(1956). *An Outline of Social Psychology*. NY: Harper.

Steiner, C.(1974). *Scripts People Live*. NY: Grove Press.

Toffler, A.(1991). *Future Shock*. Bantam Books.

Wubbolding, R. E.(1988). *Using Reality Therapy*. NY: Harper & Row.

Zinker, J.(1971). "Dream Work as Theater: An Innovation in Gestalt Therapy", *Voices*, 7, 2.

신문 및 잡지

강동우(2002), 「공황장애」, 조선일보 10월 9일.

권경안(2002), 「고추 판 돈·쌈짓돈으로 이웃에 새집」, 조선일보 12월 17일.

김수곤(2002), 「동반입대 득보다 실 많다」, 조선일보 10월 7일.

김수혜(2002), 「남녀 질투심, 같을까 다를까?」 조선일보 11월 20일.

______(2002), 「표정 습관만 잘 바꿔도 좋은 인상 만들 수 있다」, 조선일보 11월 20일.

김진호(2002), 「대학이 노벨수상자를 배출할 때」, 조선일보 11월 5일.

김창기(1993), 「컴퓨터 스트레스」, 조선일보 5월 2일.

김철중(2002), 「현대인은 불안장애에 시달린다」, 조선일보 8월 23일.

______(2002), 「치매 – 일찍 알고 밝게 살자」, 조선일보 9월 18일.

______(2003), 「몸 건강하려면 화부터 풀어라」, 조선일보 3월 26일.

김충일(2002), 「외국인과 한국인 구별법」, 조선일보 10월 14일.

박민선(2003), 「영 심리학자 행복공식 제시」, 조선일보 1월 8일.

박지향(2002), 「우린 신념의 지도자를 원한다」, 조선일보 12월 13일.

______(2002), 「루터와 에라스무스」, 조선일보 9월 20일.

박영석(2002), 「화병」, 조선일보 11월 5일.

______(2003), 「모든 병은 어수선한 정신서 비롯된다」, 조선일보 1월 31일.

박영철(2003), 「회사원 10명중 9명 직장 불만족」, 조선일보 1월 9일.

박지향(2002), 「루터와 에라스무스」, 조선일보 9월 20일.

승인배(2003a), 「틱낫한 스님이 말하는 마음의 평화」, 조선일보 1월 7일.

______(2003b), 「마음, 심신 활용한 동양식 치료법 서양도 광범위 연구」, 조선일보 1월 31일.

오태진(2003), 「공포증」, 조선일보 1월 27일.

이규태(2002), 「환상소설 세대」, 조선일보 8월 12일.

______(2002), 「다도 대학원」, 조선일보 9월 2일.

______(2002), 「외할머니」, 조선일보 11월 7일.

이상혁(2003), 「스트레스를 알면 세상을 이긴다」, 주간조선 1737호 1월 16일.

이석(2003), 「게시판에서 비난받을 때 좋은 방법이 있습니다」, 기독신문 게시판 1월 7일.

이위재(2002), 「남배 때문에……대기업 40대 부장 날벼락 퇴직」, 조선일보 12월 31일.

이익선(2002), 「'아니다'싶은 사람들」, 국민일보 7월 10일.

이지현(2002), 「남성의 콤플렉스」, 국민일보 11월 8일.

임호준(2002), 「우울증 자살 한해 5000명…… 소리 없이 확산」, 조선일보 12월 25일.

______(2002), 「치매 예방 어떻게 하나」, 조선일보 9월 18일.

저우원텐(2002), 「전통양생과 항노화의 현대적 연구」, 대한한방항노화학회 심포지엄, 11월 19일.

정석환(2002), 「사소한 일에도 짜증 신경질 많이 내」, 국민일보 3월 19일.

조선일보(2002), 「만물상: 우울증」, 조선일보 12월 27일.

중앙인사위원회(2002), 「여성 공직자 성차별 실태」, 중앙인사위원회, 11월 17일.

최복규(2003), 「담을 건강하게 하는 법」, 조선일보 3월 19일.

최승욱(2003), 「화 참는 것만이 능사 아니다」, 한국경제 3월 29일.

최흡(2002), 「일본 2030, 방에 틀어박혀 사는 히키코모리가 늘고 있다」, 조선일보 7월 26일.

SK건설(1998), 「IMF와 스트레스」, 해돋이 9~10월.

http://www.counpia.com/~psychodrama

http://www.lycos.co.kr/hyosang

http://www.my.netian.com/~mskang

http://www.myhome.netsgo.com/familypia

양창삼 ————————————————————————

┃약 력

서울대학교 정치학과(학사, 석사)
서울대학교 대학원(경영학 석사)
웨스턴일리노이주립대학원(MBA)
펜실베이니아주립대학원
연세대학교 대학원(경영학 박사)
총신대학교 대학원(M. Div., Th. M.)
한국사회이론학회 회장
연변과기대 상경대학 학장
한양대학교 경상대학 학장
한양대학교 산업경영대학원 원장
현, 한양대학교 경상대 경영학부 명예교수

┃인간 및 심리학 관계 저서

조직행동(법문사, 2007)
인간관계의 이해(창지사, 2005)
21세기를 위한 크리스천 리더십(대한예수교장로회총회, 2004)
열린사회를 위한 성찰과 조직담론(한양대 출판부, 2003)
리더십과 기업경영(경문사, 2003)
인간관계 필드북(경문사, 2002)
정신분석과 우리 사회(공저)(한국사회이론학회, 2002)
인간관계론(경문사, 1999)
인간관계와 갈등관리(경문사, 1998)
인간관계 예수님 눈높이로(예찬사, 1996)
갈등과 우리 사회(공저)(현상과 인식, 1995)
조직행동의 이해(법문사, 1994)
조직행동론(민영사, 1988/1991)
사회학석 인간조명(대영사, 1989)
심리학사(역서)(베르타이머 지음)(연세대출판부, 1983)
자아실현론(성광문화사, 1982)
그 외 다수

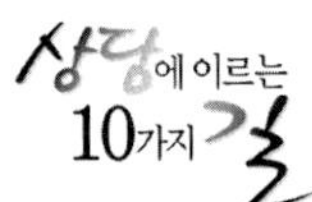

초판인쇄 | 2009년 6월 15일
초판발행 | 2009년 6월 15일

지은이 • 양창삼 / **펴낸이 •** 채종준 / **펴낸곳 •** 한국학술정보㈜ / **주소 •** 경기도 파주시 교하읍 문발리 파주출판문화정보
산업단지 513-5 / **전화 •** 031) 908-3181(대표) / **팩스 •** 031) 908-3189 / **홈페이지 •** http://www.kstudy.com /
E-mail • 출판사업부 publish@kstudy.com

등 록 | 제일산-115호(2000. 6. 19)
가 격 |
　　　　25,000원

ISBN 9_ _ _ _ _ _ _ _ _ _ _ _ _ _ (Paper Book)
　　　978-89-268-0040-9 08180 (e-Book)

이담 Books 는 한국학술정보(주)의 지식실용서 브랜드입니다.

본 도서는 한국학술정보(주)와 저작자 간에 전송권 및 출판권 계약이 체결된 도서로서, 당사와의 계약에 의해 이
도서를 구매한 도서관은 대학(동일 캠퍼스) 내에서 정당한 이용권자(재적학생 및 교직원)에게 전송할 수 있는 권리
를 보유하게 됩니다. 그러나 다른 지역으로의 전송과 정당한 이용권자 이외의 이용은 금지되어 있습니다.